中國歷史研究法

（附補編）

梁啓超著

中華書局印行

中國歷史研究法

自序

中國歷史可讀耶。二十四史兩通鑑九通五紀事本末乃至其他別史雜史等都計不下數萬卷。幼童習焉。白首而不能殫。在昔猶苦之。況於百學待治之今日。學子精力能有幾者。中國歷史可不讀耶。然則此數萬卷者。以之覆瓿。以之當薪。舉凡數千年來我祖宗活動之跡足徵於文獻者。認爲一無價値。而永屛諸人類文化產物之圈外。非惟吾儕爲人子孫者所不忍。抑亦全人類所不許也。既不可不讀。而又不可讀。其必有若而人焉竭其心力以求善讀之。然後出其所讀者以供人之讀。是故新史之作。可謂我學界今日最迫切之要求也已。近今史學之進步有兩特徵。其一。爲客觀的資料之整理。——疇昔不認爲史蹟者。今則認之。疇昔認爲史蹟者。今或不認。舉從前棄置散佚之跡。鉤稽而比觀之。其夙所因襲者。則重加鑑別以估定其價値。如此則史學立於「眞」的基礎之上。而推論之功。乃不至枉施也。其二。爲主觀的觀念之革新。——以史爲人類活態之再現。而非其殭跡之展覽。爲全社會之業影。而非一人一家之譜錄。如此。然後歷史與吾儕生活相密接。讀之能親切有味。如此。然後能使讀者領會團體生活之意義。以助成其爲一國民爲一世界人之資格也。歐美近百數十年之史學界。全向於此兩種方嚮以行。今雖僅見其進。未見其止。顧所成就則既斐然矣。我國史界浩如煙海之資料。苟無法以整理之耶。則誠如一堆瓦礫。只覺其可厭。苟有法以整理之耶。則如在礦之金。採之不竭。學者任擘治其一部分。皆可以名家。而其所貢獻於世界者。皆可以極大。啓超不自揆。蓄志此業。逾二十年。所積叢殘之稿。亦既盈尺。顧不敢自信。遷延不以問諸世。客歲在天津南開大學任課外講演。乃裒理舊業。益以新知。以與同學商榷。一學期終。得中國歷史研究法一卷。凡十萬言。孔子曰。『工欲善其事。必先利其器。』吾治史所持之器。大略在是。吾發心殫三四年之力。用此方法以創造一新史。吾之稿本。將悉以各學校之巡迴講演成之。其第二卷爲五千年史勢鳥瞰。以今春在北京清華學校講焉。第三卷以下。以時代爲次。更俟續布也。顧茲事體大。原非一手一足之烈。所能爲力。況學殖淺薄如啓超者。重以講堂匆匆開演。講義隨講隨布。曾未獲稍加覃勘。則其紕繆舛誤矛盾漏略之多。又豈俟論。區區此稿。本宜堅鐍之以俟他日之改定。既而覆思吾研究之結果。雖未必有價值。其或者因吾之研究以引起世人之研究焉。因世人之研究以是正吾之研究焉。則其所得不已多耶。故貿然刊布。而字之曰史稿。孟子曰。『取人爲善。與人爲善。』吾之此書。非敢有以與人也。將以取諸人而已。願讀者鑒茲微尚。痛予別裁。或糾其大端之謬。或繩其小節之疏。或著論箴駁。或通函誨責。俾得自知其失。而自改之。由稿本蛻變以成定本。則片言之錫。皆吾師也。十一年一月十八日啓超自述。

中國歷史研究法

目錄

中國歷史研究法

第一章　史之意義及其範圍

史者何記述人類社會賡續活動之體相校其總成績求得其因果關係以為現代一般人活動之資鑑者也其專述中國先民之活動供現代中國國民之資鑑者則曰中國史

今宜將此定義分析說明

一　活動之體相　人類為生存而活動亦為活動而生存活動休止則人道或幾乎息矣凡活動以能活動者為體以所活動者為相史也者綜合彼參與活動之種種體與其活動所表現之種種相而成一有結構的敍述者也是故非活動的事項——例如天象地形等屬於自然界現象者皆非史的範圍反之凡活動的事項——人類情感理智意志所產生者皆活動之相即皆史的範圍也此所謂相者復可細分為二一曰活動之產品二曰活動之情態產品者活動之過去相因活動而得此結果者也情態者活動之現在相結果之所從出也產品者譬猶海中生物經無數個體一期間協合之嬗化而產出一珊瑚島此珊瑚島實經種種活動情態而始成而今則既殭矣情態不復可得見凡史蹟皆人類過去活動之殭迹也史家能事乃在將殭迹變為活化——因其

結果以推得其情態使過去時代之現在相再現於今日也。

二　人類社會之賡續活動　不曰「人」之活動而曰「人類社會」之活動者一個人或一般人之食息生殖爭鬭憶念談話等等不得謂非活動也然未必皆爲史蹟史蹟也者無論爲一個人獨力所造或一般人協力所造要之必以社會爲範圍必其活動力之運用貫注能影響及於全社會——最少亦及於社會之一部然後足以當史之成分質言之則史也者人類全體或其大多數之共業所構成故其性質非單獨的而社會的也復次言活動而必申之以「賡續」者個人之生命極短人類社會之生命極長社會常爲螺旋形的向上發展隱然若懸一目的以爲指歸此目的地遼遠無垠一時代之人之所進行譬猶涉塗萬里者之僅蹞一步耳於是前代之人恆以其未完之業遺諸後代後代襲其遺產而繼長增高焉如是遞遺遞襲積數千年數萬年雖到達尙遼無其期要之與目的地之距離必日近一日含生之所以進化循斯軌也史也者則所以敍累代人相續作業之情狀者也準此以談則凡人類活動在空際含孤立性在時際含偶現性斷滅性者皆非史的範圍其在空際有周偏性在時際有連續性者乃史的範圍也

三　活動之總成績及其因果關係　活動必有成績然後可記不待言矣然成績云者非一個人一事業成功失敗之謂實乃簿錄全社會之作業而計其總和質言之卽算總帳也是故成績有彰顯而易見者譬猶澍雨降而麥苗茁烈風過而林木摧歷史上大聖哲大英雄之出現大戰爭大革命之經過是其類也亦有微細而難見者譬猶退潮刷江岸而成淤灘宿茶浸陶壺而留陳漬雖聰察者猶不之覺然其所演生之蹟乃不可磨滅佛典謂之「不可思議熏」　一社會一時代之共同心理共同習慣不能確指其爲何時何人所造而匹夫匹婦日用飲食之活動

皆與有力焉。是其類也。吾所謂總成績者。即指此兩類之總和也。夫成績者。今所現之果也。然必有昔之成績以爲之因。而今之成績又自爲因。以孕產將來之果。因果相續。如環無端。必尋出其因果關係。然後活動之繼續性。可得而懸解也。然因果關係。至複賾而難理。一果或出數因。一因或產數果。或潛伏而易代乃顯。或反動而別證始明。故史家以爲難焉。

四　現代一般人活動之資鑑。　凡作一書。必先問吾書將以供何等人之讀。然後其書乃如隰之有畔。不致泛濫失歸。且能針對讀者以發生相當之效果。例如資治通鑑。其著書本意。專以供帝王之讀。故凡帝王應有之史的智識無不備。非彼所需則從擯闕。此誠絕好之「皇帝教科書」。而亦士大夫之懷才竭忠以事其上者所宜必讀也。今日之史。其讀者爲何許人耶。既以民治主義立國。人人皆以國民一分子之資格立於國中。又以人類一分子之資格立於世界。共感於過去的智識之萬不可缺。然後史之需求生焉。質言之。今日所需之史。則「國民資治通鑑」或「人類資治通鑑」而已。史家目的。在使國民察知現代之生活與過去未來之生活息息相關。而因以增加生活之興味。睹遺產之豐厚。則歡喜而自壯。念先民辛勤未竟之業。則矍然思所以繼志述事而不敢自暇逸。觀其失敗之跡與夫惡因惡果之遞嬗。則知恥知懼。察吾遺傳性之缺憾。而思所以匡矯之也。夫如此。然後能將歷史納入現在生活界使生密切之聯鎖。夫如此則史之目的。乃爲社會一般人而作。非爲某權力階級或某智識階級而作。昭昭然也。

今人韋爾思有言。「距今二百年前。世界未有一著述足稱爲史者。」（注一）夫中外古今書籍之以史名者亦多矣。何以謂竟無一史。則今世之史的觀念。有以異於古所云也。我國二千年來史學。視他國爲獨昌。雖然。彼其體例。多屬千餘年前學者之所創。彼時所需要之史。與今不同。彼時學問未分科。凡百智識皆恃史以爲之記載。故史之範圍廣漠無垠。積年愈久。爲書愈多。馴至爲一人畢生精力所不能殫讀。吾儕居今日而讀舊史。正所謂「披沙揀金。往往見寶。」離沙無金。固也。然數斗之沙。得金一顆。爲事既已甚勞。況揀金之術。非盡人而能。苟誤其塗。則取沙棄金。在所不免。不幸而中國現在歷史的教育。乃正類是。吾昔在友家。見一八歲學童。其父面試以元明兩代帝王世次及在位年數。童對客僂數。一無漏譌。倘此童而以他朝同一之事項質客（我）者。客惟有忸怩結舌而已。吾既歎異此童之慧敏。轉念以如此慧敏之腦。而役以此等一無價值之勞動。其寃酷乃眞無極也。不寧惟是。舊史因專供特殊階級誦讀。故目的偏重政治。而政治又偏重中樞。遂致吾儕所認爲極重要之史蹟。有時反闕不載。試舉其例。如巴蜀滇黔諸地。自古本爲中華民族文化所未被。其次第同化之跡。治史者所亟欲聞也。而古代史上有兩大役。實玆事之關鍵。其在巴蜀方面。爲戰國時秦司馬錯之定蜀。其在滇黔方面。爲三國時蜀諸葛亮之平蠻。然而史記之敍述前事。僅得十一字。三國志之敍述後事。僅得六十四字。（注二）其簡略不太甚耶。又如隋唐間佛教發達。其結果令全國思想界及社會情狀。生一大變化。此共見之事實也。然而偏讀隋書新舊唐書。此種印象。竟絲毫不能印入吾腦也。如元明間雜劇小說。爲我文學界闢一新紀元。亦共見之事實也。然而偏讀元史明史。此間消息。乃竟未透漏一二也。又如漢之攘匈奴。唐之征突厥。皆間接予西方史蹟以莫大之影響。明時歐人之「航海覓地熱」。其影響之及於我者。亦至鉅。此參稽彼我年代事實而可見者。然而徧讀漢唐明諸史。其能導吾以入於此種智識之塗徑者。乃甚稀也。由此觀之。彼舊史者。一方面因範圍太濫。卷帙浩繁。使一般學子望洋而歎。一方面又因範圍太狹。事實闕略。不能予吾儕以圓滿的印象。是故今日而欲得一理想的中國史以供現代中國人之資鑑者非經新史家一番努力焉不可也。

（注一）看英人韋爾思 H. G. Wells 所著史綱 Outline of History 初版第二四七葉

（注二）史記敍秦定蜀事僅秦本紀中有『六年蜀侯煇反司馬錯定之』十一字三國志敍蜀平蠻事僅後主傳中有『三年春三月丞相亮南征四郡四郡皆平改益州郡爲建寧郡分建寧永昌郡爲雲南郡又分建甯牂牁爲興古郡』凡四十四字又諸葛亮傳中有『三年春亮率衆南征其秋悉平軍資所出國以富饒』凡二十字此兩役可謂史上極重要之事實然正史所紀乃簡略至此使非有戰國策華陽國志等稍補其闕則此西南徼兩片大地何以能與中原民族發生關係吾儕將瞢無所知矣。

今欲成一適合於現代中國人所需要之中國史其重要項目例如。

中華民族是否中國之原住民抑移住民。

中華民族由幾許民族混合而成其混合醇化之蹟何如。

中華民族最初之活動以中國何部分之地爲本據何時代發展至某部分何時代又發展至某部分最近是否仍進行發展抑已停頓。

外來蠻族——例如匈奴突厥等其與我共爭此土者凡幾其來歷何如其紛爭結果影響於我文化者何如我文化之影響於彼者又何如。

世界他部分之文化民族——例如印度歐洲等其與我接觸交通之蹟何如其影響於我文化者何如。我文化之影響於彼者又何如。

中華民族之政治組織——分治合治交迭推移之蹟何如。

統治異民族及被統治於異民族其成敗之迹何如。

階級制度——貴族平民奴隸之別何時發生何時消滅其影響於政治者何如。

國內各種團體——例如家族團體地方團體宗教團體職業團體等其盛衰興廢何如影響於政治者何如。

民治主義基礎之有無其久不發育之故安在。

法律因革損益之跡何如其效力之及於社會者何如。

經濟基件——衣食住等之狀況自初民時代以迄今日其進化之大勢何如。

農工商業更迭代嬗以占經濟之主位其推移之跡何如。

經濟制度——例如貨幣之使用所有權之保護救濟政策之施行等等其變遷何如其影響於經濟狀況者何如。

人口增殖移轉之狀況何如影響於經濟者何如。

與外國交通後所生經濟之變動何如。

中國語言文字之特質何在其變遷何如其影響於文化者何如。

民族之根本思想何在其各時代思潮蛻變之跡何如。

宗教信仰之情狀及其變遷何如。

文化之繼承及傳播其所用教育方式何如其變遷及得失何如。

哲學文學美術音樂工藝科學等、各時代進展之跡何如。其價値何如。

各時代所受外國文化之影響何如。我文化之曾貢獻或將貢獻於世界者何如。

上所論列。不過略舉綱領。未云詳盡也。要之現代之史。必注目於此等事項。校其總成績以求其因果。然後史之爲物。乃與吾儕之生活不生距離。而讀史者乃能親切而有味。舉要言之。則中國史之主的如下。

第一 說明中國民族成立發展之跡。而推求其所以能保存盛大之故。且察其有無衰敗之徵。

第二。說明歷史上曾活動於中國境內者幾何族。我族與他族調和衝突之跡何如。其所產結果何如。

第三、說明中國民族所產文化。以何爲基本。其與世界他部分文化相互之影響何如。

第四。說明中國民族在人類全體上之位置及其特性。與其將來對於全人類所應負之責任。

遵斯軌也。庶可語於史矣。

第二章 過去之中國史學界

人類曷爲而有史耶。曷爲惟人類爲能有史耶。人類又曷爲而貴有史耶。人類所以優勝於其他生物者。以其富於記憶力與模倣性。常能貯藏其先世所遺傳之智識與情感。成爲一種「業力」以作自己生活基礎。而各人在世生活數十年中。一方面既承襲所遺傳之智識情感。一方面又受同時之人之智識情感所熏染。一方面又自濬發其智識情感。於是復成爲一種新業力以貽諸後來。如是展轉遞增。展轉遞蛻。而世運乃日進而無極。此中關鍵。則在先輩常以其所經驗之事實及所推想之事理指導後輩。後輩則將其所受之指導應用於實際生活。而經驗與推想皆次第擴充而增長。此種方法。在高等動物中已解用之。如犬如猴……等等。常能以己之動作指導或暗示其幼兒。其幼兒亦不怠於記憶與模倣。此固與人類非大有異也。而人類所以優勝者。乃在記憶模倣之能繼續。他種動物之指導暗示。恆及身而止。第一代所指導暗示者。無術以傳至第二第三代。故第二第三代之指導暗示。亦無以加乎其舊。人類不然。先代所指導所暗示。常能以記誦或記錄的形式。傳諸後代。歷數百年數千年而不失墜。其所以能遞增遞蛻者皆恃此。此即史之所由起。與史之所以為有用也。

最初之史烏乎起。當人類之漸進而形成一族屬或一部落也。其族部之長老。每當游獵鬥戰之隙暇。或值佳辰令節。輒聚其子姓。三三五五。團爐藉草。縱談己身或其先代所經之恐怖所演之武勇……等等。聽者則娓娓忘倦。興會飆舉。其間有格外奇特之情節可歌可泣者。則蟠鏤於聽衆之腦中。湔拔不去。展轉作談料。歷數代而未已。其事蹟遂取得史的性質。所謂『十口相傳為古』也。史蹟之起原。罔不由是。今世北歐諸優秀民族。如日耳曼人荷蘭人英人等。每當基督誕節。猶有家族團聚徹夜談故事之俗。其近代名著如熙禮爾之詩。華克拿之劇。多取材於此等傳說。此即初民演史之遺影也。

最初之史。用何種體裁以記述耶。據吾儕所臆推。蓋以詩歌。古代文字傳寫甚不便。或且並文字亦未完具。故其對於過去影事之保存。不恃記錄而恃記誦。而最便於記誦者。則韻語也。試觀老聃之談道。孔子之贊易。乃至秦漢間人所造之小學書。皆最喜用韻。彼其時文化程度已極高。猶且如此。古代抑可推矣。四吠陀中之一部分。印度最古之社會史宗教史也。皆用梵歌。此蓋由人類文化漸進之後。其所受之傳說日豐日賾。勢難悉記。思用簡便易誦之法以永其傳。一方面則愛美觀念日益發達。自然有長於文學之人。將傳說之深入人心者。播諸詩歌。

以應社會之需於是乎有史詩是故邃古傳說可謂為「不文的」之史其「成文的」史則自史詩始我國史之發展殆亦不能外此公例古詩或刪或佚不盡傳於今日但以今存之詩經三百篇論其屬於純粹的史詩體裁者尙多篇例如

玄鳥篇——天命玄鳥降而生商宅殷土芒芒古帝命武湯正域彼四方……

長發篇——洪水芒芒禹敷下土方外大國是疆……有娀方將帝立子生商……玄王桓撥……率履不越……相土烈烈海外有截……武王載旆有虔秉鉞……韋顧既伐昆吾夏桀……

殷武篇——撻彼殷武奮伐荊楚罙入其阻……昔有成湯自彼氐羌莫敢不來享莫敢不來王……

生民篇——厥初生民時維姜嫄……履帝武敏歆……載震載夙載生載育時維后稷……

公劉篇——篤公劉匪居匪康……迺裹餱糧于槖于囊……干戈戚揚爰方啓行……篤公劉于豳斯館涉渭爲亂取厲取鍛止基乃理……

六月篇——六月棲棲戎車既飭……玁狁孔熾我是用急……玁狁匪茹整居焦穫侵鎬及方至于涇陽……薄伐玁狁至于太原文武吉甫萬邦爲憲

此等詩篇殆可指為中國最初之史玄鳥生民等述商周開國之迹半雜神話殷武六月等鋪敍武功人地粲然觀其詩之內容而時代之先後亦略可推也此等史詩所述之事既饒興趣文章復極優美一般人民咸愛而誦之則相與謳思其先烈而篤念其邦家而所謂「民族心」者遂於茲播殖焉史之最大作用蓋已見端矣

中國於各種學問中惟史學為最發達史學在世界各國中惟中國為最發達（二百年前可云如此）其原因何在吾未能斷

言然史官建置之早與職責之崇或亦其一因也秦西史官之建置沿革吾未深考中國則起原確甚古其在邃古如黃帝之史倉頡沮誦等雖不必深信然最遲至殷時必已有史官則吾儕從現存金文甲文諸遺蹟中可以證明吾儕又據尚書國語左傳諸書所稱述確知周代史職已有分科有大史小史內史外史左史右史等名目又知不惟王朝有史官乃至諸侯之國及卿大夫之家莫不皆有（注一）又知古代史官實爲一社會之最高學府其職不徒在作史而已乃兼爲王侯公卿之高等顧問每遇疑難諮以決焉（注二）所以者何蓋人類本有戀舊之通性而中國人尤甚故設專司以記錄舊聞認爲國家重要政務之一既職在記述則凡有關於人事之簿籍皆歸其保存故史官漸成爲智識之中樞（注三）又古代官人以世其累代襲此業者漸形成國中之學問階級例如周任史佚之徒幾於吐辭爲經先秦第一哲學家老子其職即周之守藏史也漢魏以降世官之制雖革而史官之華貴不替所謂「文學侍從之臣」歷代皆妙選人才以充其職每當易姓之後修前代之史則更網羅一時學者不遺餘力故得人往往稱盛焉三千年史乘常以此等史官之著述爲中心雖不無流弊（說詳下）然以專才任專職習慣上法律上皆認爲一種重要事業故我國史形式上之完備他國殆莫與京也

（注一）殷周史官人名見於古書者如夏太史終古殷內史向摯見呂覽先識周史佚見周書世俘左僖十五周語上史扁見文選注引六韜太史辛甲見左襄四晉語韓非說林太史周任見論語左隱六左史戎夫見周書史記史角見呂覽當染史伯見鄭語內史過見左莊三十二周語上內史叔興見左僖十六二十八周語上內史叔服見左文元太史儋見史記老子傳史大弢見莊子則陽右吾雜舉所記憶者如此尚未備也

各國史官可考者魯有太史見左昭二鄭有太史見左昭元齊有太史南史見左襄二十五楚有左史見左昭十二楚語上秦趙皆有御史見

史記廉藺傳薛有傳史見史記孟嘗傳其人名可考者如虢有史嚚見晉語二晉有史趙董狐見左襄三十楚有倚相見左昭十二有史皇見左定四趙有史墨見左昭二十九右亦雜舉所記恐尚有遺漏

（注二）右所舉史官諸名大半皆應當時公卿之顧問而古書述其語者

（注三）衞宏漢儀注云『漢法天下計書先上太史副上丞相』其言信否雖未敢斷然古制恐是如此蓋史官為保管文籍一重要機關也

古代史官所作史蓋為文句極簡之編年體晉代從汲冢所得之竹書紀年經學者考定為戰國時魏史官所記者即其代表惜原書今復散佚不能全覩其眞面目惟孔子所修春秋體裁似悉依魯史官之舊吾儕得藉此以窺見古代所謂正史者其內容為何如春秋第一年云

「元年春王正月　三月公及邾儀父盟于蔑　夏五月鄭伯克段於鄢　秋七月天王使宰咺來歸惠公仲子之賵　九月及宋人盟于宿　冬十有二月祭伯來　公子益師卒」

吾儕以今代的史眼讀之不能不大詫異第一其文句簡短達於極點每條最長者不過四十餘字（如定四年云『三月公會劉子晉侯宋公蔡侯衞侯陳子鄭伯許男曹伯莒子邾子頓子胡子滕子薛伯杞伯小邾子齊國夏於召陵侵楚』）最短者乃僅一字（如隱八年云『螟』）第二一條紀一事不相聯屬絕類村店所用之流水帳簿每年多則十數條少則三四條（竹書紀年記夏殷事有數十年乃得一條者）又絕無組織任意斷自某年皆成起訖第三所記僅各國宮廷事或宮廷間相互之關係而於社會情形一無所及第四天災地變等現象本非歷史事項者反一一注意詳記吾儕因此可推知當時之史的觀念及史的範圍非惟與今日不同即與秦漢後亦大有異又可見當時之史只能謂之簿錄不能謂之著述雖然世界上正式的年代史恐不能不推

我國史官所記爲最古（注四）竹書紀年起自夏禹距今既四千年卽春秋爲孔子斷代之書亦既當西紀前七二二至四八一年其時歐洲史蹟有年可稽者尙絕稀也此類之史當春秋戰國間各國皆有故孟子稱「晉之乘楚之檮杌魯之春秋」墨子稱「周之春秋燕之春秋宋之春秋」又稱「百國春秋」則其時史書之多略可概見乃自秦火之後蕩然無存司馬遷著書時已無由資其參驗（注五）汲冢幸得碩果旋又壞於宋後之竄亂（注六）而孔子所修又藉以寄其微言大義只能作經讀不能作史讀（注七）於是二千年前爛若繁星之古史竟無一完璧以傳諸今日吁可傷也

（注四）埃及及米梭必達米亞諸國古史蹟多由後人從各種遺物及雜記錄中推尋而得並非有正式一史書也

（注五）史記秦始皇本紀云『臣請史官非秦紀皆燒之』六國表云『秦焚書諸侯史記尤甚』可知當時各國之史受禍最烈故漢興後詩書百家語多存而諸史則無一也

（注六）竹書紀年來歷別見第三章注十八但今所傳者非原書蓋出宋以後人雜糅竄補清朱右曾別輯汲冢紀年存眞二卷今人王國維因之更成古本竹書紀年輯校一卷稍復本來面目然所輯僅得四百二十八條以較晉書束晳傳所云十三篇隋書經籍志所云十二卷知其所散佚者多矣

（注七）看今人康有爲孔子改制考春秋筆削大義微言考

同時復有一種近於史類之書其名曰「書」或曰「志」或曰「記」「今六經中之尙書卽屬此類漢書藝文志謂『左史記言右史記事事爲春秋言爲尙書』此種嚴格的分類是否古代所有雖屬疑問要之此類記載必發源甚古觀春秋戰國時人語常引夏志商志周志或周書周記等文可知也此等書蓋錄存古代策命告誓之原文性質頗似檔案又似文選但使非出杜撰自應認爲最可寶之史料蓋不惟篇中所記事實直接有關

於史蹟即單詞片語之格言亦有時代思想之背景在其後也此類書現存者有尚書二十八篇（注八）其年代上起堯舜下訖春秋之秦穆然應否全部認為正當史料尚屬疑問此外尚有逸周書若干篇眞贋參半（注九）然其眞之部分吾儕應認為與尚書有同等之價值也

（注八）據漢人所傳說謂古代書有三千二百四十篇孔子删纂之為百篇遭秦而亡漢興由伏生傳出二十八篇共三十三卷即所謂今文尚書也其後孔安國所傳複多十六篇即所謂古文尚書也古文尚書出而復佚焉此事為二千年學界一大公案是否百篇外尚有書孔子所删定是否確為百篇孔安國之古文尚書為眞為偽皆屬未決之問題惟有一事則已決定者今四庫所收之尚書五十八卷其中有二十五卷為東晉人所偽造並非孔安國原本此則經清儒閻若璩惠棟輩所考證久成定讞者也今將眞本二十八篇篇目列舉如下其在此目以外諸篇萬不容誤認為史料而徵引之也

堯典第一（今本舜典乃割原本堯典下半而成）　皋陶謨第二（今本益稷乃割原本皋陶謨下半而成）　禹貢第三　甘誓第四　湯誓第五　盤庚第六　高宗肜日第七　西伯戡黎第八　微子第九　牧誓第十　洪範第十一　金縢第十二　大誥第十三　康誥第十四　酒誥第十五　梓材第十六　召誥第十七　洛誥第十八　多士第十九　毋逸第二十　君奭第二十一　多方第二十二　立政第二十三　顧命第二十四（今本康王之誥乃割原本顧命下半而成）　費誓第二十五　呂刑第二十六　文侯之命第二十七　秦誓第二十八

（注九）漢書藝文志載周書七十一篇原注云『周史記』顏師古注云『今之存者四十五篇矣』今四庫所收有逸周書七十一篇之目具在文則佚其十篇現存者為六十一篇反多於唐時顏氏所見本矣以吾度之今最少應有十一篇為偽造者其餘諸篇亦多竄亂但某篇為眞某篇為偽未能確指俟他日當為考證然此書中一大部分為古代極有價值之史料則可斷言也

春秋尚書二體皆可稱為古代正史然此外尚非無史籍焉蓋文字之用既日廣疇昔十口相傳者漸皆著諸竹帛其種類非一例如左傳所稱三墳五典八索九丘莊子所稱金版六弢孟子所云『於傳有之』其書今雖皆

不傳然可懸想其中所記皆前言往行之屬也汲冢所得古書有瑣語有雜書有穆天子傳其雜書中有周食田法有美人盛姬死事（穆天子傳及美人盛姬死事今存瑣語亦有輯佚本）凡此皆正史以外之記錄即後世別史雜史之濫觴計先秦以前此類書當不少大抵皆經秦火而亡漢藝文志中各書目或有一部分屬此類惜今並此不得見矣

右三類者或為形式的官書或為備忘的隨筆皆未足以言著述史學界最初有組織之名著則春秋戰國間得二書焉一曰左丘之國語二曰不知撰人之世本左丘或稱左丘明今本左傳共稱為彼所撰然據史記所稱述則彼固名丘不名丘明僅撰國語而未撰左傳或謂今本左傳乃漢人割裂國語以偽撰其說當否且勿深論但國語若既經割裂則亦必須與左傳合讀然後左氏之面目得具見也左氏書之特色第一不以一國為中心點而將當時數個主要的文化國平均敘述蓋自春秋以降我族已漸為地方的發展非從各方面綜合研究不能得其全相當時史官之作大抵皆偏重王室或偏重於其本國（例如春秋以魯為中心竹書紀年自周東遷後以晉為中心三家分晉後以魏為中心）左氏反是能平均注意於全部其國語將周魯齊晉鄭楚吳越諸國分篇敘述無所偏畸左傳是否原文雖未敢斷即以今本論之其溥徧的精神固可見也第二其敘述不局於政治常涉及全社會之各方面左氏對於一時之典章與大事固多詳敘而所謂「瑣語」之一類亦采擇不遺故能寫出當時社會之活態予吾儕以頗明瞭之印象第三其敘事有系統有別裁確成為一種「組織體的」著述彼「帳簿式」之春秋「文選式」之尚書雖極莊嚴典重而讀者寡味矣左氏之書其斷片的敘事雖亦不少然對於重大問題時復溯原竟委前後照應能使讀者相悅以解此三特色者皆以前史家所無劉知幾云『左氏為書不遵古法……然而言事相兼煩省合理』（史通載言篇）誠哉然也故左丘可謂商周以來史界之革命也又秦漢以降史界不祧之大宗也左丘舊云孔

子弟子但細讀其書頗有似三家分晉田氏篡齊以後所追述者苟非經後人竄亂則此公著書應在戰國初年恐不逮事孔子矣希臘大史家希羅多德生於紀前四八四年卽孔子卒前六年恰與左氏並世不朽大業東西同揆亦人類史中一佳話也

世本一書宋時已佚然其書爲史記之藍本則司馬遷嘗自言之今據諸書所徵引知其內容篇目有帝系有世家有傳有譜有氏姓篇有居篇有作篇帝系世家及氏姓篇敍王侯及各貴族之系牒也傳者記名人事狀也譜者年表之屬史注所謂旁行斜上之周譜也居篇則彙紀王侯國邑之宅都焉作篇則紀各事物之起原焉（注十）吾儕但觀其篇目卽可知其書與前史大異者兩點其一開後此分析的綜合的研究之端緒彼能將史料縱切橫斷分別部居俾讀者得所比較以資推論也其二特注重於社會的事項前史純以政治爲中心彼乃詳及氏姓居作等事已頗具文化史的性質也惜著述者不得其名原書且久隨灰燼而不然者當與左氏同受吾儕尸祝也

（注十）漢書藝文志著錄世本十五篇原注云『古史官記黃帝以來訖春秋時諸侯大夫』漢書司馬遷傳後漢書班彪傳皆言『司馬遷刪據世本等書作史記』今據世本篇目以校遷書可以知其淵源所自矣原書宋鄭樵王應麟尙及見其佚當在宋元之交清錢大昭孫馮翼洪飴孫秦嘉謨茆泮林張澍各有輯本茆張二家較精審

史界太祖端推司馬遷遷之年代後左丘約四百年此四百年間之中國社會譬之於水其猶經百川競流波瀾壯闊以後乃匯爲湖泊恬波不揚民族則由分展而趨統一政治則革閥族而歸獨裁學術則倦貢新而思竺舊而遷之史記則作於其間遷之先既世爲周史官遷襲父談業爲漢太史其學蓋有所受遷之自言曰『余所謂

述故事整齊其世傳非所謂作也』太史公自序然而又曰『考之行事稽其成敗興壞之理……欲以究天人之際。通古今之變成一家之言』報任安書蓋遷實欲建設一歷史哲學而借事實以爲發明故又引孔子之言以自況謂『載之空言不如見之行事之深切著明』自序舊史官紀事實而無目的孔子作春秋時或爲目的而犧牲事實。其懷抱深遠之目的而又忠勤於事實者惟遷爲兼之遷書取材於國語世本戰國策楚漢春秋……等以十二本紀十表八書三十世家七十列傳組織而成其本紀以事繫年取則於春秋其八書詳紀政制蛻形於尙書其十表稽牒作譜印範於世本其世家列傳既宗雅記亦采瑣語則國語之遺規也諸體雖非皆遷所自創而遷實集其大成兼綜諸體而調和之使互相補而各盡其用此足徵遷組織力之強而文章技術之妙也班固述劉向揚雄之言謂『遷有良史之材善序事理』漢書本傳贊鄭樵謂『自春秋後惟史記擅制作之規模』通志總序諒矣其最異於前史者一事曰以人物爲本位故其書廁諸世界著作之林其價値乃頗類布爾達克之英雄傳其年代略相先後布爾達克後司馬遷約二百年其文章之佳妙同其影響所被之廣且遠亦略同也後人或能譏彈遷書然遷書固已皋牢百代二千年來所謂正史者莫能越其範圍豈後人創作力不逮古耶抑遷自有其不朽者存也

司馬遷以前無所謂史學也漢書藝文志以史書附於六藝略之春秋家著錄者僅四百二十五篇其在遷前者僅百九十一篇及隋書經籍志史部著錄乃驟至一萬六千五百八十五卷數百年間加增四十倍此遷以後史學開放之明效也古者惟史官爲能作史私人作史自孔子始然孔子非史家吾既言之矣司馬遷雖身爲史官而其書實爲私撰觀其傳授淵源出自其外孫楊惲斯可證也看漢書惲傳遷書出後續者蠭起見於本書者有褚少孫見於七略者有馮商見於後漢書班彪傳注及史通者有劉向等十六人見於通志者有賈逵其人大率皆非史官也班固

雖嘗爲蘭臺令史然其著漢書實非以史官資格故當時猶以私改史記搆罪繫獄焉（看後漢書本傳）至如魚豢孫盛王銓王隱習鑿齒華嶠陳壽袁宏范曄何法盛臧榮緒輩則皆非史官（看史通正史篇）曷爲古代必史官乃能作史而漢以後則否耶世官之制至漢已革前此史官專有之智識今已漸爲社會所公有此其一也文化工具日新著寫傳鈔收藏之法皆加便史料容易蒐集此其二也遷書既美善引起學者研究興味社會靡然向風此其三也自玆以還蔚爲大國兩晉六朝百學蕪穢而治史者獨盛在晉尤著讀隋書經籍志及淸丁國鈞之補晉書藝文志可見也故吾常謂晉代玄學之外惟有史學而我國史學界亦以晉爲全盛時代

斷代爲史始於班固劉知幾極推尊此體謂『其包舉一代撰成一書學者尋討易爲其功』（史通六家篇）鄭樵則極詆之謂『善學司馬遷者莫如班彪彪續遷書自孝武至於後漢欲令後人之續己如己之續遷既無衍文又無絕緒……固爲彪之子不能傳其業……斷代爲史無復相因之格……會通之道自此失矣』（通志總序）此兩種反對之批評吾儕蓋祖鄭樵樵從編纂義例上論斷代之失其言既已博深切明（看原文）然遷固兩體之區別在歷史觀念上尤有絕大之意義焉史記以社會全體爲史的中樞故不失爲國民的歷史漢書以下則以帝室爲史的中樞自是而史乃變爲帝王家譜矣夫史之爲狀如流水然抽刀斷之不可得斷今之治史者强分爲古代中世近世猶苦不能得正當標準而況可以一朝代之興亡爲之劃分耶史名而冠以朝代是明告人以我之此書爲某朝代之主人而作也是故南朝不得不謂北爲索虜北朝不得不謂南爲島夷王凌諸葛誕毋丘儉之徒著晉史者勢不能不稱爲賊而雖以私淑孔子自命維持名教之歐陽修其新五代史開宗明義第一句亦不能不對於積年劇盜朱溫其人者大書特書稱爲「太祖神武元聖孝皇帝」也斷代史之根本謬誤在此而今者官書

二十四部，咸率循而莫敢立異，則班固作俑之力，其亦偉矣。

章學誠曰：『遷書一變而爲班氏之斷代，遷書通變化，而班氏守繩墨，以示包括也。後世失班史之意，而以紀表志傳同於科舉之程式，官府之簿書，則於記注撰述兩無所取。』又曰：『紀傳行之千有餘年，學者相承，殆如夏葛冬裘，渴飲饑食，無更易矣。然無別識心裁，可以傳世行遠之具……』（文史通義書教篇）此言班書以下作者皆陳陳相因，無復創作精神，其論至痛切矣。然今所謂二十四史者，其品之良穢，亦至不齊。同在一體裁中，而價值自固有高下。前人比較評騭之論既甚多，所評當否，當由讀者自懸一標準以衡審之，故今不具論。惟有一明顯之分野最當注意者，則唐以前書皆私撰而成於一人之手，唐以後書皆官撰而成於多人之手也。最有名之馬班陳范四史，皆出私撰，前已具陳。卽沈約蕭子顯魏收之流，雖身爲史官奉勅編述，然其書什九，獨力所成。自唐太宗以後，而此風一變。太宗旣以雄才大略，削平天下，又以「右文」自命，思與學者爭席，因欲自作陸機王羲之兩傳贊，乃命史臣別修晉書，書成而舊著十八家俱廢。（看史通正史篇）同時又勅撰梁陳齊周隋五書，皆大開史局，置員猥多，而以貴官領其事。自茲以往，習爲成例。於是著作之業，等於奉公，編述之人，名實乖迕。例如房喬魏徵劉昫托克托宋濂張廷玉等，尸名爲某史撰人，而實則於其書無與也。蓋自唐以後，除李延壽南史北史歐陽修新五代史之外，其餘諸史，皆在此種條件之下而成立者也。此種官撰合撰之史，其最大流弊，則在著者無責任心。劉知幾傷之曰：『每欲記一事，載一言，皆閣筆相視，含毫不斷，故頭白可期，汗青無日。』又曰：『史官記注，取稟監修，一國三公，適從何在。』（史通忤時篇）旣無從負責，則羣相率於不負責，此自然之數矣。坐此之故，則著者之個性湮滅，而其書無復精神。司馬遷忍辱發憤，其目的乃在『成一家之言』，班范諸賢，亦同斯志，故讀其書而著者之思想品格皆見焉。歐陽修新五代史。其價值如何。雖評者異辭。要之固修之面目也。若隋唐宋元明諸史。則如聚羣匠共畫一壁。非復藝術。不過一絕無生命之粉本而已。坐此之故。並史家之技術亦無所得施。史料之別裁。史筆之運用。雖有名手。亦往往被牽掣而不能行其志。故愈晚出之史。卷帙愈增而蕪累亦愈甚也。（明史不在此例）萬斯同有言。『治史者譬如入人之室。始而周其堂寢匽湢焉。繼而知其蓄產禮俗焉。久之其男女少長性質剛柔輕重無不習察。然後可制其家之事也。官修之史。倉卒而成於衆人。不暇擇其材之宜與事之習。是猶招市人而與謀室中之事耳。』（方苞撰萬季野墓表）此言可謂博深切明。蓋我國古代史學因置史官而極發達。其近代史學亦因置史官而漸衰敝。則史官之性質。今有以異於古所云也。

與紀傳體並峙者為編年體。帳簿式之舊編年體。起原最古。既如前述。其內容豐富而有組織之新編年體。舊說以為起於左傳。雖然。以近世學者所考訂。則左氏書原來之組織。殆非如是。故論此體鼻祖。與其謂祖左氏。毋寧謂祖陸賈之楚漢春秋。惜賈書今佚。其眞面目如何。不得確知也。漢獻帝以漢書繁博難讀。詔荀悅要刪之。悅乃撰為漢紀三十卷。此現存新編年體之第一部書也。悅自述謂『列其年月。比其時事。撮要舉凡。存其大體。以副本書。』又謂『省約易習。無妨本書。』語其著作動機。不過節鈔舊書耳。然結構既新。遂成創作。蓋紀傳體之長處在內容繁富。社會各部分情狀皆可以納入。其短處在事蹟分隸淩亂。其年代又重複。勢不可避。劉知幾所謂『同為一事。分為數篇。斷續相離。前後屢出。……又編次同類。不求年月。……故賈誼與屈原同列。曹沫與荆軻並編。』（史通二體篇）此皆其弊也。漢紀之作。以年繫事。易人物本位為時際本位。學者便焉。悅之後則有張璠袁宏之後漢紀。孫盛之魏春秋。習鑿齒之漢晉春秋。干寶徐廣之晉紀。裴子野之宋略。吳均之齊春秋。何之元之梁典。……

……等現存者僅荀袁二家蓋自班固以後紀傳體既斷代爲書故自荀悅以後編年體亦循其則每易一姓紀傳家既爲作一書編年家復爲作一紀而皆繫以朝代之名斷代施諸紀傳識者猶譏之編年效顰其益可以已矣宋司馬光毅然矯之作資治通鑑以續左傳上紀戰國下終五代西紀前四〇三至後九五九千三百六十二年間大事按年紀載一氣衘接光本邃於掌故觀所著涑水紀聞可見其別裁之力又甚强觀通鑑考異可見其書斷制有法度胡三省注而序之曰『溫公徧閱舊史旁採小說抉擿幽隱薈萃爲書而修書分屬漢則劉攽三國迄於南北朝則劉恕唐則范祖禹皆天下選也歷十九年而成』其所經緯規制確爲中古以降一大創作故至今傳習之盛與史漢埒後此朱熹因其書稍加點竄作通鑑綱目竊比孔氏之春秋然終莫能奪也光書既訖五代後人紛紛踵而續之卒未有能及光者故吾國史界稱前後兩司馬焉

善鈔書者可以成創作荀悅漢紀而後又見之於宋袁樞之通鑑紀事本末編年體以年爲經以事爲緯使讀者能瞭然於史蹟之時際的關係此其所長也然史蹟固有連續性一事或亘數年或亘百數十年編年體之紀述無論若何巧妙其本質總不能離帳簿式讀本年所紀之事其原因在若干年前者或已忘其來歷其結果在若干年後者苦不能得其究竟非直翻檢爲勞抑亦寡味矣樞鈔通鑑以事爲起訖千六百餘年之書約之爲二百三十有九事其始亦不過感翻檢之苦痛爲自己研究此書謀一方便耳及其既成則於斯界別闢一蹊徑焉楊萬里敍之曰『搴事之成以後於其萌提事之微以先於其明其情匿而泄其故悉而約』蓋紀傳體以人爲主編年體以年爲主而紀事本末體以事爲主夫欲求史蹟之原因結果以爲鑑往知來之用非以事爲主不可故紀事本末體於吾儕之理想的新史最爲相近抑亦舊史界進化之極軌也章學誠曰『本末之爲體因事命篇

不爲常格，非深知古今大體，天下經綸，不能網羅隱括，無遺無濫，文省於紀傳，事豁於編年，決斷去取，體圓用神，……在袁氏初無其意，且其學亦未足語此，……但卽其成法，沈思冥索，加以神明變化，則古史之原，隱然可見。』（文史通義書教篇）其論當矣。樞所述僅局於政治，其於社會他部分之事項，多付闕如，其分目又仍涉瑣碎，未極貫通之能事，然彼本以鈔通鑑爲職志，所述不容出通鑑外，則著書體例宜然，卽提要鉤元之功，亦愈後起而愈易致力，未可以吾儕今日之眼光苛責古人也。樞書出後，明清兩代踵作頗多，然謹嚴精粹，亦未有能及樞者。

紀傳體中有書志一門，蓋導源於尚書，而旨趣在專紀文物制度，此又與吾儕所要求之新史較爲接近者也。然茲事所貴，在會通古今，觀其沿革，各史既斷代爲書，乃發生兩種困難，苟不追敍前代，則源委不明，追敍太多，則繁複取厭，況各史非皆有志，有志之史，其篇目亦互相出入，遇所闕遺，見斯滯矣。於是乎有統括史志之必要。其卓然成一創作以應此要求者，則唐杜佑之通典也。其書『採五經羣史，上自黃帝，至於有唐天寶之末，每事以類相從，舉其始終，歷代沿革廢置，及當時羣士論議得失，靡不條載，附之於事，如人支脈，散綴於體。』（李翰通典序）此實史志著作之一進化也。其後元馬端臨倣之作文獻通考，雖篇目較繁備，徵引較雜博，然無別識，無通裁，（章學誠文史通義評彼書語）僅便繙檢而已。

有通鑑而政事通，有通典而政制通，正史斷代之不便，矯正過半矣，然猶未盡也。梁武帝勅吳均等作通史，上自漢之太初，下終齊室，意欲破除朝代界限，直接遷書，厥意甚盛，但其書久佚，無從批評，劉知幾譏其蕪累，謂『使學者寗習本書，怠窺新錄，』（史通六家篇）想或然也。宋鄭樵生左馬千歲之後，奮高掌，邁遠蹠，以作通志，可謂豪傑之士也。其自序抨擊班固以下斷代之弊，語語皆中竅要，清章學誠益助樵張目，嘗曰『通史之修，其便有六，一曰免重複。二曰均類例。三曰便銓配。四曰平是非。五曰去牴牾。六曰詳鄰事。其長有二。一曰具翦裁。二曰立家法。』又曰『鄭氏通志卓識名理。獨見別裁。古人不能任其先聲。後代不能出其規範。雖事實無殊舊錄。而諸子之意。寓於史裁。』（文史通義釋通篇）其所以推奬者至矣。吾儕固深贊鄭章之論。認通史之修爲不可以已。其於樵之別裁精鑑。亦所心折。雖然。吾儕讀通志一書。除二十略外。竟不能發見其有何等價值。意者仍所謂『甯習本書怠窺新錄』者耶。樵雖抱宏願。然終是向司馬遷圈中討生活。松柏之下。其草不植。樵之失敗。宜也。然僅二十略。固自足以不朽。史界之有樵。若光芒竟天之一彗星焉。

右所述爲舊目錄家所指紀傳編年紀事本末政書之四體。皆於創作之人加以評騭。而踵效者略焉。二千年來斯學進化軌迹。略可見矣。自餘史部之書。隋書經籍志分爲雜史、霸史、起居注、故事、職官、雜傳、儀注、刑法、目錄、譜牒、地理。凡十一門。史通雜述篇臚舉偏記、小錄、逸事、瑣言、郡書、家史、別傳、雜記、地理書、都邑簿。凡十種。此後累代著錄門類。皆小異而大同。以吾觀之。可中分爲二大類。一曰供後人著史之原料者。二曰製成局部的史籍者。第一類並未嘗經鍾鍊組織。不過爲照例的或一時的之記錄。備後世作者之蒐採。其在官書。則如起居注、實錄、諭旨、方略之類。如儀注、通禮、律例、會典之類。其在私著。則或專紀一地方。如趙岐三輔決錄、潘岳關中記等。或在一地方中復專紀一事類。如陸機建康宮殿記、楊衒之洛陽伽藍記、楊孚交州異物志等。或專紀一時代。如陸賈楚漢春秋、王度二石僞治時事等。或在一時代中專紀一事。如晉修復山陵故事、晉八王故事等。有專紀一類人物者。如劉向列女傳、皇甫謐高士傳等。有紀人物復限於一地方或一年代者。如陳壽益部耆舊傳、謝承會稽先賢傳、袁敬仲正始名士傳等。有專爲一家或一人作傳者。如江統之江氏家傳、范汪之范氏家傳、慧立之慈恩法師傳等。或記載游歷見聞。如郭象述征記法顯佛國記等。或採錄異聞作半小說體。如山海經穆天子傳飛燕外傳等。或拾遺識小聊供談噱如劉義慶世說裴榮期語林等。凡此皆未嘗以述作自居。惟取供述作者之資料而已。右所舉例皆取諸隋唐兩志其書今存者希

其等二類則蒐集許多資料經一番組織之後。確成一著述之體裁。但所敘者專屬於某種事狀。其性質爲局部的。而與正史編年等含有普遍性質者殊科焉。此類之書發達最早者爲地方史。常璩之華陽國志其標本也。其流衍爲各省府州縣之方志。次則法制史。如歷代職官表歷代鹽法志等類。次則宗教或學術史。如佛祖歷代通載明儒學案等類。其餘專明一義如律歷金石目錄……等等所在多有。然裒然可觀者實稀。蓋我國此類著述發達尙幼稚也。

史籍既多。則注釋考證自然踵起。注釋有二。一曰注訓詁。如裴駰徐野民等之於史記。應劭如淳等之於漢書。二曰注事實。如裴松之之於三國志。前者於史蹟無甚關係。後者則與本書相輔矣。考證者。所以審定史料之是否正確。實爲史家求徵信之要具。隋書經籍志有劉寶之漢書駁議。姚察之定漢書疑。蓋此類書之最古者。司馬光既寫定通鑑。即自爲考異三十卷。亦著述家之好模範也。大抵考證之業。宋儒始引其緒。劉攽洪邁輩之書稍有可觀。至清而大盛。其最著者如錢大昕之廿二史考異。王鳴盛之十七史商榷。趙翼之廿二史箚記。其他關於一書一篇一事之考證。往往析入豪芒。其作者不可僂指焉。

近代著錄家多別立史評一門。史評有二。一批評史蹟者。二批評史書者。批評史蹟者。對於歷史上所發生之事項而加以評論。蓋左傳史記已發其端。後此各正史及通鑑皆因之。亦有泐爲專篇者。如賈誼過秦論陸機辨亡

論之類是也。宋明以後。益尙浮議。於是有史論專書。如呂祖謙之東萊博議。張溥之歷代史論等。其末流只以供帖括勦說之資。於史學無與焉。其較有價値者爲王夫之之讀通鑑論宋論。雖然。此類書無論若何警拔。總易導讀者入於奮臆空談一路。故善學者弗尙焉。批評史書者。質言之。則所評卽爲歷史研究法之一部分。而史學所賴以建設也。自有史學以來二千年間。得三人焉。在唐則劉知幾。其學說在史通。在宋則鄭樵。其學說在通志總序及藝文略校讐略圖譜略。在淸則章學誠。其學說在文史通義。知幾之自述曰。『史通之爲書也。蓋傷當時載筆之士。其義不純。思欲辨其指歸。殫其體統。其書雖以史爲主。而餘波所及。上窮王道。下掞人倫。……蓋談經者惡聞服杜之嗤。論史者憎言班馬之失。而此書多譏往哲。喜述前非。獲罪於時。固其宜矣。』（史通自敍）樵之自述曰。『凡著書者雖采前人之書。必自成一家之言。……臣今總天下之大學術。而條其綱目。名之曰略。凡二十略。百代之憲章。學者之能事。盡於此矣。其五略。漢唐諸儒所得而聞。其十五略。漢唐之儒所不得而聞也。』又曰。『夫學術造詣。本乎心識。如人入海。一入一深。臣之二十略。皆臣自有所得。不用舊史之文。』（通志總序）學誠自述曰。『鄭樵有史識而未有史學。曾鞏具史學而不具史法。劉知幾得史法而不得史意。此予文史通義所爲作也。』（志隅自序）又曰。『拙撰文史通義。中間議論開闢。實有不得已而發揮。爲千古史學闢其榛蕪。然恐驚世駭俗。爲不知己者詬厲。』（與汪輝祖書）又曰。『吾於史學。自信發凡起例。多爲後世開山。而人乃擬吾於劉知幾。不知劉言史法。吾言史意。劉議館局纂脩。吾議一家著述。』（家書二）讀此諸文。可以知三子者之所以自信爲何如。又可知彼輩卓識。不見容於並時之流俗也。竊常論之。劉氏事理縝密。識力銳敏。其勇於懷疑。勤於綜核。王充以來。一人而已。其書中疑古惑經諸篇。雖於孔子亦不曲徇。可謂最嚴正的批評態度也。章氏謂其所議僅及館局纂脩。斯固然也。然鑑別史料之法。劉氏言之最精。非鄭章所能逮也。鄭氏之學。前段已略致評。章氏評之謂『其精要在乎義例。蓋一家之言。諸子之學識而寓於諸史之規矩。』（文史通義釋通篇）又謂『通志例有餘而質不足以副。』（與邵二雲書）皆可謂知言。然劉章惟有論史學之書而未嘗自著成一史。鄭氏則既出所學以與吾人共見。而確信彼自有其不朽者存矣。章氏生劉鄭之後。較其短長以自出機杼。自更易爲功。而彼於學術大原實自有一種融會貫通之特別見地。故所論與近代西方之史家言多有冥契。惜其所躬自撰述者。僅限於方志數種。未能爲史界闢一新天地耳。要之自有左丘司馬遷班固荀悅杜佑司馬光袁樞諸人。然後中國始有史。自有劉知幾鄭樵章學誠。然後中國始有史學矣。至其持論多有爲吾儕所不敢苟同者。則時代使然。環境使然。未可以居今日而輕謗前輩也。

吾草此章將竟。對於與吾儕最接近之清代史學界更當置數言。前清爲一切學術復興之時代。獨於史界之著作最爲寂寥。唐宋去今如彼其遠。其文集雜著中所遺史蹟尚纍纍盈望。清則舍官書及諛墓文外。殆無餘物可以相餉。史料之涸乏。未有如清者也。此其故不難察焉。試一檢康雍乾三朝諸文字之獄。則知其所以箝吾先民之口而奪之氣者。其凶悍爲何如。其敢於有所論列而倖免於文網者。吾見全祖望一人而已。（看鮚埼亭集）竊位者壹意摧殘文獻以謀自固。今位則成閏矣。而已湮已亂之文獻。終不可復。哀哉耗矣。雖然。士大夫之聰明才力終不能無所用。故壓於此者伸於彼。史學之在清代。亦非無成績之可言。章學誠之卓犖千古。前既論之矣。此外關於史界尚有數種部分的創作。其一。如顧祖禹之讀史方輿紀要。其書有組織有斷制。全書百三十卷一氣呵成。爲一篇文字。以地理形勢爲經。而緯之以史蹟。其善於駕馭史料。蓋前人所莫能逮。故魏禧稱爲『數千百年絕無僅有之書』也。其二。如顧棟高之春秋大事表。將全部左傳拆碎而自立門類。以排比之。善用其法。則於一時代之史蹟能深入而顯出矣其三如黃宗羲之明儒學案實爲中國有史學之始其書有宗旨有條貫異乎鈔撮駁雜者其四如趙翼之廿二史箚記此書雖與錢大昕王鳴盛之作齊名見前然性質有絕異處錢王皆爲狹義的考證趙則教吾儕以蒐求抽象的史料之法昔人言『屬辭比事春秋之教』趙書蓋最善於比事也此法自宋洪邁容齋隨筆漸解應用至趙而其技益進焉此四家者皆卓然有所建樹足以自附於述作之林者也其他又尙有數類書在清代極爲發達（一）表志之補續自萬斯同著歷代史表後繼者接踵各史表志之缺殆已補綴無遺且所補常有突過前作者（二）史文之考證考證本爲清代樸學家專門之業初則僅用以治經繼乃並用以治史此類之書有價値者毋慮百數十種對於古籍訂譌糾繆經此一番整理爲吾儕省無限精力（三）方志之重修各省府州縣志什九皆有新修本董其事者皆一時名士乃至如章學誠輩之所懷抱皆借此小試焉故地方史蔚然可觀爲前代所無（四）年譜之流行清儒爲古代名人作年譜者甚多大率皆精詣之作章學誠所謂『一人之史而可以與家史國史一代之史相取證』者也（五）外史之研究自魏源徐松等喜談邊徼形事漸引起研究蒙古史蹟之興味洪鈞之元史釋文證補知取材於域外自此史家範圍益擴大漸含有世界性矣凡此皆清代史學之成績也雖然清儒所得自效於史學界者而僅如是固已爲史學界之不幸矣

我國史學根柢之深厚既如彼故史部書之多亦實可驚今刺取累代所著錄之部數卷數如下

漢書藝文志	一一部	四二五篇
隋書經籍志	八一七部	一三二六四卷
舊唐書經籍志	八八四部	一七九四六卷

宋史藝文志	二一四七部	四三一〇九卷
通志藝文略	二三〇一部	三七六一三卷（在圖譜外）
文獻通考經籍考	一〇三六部	二四〇九六卷
明史藝文志	一三一六部	三〇〇五一卷（限於明代人著作）
清四庫書目	二一七四部	三七〇四九卷（存目合計）

右所著錄者代代散佚。例如隋志之萬三千餘卷。今存者不過十之一二。明志之三萬餘卷。採入四庫者亦不過十之一二。而現存之四庫未收書及四庫編定後續出之書。尙無慮數萬卷。要而言之。自左丘司馬遷以後。史部書曾箸竹帛者。最少亦應在十萬卷以外。其質之良否如何。暫且勿問。至於其量之豐富。實足令吾儕撟舌矣。此二千年來史學經過之大凡也。

第二章　史之改造

吾生平有屢受窘者一事。每遇青年學子叩吾以治國史宜讀何書。輒沈吟久之。而卒不能對。試思吾舍二十四史資治通鑑三通等書外。更何術以應此問。然在今日百學待治之世界。而讀此浩瀚古籍。是否爲青年男女日力之所許。姑且勿論。尤當問費此莫大之日力。其所得者究能幾。吾儕欲知吾祖宗所作事業。是否求之於此而已足。豈惟僅此不足。恐雖徧讀隋唐志明史……等所著錄之十數萬卷。猶之不足也。夫舊史既不可得徧讀。卽徧讀之亦不能養吾欲而給吾求。則惟有相率於不讀而已。信如是也。吾恐不及十年。而中國史學將完全被驅出於學問圈外。夫使一國國民而可以無需國史的智識。夫復何言。而不然者。則史之改造。眞目前至急迫之一問題矣。

吾前嘗言著書須問將以供何等人之讀。今請申言此義。古代之史。是否以供人讀。蓋屬疑問。觀孔子欲得諸國史。求之甚艱。而魏史乃瘞諸汲冢中。雖不敢謂其必禁傳讀。要之其目的在珍襲於祕府。而不在廣布於公衆。殆可斷言。後世每朝之史。必易代而始布。故吾儕在今日尚無清史可讀。此尤舊史半帶祕密性之一證也。私家之史。自是爲供讀而作。然其心目中之讀者各各不同。「孔子成春秋而亂臣賊子懼。」春秋蓋以供當時貴族中爲人臣子者之讀也。司馬光資治通鑑。其主目的以供帝王之讀。其副目的以供大小臣僚之讀。則吾既言之矣。司馬遷史記自言『藏諸名山傳與其人。』蓋將以供後世少數學者之讀也。自餘諸史。目的略同。大率其讀者皆求諸祿仕之家與好古績學專門之士。夫著作家必針對讀者以求獲其所希望之效果。故緣讀者不同。而書之精神及其內容組織。亦隨而不同。理固然也。讀者在祿仕之家。則其書宜爲專制帝王養成忠順之臣民。讀者在績學專門之士。則其書不妨浩瀚雜博奧衍。以待彼之徐整理而自索解。而在此兩種讀者中。其對於人生日用飲食之常識的史蹟。殊非其所渴需。而一般民衆自發自進的事業。或反爲其所厭忌。質而言之。舊史中無論何體何家。總不離貴族性。其讀客皆限於少數特別階級——或官閥階級。或智識階級。故其效果亦一如其所期。助成國民性之畸形的發達。此二千年史家所不能逃罪也。此類之史。在前代或爲其所甚需要。非此無以保社會之結合均衡。而吾族或早已潰滅。雖然。此種需要。在今日早已過去。而保存之則惟增其毒。在今日惟個性圓滿發達之民。自進而爲種族上地域上職業上之團結互助。夫然後可以生存於世界而求有所貢獻。而歷史其物。即以養成人類此種性習爲職志。今之史家。常常念吾書之讀者與彼遷記光鑑之讀者絕不同倫。而矢忠覃精以善爲之地焉。其庶可以告無罪於天下也。

復次歷史爲死人——古人而作耶爲生人——今人或後人而作耶。據吾儕所見。此蓋不成問題。得直答曰爲生人耳。然而舊史家殊不爾爾。彼蓋什九爲死人作也。史官之初起。實由古代人主欲紀其盛德大業以昭示子孫。故紀事以宮廷爲中心而主旨在隱惡揚善。觀春秋所因魯史之文而可知也。其有良史。則善惡畢書。於是褒貶成爲史家特權。然無論爲褒爲貶。而立言皆以對死人則一也。後世獎厲虛榮之塗術益多。墓誌家傳之類汗牛充棟。其目的不外爲子孫者欲表揚其已死之祖父。而最後榮辱一繫於史。馴至帝者以此爲駕馭臣僚之一利器。試觀明淸以來飾終之典。以「宜付史館立傳」爲莫大恩榮。至今猶然。則史之作用可推矣。故如魏收市佳傳以驕儕輩(看北史魏收傳)。袁樞謝曲筆以忤鄉人(宋史袁樞傳)。賢否雖殊。而壹皆以陳死人爲鵠。後人評史良穢。亦大率以其書對於死人之態度是否公明以爲斷。乃至如各史及各省府縣志對於忠義節孝之搜訪。惟恐不備。凡此皆求有以對死者也。此類觀念。其在國民道德上有何等關係。自屬別問題。若就史言史。費天地間無限縑素。乃爲千百年前已朽之骨校短量長。果何爲者。夫史蹟爲人類所造。吾儕誠不能於人外求史。然所謂「歷史的人格者」。別自有其意義與其條件。(此意義與條件當於第七章說明之)史家之職。惟在認取此「人格者」與其周遭情狀之相互因果關係而加以說明。若夫一個個過去之古人。其位置不過與一幅之畫一坐之建築物相等。只能以彼供史之利用。而不容以史供其利用。抑甚明矣。是故以生人本位的歷史代死人本位的歷史。實史界改造一要義也。

復次史學範圍當重新規定。以收縮爲擴充也。學術愈發達則分科愈精密。前此本爲某學附庸。而今則蔚然成一獨立科學者比比然矣．中國古代史外無學．舉凡人類智識之記錄．無不叢納之於史．厥後經二千年分化之結果．各科次第析出．例如天文、歷法、官制、典禮、樂律、刑法等．疇昔認爲史中重要部分．其後則漸漸與史分離矣．今之舊史．實以年代記及人物傳之兩種原素糅合而成．然衡以嚴格的理論．則此兩種者實應別爲兩小專科．曰「年代學」．曰「人譜學」——卽「人名辭典學」．而皆可謂在史學範圍以外．若是乎．則前表所列若干萬卷之史部書．乃無一部得復稱爲史．若是乎疇昔史學碩大無朋之領土．至是乃如一老大帝國．逐漸瓦解而無復餘．故近代學者．或昌言史學無獨立成一科學之資格．論雖過當．不爲無見也．雖然．今之史學．則旣已獲有新領土．而此所謂新領土．實乃在舊領土上而行使新主權．例如天文．自史記天官書迄明史天文志．皆以星座躔度等記載．充滿篇幅．此屬於天文學範圍．不宜以入歷史．固也．雖然．就他方面言之．我國人何時發明中星．何時發明置閏．何時發明歲差．乃至恆星行星之辨別．蓋天渾天之論爭．黃道赤道之推步……等等．此正吾國民繼續努力之結果．其活動狀態之表示．則歷史範圍以內之事也．是故天文學爲一事．天文學史又爲一事．例如音樂．各史律歷志及樂書樂志．詳述五聲十二律之度數．郊祀鐃歌之曲辭．此當委諸音樂家之專門研究者也．至如漢晉間古雅樂之如何傳授．如何廢絕．六朝南部俚樂之如何興起．隋唐間羌胡之樂譜樂器如何輸入．來自何處．元明間之近代的劇曲如何發展．此正乃歷史範圍以內之事也．是故音樂學爲一事．音樂史又爲一事．推諸百科．莫不皆然．研究中國哲理之內容組織．哲學家所有事也．述哲學思想之淵源及其相互影響遞代變遷．與夫所產之結果．史家所有事也．研究中國之藥劑證治．醫家所有事也．述各時代醫學之發明及進步．史家所有事也．對於一戰爭．研究其地形阨塞機謀進止．以察其勝負之由．兵家所有事也．綜合古今戰役而觀兵器戰術之改良進步。對於關係重大之諸役。尋其起因而推論其及於社會之影響。史家所有事也。各列傳中記各人之籍貫門第傳統等等。譜牒家所有事也。其嘉言懿行。摭之以資矜式。教育家所有事也。觀一時代多數人活動之總趨嚮與夫該時代代表的人物之事業動機及其反響。史家所有事也。由此言之。今後史家。一面宜將其舊領土一一劃歸各科學之專門。使爲自治的發展。勿侵其權限。一面則以總神經系——總政府自居。凡各活動相悉攝取而論列之。乃至前此亘古未入版圖之事項——例如吾前章所舉隋唐佛教元明小說等。悉吞納焉以擴吾疆宇。無所讓也。舊史家惟不明此區別。故所記述往往侵入各專門科學之界限。對於該學終亦語焉不詳。而史文已繁重蕪雜而不可殫讀。不甯惟是。馳騖於此等史外的記述。則將本範圍內應負之職責而遺卻之。徒使學者讀破萬卷。而所欲得之智識。仍茫如捕風。今之作史者。先明乎此。庶可以節精力於史之外而善用之於史之內矣。

復次吾儕今日所渴求者。在得一近於客觀性質的歷史。我國人無論治何種學問。皆含有主觀的作用……攙以他項目的。而絕不願爲純客觀的研究。例如文學。歐人自希臘以來。即有「爲文學而治文學」之觀念。我國不然。必曰因文見道。道其目的。而文則其手段也。結果則不誠無物。道與文兩敗而俱傷。惟史亦然。從不肯爲歷史而治歷史。而必侈懸一更高更美之目的——如「明道」「經世」等。一切史蹟。則以供吾目的之芻狗而已。其結果必至強史就我。而史家之信用乃墜地。此惡習起自孔子。而二千年之史。無不播其毒。孔子所修春秋。今日傳世最古之史書也。宋儒謂其「寓褒貶別善惡」。漢儒謂其「微言大義撥亂反正」。兩說孰當。且勿深論。要之孔子作春秋別有目的。而所記史事不過借作手段。此無可疑也。坐是之故。春秋在他方面有何等價值。此屬別問題。若作史而宗之。則乖莫甚焉。例如二百四十年中。魯君之見弒者四。隱公閔公子般子惡見逐者一。昭公見戕於外者一。桓公而春秋不見其文。孔子之徒。猶云「魯之君臣未嘗相弒」禮記明堂位文又如狄滅衞。此何等大事。因掩齊桓公之恥。則削而不書。看閔二年穀梁傳晉侯傳見周天子。此何等大變。因不願暴晉文公之惡。則書而變其文。看僖二十八年『天王狩于河陽』條下左傳及公羊傳『狄滅衞』條下諸如此類。徒以有「爲親賢諱」之一主觀的目的。遂不惜顚倒事實以就之。又如春秋記杞伯姬事前後凡十餘條。以全部不滿萬七千字之書。安能爲一婦人分去爾許篇幅。則亦曰借以獎厲貞節而已。其他記載之不實不盡不均。類此者尙難悉數。故漢代今文經師謂春秋乃經而非史。吾儕不得不宗信之。蓋春秋而果爲史者。則豈惟如王安石所譏斷爛朝報。恐其穢乃不減魏收矣。顧最不可解者。孔叟旣有爾許微言大義。何妨別著一書。而必淆亂歷史上事實以惑後人。而其義亦隨之而晦也。自爾以後。陳陳相因。其宗法孔子愈篤者。其毒亦愈甚。致令吾儕常有「信書不如無書」之歎。如歐陽修之新五代史。朱熹之通鑑綱目。其代表也。鄭樵之言曰。『史冊以詳文該事。善惡已章。無待美刺。讀蕭曹之行事。豈不知其忠良。見莽卓之所爲。豈不知其凶逆。……而當職之人。不知留意於憲章。徒相尙於言語。正猶當家之婦。不事饔飧。專鼓脣舌。』通志總序此言可謂痛切。夫史之性質。與其他學術有異。欲爲純客觀的史。是否事實上所能辦到。吾猶未敢言。雖然。吾儕有志史學者。終不可不以此自勉。務持鑑空衡平之態度。極忠實以蒐集史料。極忠實以敍論之。使恰如其本來。當如格林威爾所云『畫我須是我』。當如醫者之解剖。奏刀砉砉。而無所謂惻隱之念擾我心曲也。乃至對本民族偏好溢美之辭。亦當力戒。良史固所以促國民之自覺。然眞自覺者決不自欺。欲以自覺覺人者。尤不宜相蒙。故吾以爲今後作史者。宜於可能的範圍內。裁抑其主觀而忠實於客觀。以史爲目的而不以爲手段。夫然後有信史有信史然後有良史也。

復次吾前言人類活動相而注重其情態夫摹體尙易描態實難態也者從時間方面論則過而不留後刹那之態方呈前刹那之態已失從空間方面論則凡人作一態實其全身心理生理的各部分協同動作之結果且又與環境爲緣若僅爲局部的觀察覩其一而遺其他則眞態終末由見試任取一人而描其一日之態猶覺甚難而況史也者積千萬年間千千萬萬生死相續之人欲觀其繼續不斷之全體協同動作茲事抑談何容易史蹟既非可由瞑想虛構則不能不取資於舊史然舊史所能爲吾資者乃如兒童用殘之舊課本原文本已編輯不精譌奪滿紙而復東缺一葉西缺數行油汚墨漬存字無幾又如電影破片若干段已完全失卻前後不相銜接其存者亦鏬漏模糊不甚可辨昔顧炎武論春秋戰國兩時代風尙之劇變而深致歎息於中間百三十三年史文之闕佚（日知錄卷十三）夫史文闕佚雖僅此百三十三年而史蹟之湮亡則其數量云胡可算蓋一切史蹟大半藉舊史而獲傳然舊史著作之目的與吾儕今日所需求者多不相應吾儕所認爲極可寶貴之史料其爲舊史所擯棄而遂湮沒以終古者實不知凡幾吾儕今日乃如欲研究一燹餘之蕪城廢殿從瓦礫堆中搜集斷椽破甓東拼西補以推測其本來規制之爲何若此種事業備極艱辛猶且僅一部分有成功希望一部分或竟無成功希望又不惟殘缺之部分爲然耳卽向來公認爲完全美備之史料——例如正史——試以科學的眼光嚴密審查則其中誤者僞者又不知凡幾吾儕今日對於此等史蹟殆有一大部分須爲之重新估價而不然者則吾史乃立於虛幻的基礎之上而一切研索推論皆爲枉費此種事業其艱辛亦與前等而所得或且更微末以上兩種勞作一曰蒐補的勞作二曰考證的勞作皆可謂極不經濟的——勞多而穫少的雖然當知近百年來歐洲

史學所以革新純由此等勞作導其先路吾國史苟不經過此一番爬剔洗鍊則完善之作終不可期今宜專有人焉胼手胝足以耕以畬以待後人之穫一部分人出莫大之勞費以爲代價然後他部分人之勞費乃可以永節省此吾儕今日應有之覺悟也此兩種勞作之下手方法皆於第五章專論之今不先贅

復次古代著述大率短句單辭不相聯屬恰如下等動物寸寸斷之各自成體此固由當時文字傳寫困難不得不然抑亦思想簡單未加組織之明證也此例求諸古籍中如老子如論語如易傳如墨經莫不皆然其在史部則春秋世本竹書紀年皆其類也厥後左傳史記等書常有長篇記載篇中首尾完具視昔大進矣然而以全書論仍不過百數十篇之文章彙成一帙而已漢書以下各史踵效史記漢紀通鑑等踵效左傳或以一人爲起訖或以一事爲起訖要之不免將史蹟縱切橫斷紀事本末體稍矯此弊然亦僅以一事爲起訖事與事之間不生聯絡且社會活動狀態原不僅在區區數件大事紀事縱極精善猶是得肉遺血得骨遺髓也吾不嘗言歷史爲過去人類活動之再現耶夫活動而過去則動物久已消滅曷爲能使之再現非極巧妙之技術不爲功也故眞史當如電影片其本質爲無數單片人物逼眞配景完整而復前張後張緊密銜接成爲一軸然後射以電光顯其活態夫舍單張外固無軸也然軸之爲物卻自成一有組織的個體而單張不過爲其成分若任意抽取數片全沒卻其相互之動相木然隻影黏著布端觀者將卻走矣惟史亦然人類活動狀態其性質爲整個的爲成套的爲有生命的爲有機能的爲有方向的故事實之敍錄與考證不過以樹史之軀幹而非能盡史之神理善爲史者之敺事實也橫的方面最注意於其背景與其交光然後甲事實與乙事實之關係明而整個的不至變爲碎件縱的方面最注意於其來因與其去果然後前事實與後事實之關係明而成套的不至變爲斷幅是故不

能僅以敍述畢乃事必也有說明焉有推論焉所敍事項雖千差萬別而各有其湊筍之處書雖累百萬言而筋搖脈注如一結構精悍之短札也夫如是庶可以語於今日之史矣而惜乎求諸我國舊史界竟不可得卽歐美近代著作之林亦不數數覯也

今日所需之史當分爲專門史與普遍史之兩途專門史如法制史文學史哲學史美術史……等等普遍史卽一般之文化史也治專門史者不惟須有史學的素養更須有各該專門學的素養此種事業與其責望諸史學家毋寧責望諸各該專門學者而凡治各專門學之人亦須有兩種覺悟其一當思人類無論何種文明皆須求根柢於歷史治一學而不深觀其歷史演進之跡是全然蔑視時間關係而茲學系統終末由明瞭其二當知今日中國學界已陷於「歷史饑餓」之狀況吾儕不容不亟圖救濟歷史上各部分之眞相未明則全部分之眞相亦終不得見而欲明各部分之眞相非用分功的方法深入其中不可此決非一般史學家所能辦到而必有待於各學之專門家分擔責任此吾對於專門史前途之希望也專門史多數成立則普遍史較易致力斯固然矣雖然普遍史並非由專門史叢集而成作普遍史者須別具一種通識超出各專門事項之外而貫穴乎其間夫然後甲部分與乙部分之關係見而整個的文化始得而理會也是故此種事業又當與各種專門學異其範圍而由史學專門家任之昔自劉知幾以迄萬斯同皆極言衆手修史之弊鄭樵章學誠尤矢志向上以「成一家之言」爲鵠是皆然矣雖然生今日極複雜之社會而欲恃一手一足之烈供給國人以歷史的全部智識雖才什左馬識伯鄭章而其事終不可以致然則當如之何曰惟有聯合國中有史學興味之學者各因其性之所嗜與力之所及爲部分的精密研究而懸一公趣之目的與公用之研究方法分途以赴而合力以成如是則數

年之後。吾儕之理想的新史或可望出現。善乎黃宗羲之言曰。「此非末學一人之事也。」明儒學案發凡語

第四章　說史料

治玄學者與治神學者或無須資料。因其所致力者在瞑想在直覺在信仰。不必以客觀公認之事實為重也。治科學者——無論其為自然科學為社會科學——罔不恃客觀所能得之資料以為其研究對象。而其資料愈簡單愈固定者。則其科學之成立也愈易。愈反是則愈難。天文學所研究之對象。其與吾儕距離可謂最遠。然而斯學之成為科學最早。且已決定之問題最多者何也。其對象之為物較簡單。且以吾儕渺小短促之生命與彼相衡。則彼殆可指為恆存而不壞。治此學者。第一無資料罣漏之患。第二無資料散失之患。故成功最易焉。次如地質學地文學等。其資料雖趨複雜。然比較的含固定性質。研究亦較易。次如生物學等。蕃變之態益甚。資料之選擇與保存漸難矣。又如心理學等。其資料雖俯拾即是。無所謂散失與不散失。然而無具體的物象可指。且其態稍縱即逝。非有極強敏之觀察力。不能捉取。故學者以為難焉。史學所以至今未能完成一科學者。蓋其得資料之道。視他學為獨難。史料為史之組織細胞。史料不具或不確。則無復史之可言。史料者何。過去人類思想行事所留之痕跡。有證據傳留至今日者也。思想行事留痕者本已不多。所留之痕。又未必皆有史料的價值。有價值而留痕者其喪失之也又極易。因必有證據。然後史料之資格備。證據一失。則史料即隨而湮沈。而證據散失之塗徑甚多。或由有意隱匿。例如清廷之自改實錄。詳第五章或由有意蹂躪。例如秦之燒列國史記。或由一新著作出。而所據之舊資料遂為所淹沒。例如唐修晉書成。而舊史十八家俱廢。或經一次喪亂。而大部分史籍悉淪沒。如牛

弘所論書有五厄也或孤本孤證散在人間偶不注意即便散亡斯則爲例甚多不可確舉矣要而言之往古來今之史料殆如江浪淘沙滔滔代逝蓋幸存至今者殆不逮吾儕所需求之百一也其幸而存者又散在各種遺器遺籍中東鱗西爪不易尋覓即偶尋得一二而孤證不足以成說非薈萃而比觀不可則或費莫大之勤勞而無所獲其普通公認之史料又或謬或僞非經別裁審定不堪引用又斯學所函範圍太廣各人觀察點不同雖有極佳良現存之史料苟求之不以其道或竟熟視無睹也合以上諸種原因故史學較諸他種科學其蒐集資料與選擇資料實最勞而最難史學成就獨晚職此之由

時代愈遠則史料遺失愈多而可徵信者愈少此常識所同認也雖然不能謂近代便多史料不能謂愈近代之史料即愈近眞例如中日甲午戰役去今三十年也然吾儕欲求一滿意之史料求諸記載而不可得求諸耆獻而不可得作史者欲爲一翔實透闢之敍述如通鑑中赤壁淝水兩役之比抑已非易易例如二十年前「制錢」爲國家唯一之法幣「山西票號」管握全國之金融今則此兩名辭久已逸出吾儕記憶線以外舉國人能道其陳跡者殆不多覯也一二事如此他事則亦皆然現代且然而遠古更無論矣

孔子有言『文獻不足故也足則吾能徵之矣』不治史學不知文獻之可貴與夫文獻散佚之可爲痛惜也距今約七十年前美國人有彭加羅夫者 H. H. Bancroft 欲著一加里佛尼省志竭畢生之力傾其極富之家貲誓將一切有關係之史料蒐輯完備然後從事凡一切文件自官府公牘下至各公司各家庭之案卷帳簿願售者不惜重價購之不願售者展轉借鈔之復分隊派員諏詢故老搜其口碑傳說其書中人物有尚生存者彼用種種方法巧取其談話及其經歷如是者若干年所叢集之資料盈十室彼乃隨時將其所得者爲科學分類

先製成「長編式」之史稿。最後乃進而從事於眞著述。若以嚴格的史學論。則採集史料之法。必如此方爲合理。雖然。欲作一舊邦之史。安能以新造之加里佛尼省爲比例。且此種「美國風」的搜集法。原亦非他方人所能學步。故吾儕今日之於史料。只能以抱殘守缺自甘。惟既矢志忠實於史。則在此殘缺範圍內。當竭吾力所能逮以求備求確。斯今日史學之出發點也。吾故於此章探索史料之所在。且言其求得之之塗徑。資省覽焉。

得史料之塗徑。不外兩種。一曰在文字記錄者。二曰在文字記錄以外者。

（一）在文字記錄以外者　此項史料之性質。可略分爲三類。曰現存之實蹟。曰傳述之口碑。曰遺下之古物。

（甲）現存之實蹟及口碑　此所謂實蹟。指其全部現存者。質言之。則現代史蹟——現在日日所發生之事實。其中有構成史料價值者之一部分也。吾儕居常慨歎於過去史料之散亡。當知後之視今。猶今之視昔。吾儕今日不能將其耳聞目見之史實。搜輯保存。得毋反欲以現代之信史責望諸吾子孫耶。所謂現在日日發生之事實。有構成史料之價值者何耶。例如本年之事。若粵桂川湘鄂之戰爭。若山東問題。日本之提出交涉與我之拒絕。若各省議會選舉之醜態。若京津間中交銀行擠兌風潮。若上海商敎聯合會之活動。……等。凡此等事。皆有其來因去果。將來在史上確能占有相當之篇幅。其資料皆琅琅在吾目前。吾輩不速爲收拾以貽諸方來。而徒日日欷歔望古。遙集奚爲也。其漸漸已成陳迹者。例如三年前學界之五四運動。如四年前之張勳復辟。如六年前之洪憲盜國。如十年前之辛亥革命。如二十年前之戊戌政變。拳匪構難。如二十五年前之甲午戰役。……等等。躬親其役或目覩其事之人。猶有存者。採訪而得其口說。此即口碑性質之史料也。司馬遷作史，多用此法。如云：『吾如淮陰，淮陰人爲余言……』（淮陰侯列傳贊）如云：『吾視郭解狀貌不及中人，言語無足採者』（游俠列傳贊）凡此皆用現存之實蹟或口碑爲史料之例也。

（乙）實蹟之部分的存留者。前項所論爲實蹟之全部，蓋並其能活動之人與所活動之相皆具焉。本條所謂實蹟者，其人與相皆不可得見矣，所留者僅活動製成品之一種委蛻而已。求諸西洋，例如埃及之金字塔及塔中所藏物，得此而五六千年前之情狀略可見焉。如意大利之三四名都，文藝復興時代遺物觸目皆是，此普遍實蹟之傳留者也。例如入埃汾河之索士比亞遺宅，則此詩聖之環境及其性行宛然在望；登費城之議事堂，則美十三州制憲情狀湊會心目，此局部實蹟之傳留者也。凡此者苟有一焉，皆爲史家鴻寶。我國人保存古物之念甚薄，故此類實蹟能全者日稀，然亦非絕無。試略舉其例：如萬里長城一部分爲秦時遺物，衆所共見也。如始皇所開馳道，參合諸書，尙能察其路線，而二千年來官驛之一部分多因其舊。如漢通西域之南北兩道，雖中間一段淪於沙漠，而其沿襲至今者十尙六七。凡此之類，殆皆非人力所能湮廢，而史家永世之寶也。又如今之北京城，其大部分爲明永樂四年至十八年（西一四〇五至一四二〇）間所造，諸城堞宮殿乃至天壇社稷壇等皆其遺構。十五世紀之都會，其規模如此其宏壯而又大段完整以傳至今者，全世界實無此比。此外各地方之城市年代更古者尙多焉。又如北京彰儀門外之天甯寺塔，實隋開皇時物，觀此可以知六世紀末吾國之建築術爲何如。如山西大同雲岡石窟之佛像，爲北魏太安迄太和間所造（西四五五至四九九），種類繁多，彫鐫精絕，觀此可以知五世紀時中國彫刻美術之成績及其與印度希臘藝術之關係，以之與龍門諸造象對照，當時佛教信仰之狀況亦略可概見。（注一）如北京舊欽天監之元代觀象儀器及地圖等。觀之可以見十六世紀中國科學之一斑也。（注二）昔司馬遷作孔子世家。自言『適魯。觀仲尼廟堂車服禮器。諸生以時習禮其家。低徊留之不能去焉。』作史者能多求根據於此等目觀之事物。史之最上乘也。其實此等史料。俯拾卽是。吾不必侈語遠者大者。請舉吾鄉一小事爲例。吾鄉一古屋。明中葉吾祖初遷時所建。累蠔殼爲牆。牆厚二尺餘。結構緻密。乃勝甎甓。至今族之宗嫡居焉。卽此亦可見十五六世紀時南部瀕海鄉村之建築。與其聚族襲產之規則。此寧非一絕好史料耶。夫國中實蹟存留若此類者何限。惜舊史家除朝廷典章制度及聖賢豪傑言論行事外。不認爲史。則此等史料棄置不顧。宜也。今之治史者。能一改其眼光。知此類遺蹟之可貴。而分類調查蒐積之。然後用比較統計的方法。編成抽象的史料。則史之面目一新矣。

（注一）龍門佛像。雖多而小。雲崗諸像。高至六七丈者甚多。其彫成全幅圖畫者亦不少。實吾國佛教美術精華所聚也。日本松本文三郎之支那佛教遺物。記載甚詳。且能言其與印度健陀羅美術之異同。近人蔣希召之遊記第一集。所紀亦翔實。

（注二）諸器大抵皆元郭守敬所造。拳匪時爲德人所掠。前年遵威爾賽條約還我者。卽此物也。

（丙）已湮之史蹟。其全部意外發現者。　此爲可遇而不可求之事。苟獲其一。則裨益於史乃無量。其最顯著之例。如六十年前意大利拿波里附近所發見之邦渒古城。蓋羅馬共和時代爲火山流燄所蓋者。距今垂二千年矣。自此城發現後。意人發掘熱驟盛。羅馬城中續得之遺跡。相繼不絕。而羅馬古史。乃起一革命。舊史謬誤。匡正什九。此種意外史料。他國罕聞。惟我國當民國八年。曾在直隸鉅鹿縣發見一古城。實宋大觀二年（西一一零八）被黃河淹沒者。距今垂九百年矣。惜乎國無政而民無學。一任遺蹟散佚破壞以盡。所留以資益吾儕者甚希苟其能全部保存而加以科學的整理則吾儕最少可以對於宋代生活狀況得一明確印象甯非快事（注三）然吾因此忽涉遐想以為數千年來河患如彼其劇沿舊河道兩岸城邑如鉅鹿之罹厄者或不止一次不止一處頗冀他日再有發現焉若果爾者望國人稍加注意毋任其如今度之狼籍也

（注三）鉅鹿古城即在今城原址入地二丈許知為大觀二年故墟者有碑可證也前年夏秋間居民掘地忽睹破屋且有陶磁等物持以適市竟易得錢漸掘其旁屋乃櫛比事聞於骨董商乃醵集而掘遺物以善價沽諸外國人者什而八九今一小部分為教育部所收得陳諸午門之歷史博物館然其綱已甚矣且原有房屋破壞無餘若政府稍有紀綱社會稍有智識者能於初發見時即封存之古屋之構造悉勿許毀傷而盡收其遺物設一博物館於鉅鹿斯亦一「小邦渒」矣惟聞故城大於今城今已掘兩年猶未及垣或者更有所獲又聞其地掘井須二十丈乃得水源而入地十丈許往往遇甎瓦之屬則安知非大觀二年以前已經一兩度之淹沒耶果爾則商周間社會生活狀態竟從此得意外之發明未可知也姑懸此說以俟後之治科學者

（丁）原物之寶存或再現者　古器物為史料之一部分盡人所能知也器物之性質有能再現者有不能再現者其不能再現者例如繪畫繡織及一般衣服器具等非繼續珍重收藏不能保存在古代未有公衆博物院時大抵宮廷享祚久長貴族閥閱不替之國恆能護傳此等故物之一部分若如中國之慣經革命且絕無故家遺族者雖有存焉寡矣今存畫最古者極於唐然已無一幀焉能確辨其眞贋壁畫如岱廟所塗號稱唐製實難徵信惟最近發見之高昌一壁稱絕調矣（注四）紙絹之畫及刻絲畫上遡七八百年前之宋代而止至衣服及其他尋常用具則清乾嘉遺物已極希見更無論遠昔也故此類史料在我國可謂極貧乏焉其能再現者則如金石陶甄之屬可以經數千年瘞土中復出而供吾儕之摩挲試舉其類（

一）曰殷周間禮器。漢許愼說文序言『郡國往往於山川間得鼎彝』。是當時學者中已有重視之者。而搜集研究。曾無聞焉。至宋代始啓端緒。尋亦中絕。（注五）至淸中葉以後而極盛。據諸家所記有文字款識之器。宋代著錄者六百四十三。淸代著錄者二千六百三十五。而內府所藏尚不與焉。（注六）此類之器除所鐫文字足補史闕者甚多。當於次條別論外。吾儕觀其數量之多。可以想見當時社會崇尙此物之程度。觀其種類之異。可以想見當時他種器物之配置。觀其質相之純固。可以想見當時鑄冶術之精良。觀其花紋之複雜優美。圖案之新奇淵雅。可以想見當時審美觀念之發達。凡此皆大有造於史學者也。（二）曰兵器。最古者如殷周時之瑚戈矢鏃等。最近者如漢晉間弩機等。（三）曰度量衡器。如秦權、秦量、漢建初尺、新莽始建國尺、晉前尺、漢量、漢鍾、漢鈁、漢斛等。制度之沿革可考焉。（四）曰符璽。上自秦虎符下迄唐宋魚符。又秦漢間璽印、封泥之屬。出土者千數。於硏究當時兵制官制。多所補助。（五）曰鏡屬。自秦漢至元明。比其年代。觀其款識。可以尋美術思想發展之跡。（六）曰貨幣。上遡周末列國下迄晚淸。條貫而絜校之。蓋與各時代之經濟狀況息息相關也。此六者皆銅器之屬。此外銅製雜器存者尚多不備舉。銅在諸金屬中比較的能耐久。而冶鑄之起原亦較古。故此類史料之供給稱豐富焉。然金屬器一燬卽亡。故失亦甚易。觀宋器今存者百不一二可推知也。淸潘祖蔭謂古代金屬器在秦、後漢、隋、後周、宋、金。曾經六厄。而隨時沈薶毀棄盜鑄改爲者尚不與焉。（注七）晚近交通大開。國內旣無事院以事蒐藏。而胡賈恆以大力負之以走。凡百古物。皆次第大去其國。昔之豐富者今轉涸竭。又不獨銅器爲然矣。（七）曰玉石。古玉鐫文字者少。故難考其年代。然漢以前物傳至今者確不乏。以難毀故也。吾儕硏究古玉。亦可以起種種聯想。例如觀其雕紋之美。可知其攻玉之必有利器。觀其流行之盛。可推見古代與產玉區域交通之密。此皆足資史料者也。至石刻研究。則久已成專門之學。自岐陽石鼓李斯刻石以迄近代。褎其搨片。可汗百牛。其文字內容之足裨史料者幾何。下條論之。茲不先贅。至如觀所刻儒佛兩教所刻之石經。可以想見古人氣力之雄偉。且可比較兩教在社會上所憑藉焉。（注八）又如觀漢代各種石刻畫象。循溯而下。以至魏齊造象。唐昭陵石馬。宋靈巖羅漢。明碧雲刻桷。清圓明雕柱等。比較研究。不啻一部美術變遷史矣。（注九）又如橋柱井闌石闕地甎等類。或可以睹異製。或可以窺殊俗。無一非史家取材之資也。（八）曰陶瓷。吾國以製瓷擅天下。外人至以吾國名名斯物。今存器孔多。派別尤衆。治者別有專家。不復具論。陶器比來出土愈富。間有碎片範以極奇古之文字。流傳當出三代上。綜此兩物。以觀其遞嬗趨良之蹟。亦我民族藝術的活動之一表徵也。（九）曰瓦專。我族以宅居大平原之故。石材缺乏。則以人造之甎瓦爲建築主要品。故斯物發達最早。且呈種種之進步。今之瓦當專甋。殆成考古一專科矣。（十）曰石層中之石器。茲事在中國。舊骨董家曾未留意。晚近地質學漸昌。始稍有從事者。他日研究進步。則有史以前之生活狀態可以推見也。（注十）

器物本人類活動結果中之一小部分。且其性質已純爲固定的。而古代了遺之物。又不過此小部分之斷片耳。故以上所舉各項。在史料中不過占次等位置。或對於其價值故爲誇大。吾無取焉。雖然。善爲史者。固可以舉其所聞所見無一而非史料。豈其於此可寶之故物而遺之。惟史學家所以與骨董家異者。骨董家之研究。貴分析的而深入乎該物之中。史學家之研究。貴概括的而橫通乎該物之外。吾前所論列已略示其端倪。若循此而更進焉。例如當其研究銅器也。則思古代之中國人何以特精範銅而不能如希臘人之琢石。當其研究瓷器也。則思中古之中國人何以能獨擅窰窯而不能如南歐人之製玻璃。凡此之類。在在歸納諸國民活動狀況中。悉心以察其因果。則一切死資料皆變爲活資料矣。凡百皆然。而古物其一端耳。

（注四）周秦間畫壁之風甚盛。（吾別有考證）不知後來何以漸替。今全國傳留者極少。泰安縣嶽廟兩壁畫「嶽帝出巡圖」相傳是唐畫。然吾不敢信。卽爾亦不知經後人塗抹幾次矣。高昌壁畫與燉煌石室遺書同時發現。坊間近有影本。

（注五）宋人專門著錄銅器之書。有宣和博古圖。呂大臨考古圖。無名氏續考古圖。薛尙功鐘鼎款識。王厚之復齋鐘鼎款識。張掄紹興內府古器評等。

（注六）此所舉數。據今人王國維所著宋金文著錄表。國朝金文著錄表。但皆兼兵器雜器合計。宋表且兼及秦漢以後器。惟無文字款識者。不在此數。

（注七）潘祖蔭攀古樓彝器款識自序云。『古器自周秦至今。凡有六厄。史記曰。「始皇鑄天下兵器爲金人。」兵者戈戟之屬。器者鼎彝之屬。秦政意在盡天下之銅。必盡括諸器可知。此一厄也。後漢書「董卓更鑄小錢。悉取洛陽及長安鐘簴飛廉銅馬之屬以充鑄焉。」此二厄也。隋書。「開皇九年四月毀平陳所得秦漢三大鐘越三大鼓。十一年正月以平陳所得古物多爲禍變。悉命毀之。」此三厄也。五代會要。「周顯德二年九月勅兩京諸道州府銅象器物諸色。限五十日內並須毀廢送官。」此四厄也。大金國志「海陵正隆三年詔毀平遼宋所得古器。」此五厄也。宋史。「紹興六年斂民間銅器。二十八年出御府銅器千五百事付泉司。」此六厄也……』觀此可想見古器毀壞之一班。四年前歐戰正酣。銅價飛漲。僻邑窮村之銅。悉搜括以輸於外。此間又不知毀去史蹟幾許矣。

（注八）漢熹平。魏正始。唐開成。宋嘉祐。西蜀孟氏。南宋高宗。清乾隆。皆嘗有石經之刻。今惟唐刻存西安府學。清刻存北京國子監。佛教石經至多。最大者爲大房山之雷音洞。共二千三百餘石。作始於隋。竣事於遼。歷七百餘年。實人類繼續活動中之最偉大者也。自餘石經。今人葉昌熾語石卷三卷四記述頗詳。

（注九）漢人石闕石壁。多爲平面雕刻的畫象。其見於諸家著錄者。都凡九十二種三百二十九石。內出河南者三十石。出四川者四十四石出江蘇者二石出甘肅者一石其餘則皆出山東也以吾所聞知此種石畫今在日本者十九石在法國者十二石在德國者三石在美國者一石近一二年來有無再流出不可知矣能悉集其拓本比較研究實二千年前我國繪畫彫刻之一大觀也魏齊隋唐造象不可以數計僅龍門一處其可拓者已二千三百餘種矣其中尤有極詭異精工之畫唐昭陵六馬高等原形甕巖之宋雕四十羅漢神采飛動皆吾國石刻不朽之品也歷代石畫概略語石卷五論列得要

（注十）今人章鴻釗著石雅記國內外地質學者研究所得結果極可觀

（戊）實物之模型及圖影　實物之以原形原質傳留至今者最上也然而非可多覯有取其形範以圖之而圖範獲傳於今抑其次也例如漢晉之屋舍竈磑杵臼唐人之服裝髻形樂器及戲劇而具今日何由得見然而有殉葬之陶製明器殊形詭類至夥若能得一標準以定其年代則其時社會狀況髣髴可見也又如唐畫中之屋宇服裝器物及畫中人之儀態必為唐時現狀或更古於唐者宋畫必為宋時現狀或更古於宋者吾儕無論得見真本或摹本苟能用特殊的觀察恆必有若干稀奇史料可以發見則亦等於間接的目覩矣夫著作家無論若何淹博安能盡見其所欲見之物從影印本中間接復間接以觀其概亦慰情勝無也已

（二）文字記錄的史料　前項所論記錄以外的史料時間空間皆受限制欲作數千年之史而記述又互於社會之全部其必不能不乞靈於記錄明矣然記錄之種類亦甚繁今當分別論列之

（甲）舊史　舊史專以記載史事為職志吾儕應認為正當之史料自無待言雖然等是舊史也因著作年代著作者之性格學識所著書之宗旨體例等種種差別而其所含史料之價值亦隨而不同例如晉書

所以不饜人望者以其修史年代與本史相隔太遠而又官局分修無人負責也魏書所以不饜人望者以魏收之人格太惡劣常以曲筆亂事實也元史所以不饜人望者以纂修太草率而董其事者又不通蒙古語言文字也新五代史自負甚高而識者輕之以其本屬文人弄筆而又附加以「因文見道」之目的而史蹟乃反非其所甚措意也此僅舉正史數部以爲例其餘編年別史雜史等皆然持此義以評衡諸史則價值標準其亦什得四五矣

人物本位之史既非吾儕所尙然則諸史中列傳之價值不銳減耶是又不然列傳之價值不在其爲史而在其爲史料苟史中而非有「各色人等」之列傳者則吾儕讀史者將惟見各時代中常有若干半人半獸之武夫出沒起伏聚衆相斫中間點綴以若干篇塗民耳目之詔令奏議史之爲史如是而已所謂社會所謂文化何絲毫之能覩舊史之作列傳其本意固非欲以紀社會紀文化也然人總不能不生活於社會環境之中既敍人則不能不涉筆以敍及其環境而吾儕所最渴需之史料求諸其正筆而不得者求諸其涉筆而往往得之此列傳之所爲可貴也

既如是也則對於舊史之評價又當一變即以前所評四書言之例如晉書自劉知幾以下共譏其雜采小說體例不純吾儕視之則何傷者使各史而皆如陳壽之三國志字字精嚴筆筆鍾鍊則苟無裴松之之注吾儕將失去許多史料矣例如魏書其穢固也雖然一個古人之貞邪貪廉等雖紀載失實於我輩何與於史又何與只求魏收能將當時社會上大小情態多附其書以傳則吾所責望於彼者已足他可勿問也例如元史猥雜極矣其中半錄官牘鄙俚一仍原文然以較北周書之「行文必尙書出語皆左傳」孰爲眞

面目。孰爲可據之史料。則吾毋寧取元史也。是故吾儕若以舊史作史讀。則馬班猶不敢妄許。遑論餘子。若作史料讀。則二十四史各有短長。略等夷耳。若作史讀。惟患其不簡嚴。簡嚴乃能壹吾趨嚮。節吾精力。若作史料讀。惟患其不雜博。雜博乃能擴吾範圍。恣吾別擇。昔萬斯同作明史稿。嘗自言曰『昔人於宋史已病其繁。而吾所述倍焉。非不知簡之爲貴也。吾恐後之人務博而不知所裁。故先爲之極。使知吾所取者有可損。而所不取者必非其事與言之眞』（清國史館斯同傳）吾輩於舊史皆作史稿讀。故如斯同書之繁博。乃所最歡迎也。

既如是也。則所謂別史雜史雜傳雜記之屬。其價值實與正史無異。而時復過之。試舉其例。吾儕讀尙書史記。但覺周武王伐罪弔民之師。其文明程度殆爲「超人的」倘非有逸周書克殷世俘諸篇。誰復能識『血流漂杵』四字之作何解。且吾不嘗言陳壽三國志諸葛亮傳記亮南征事僅得二十字耶。然常璩華陽國志則有七百餘字。吾儕所以得知玆役始末者。賴據書也。至如元順帝系出瀛國公。淸多爾袞烝其太后。此等在舊史中不得不謂爲極大之事。然正史曷嘗一語道及。欲明眞相。非求諸野史焉不可也。是故以舊史作史料讀。不惟陳壽與魏收可以等夷。視司馬遷班固與一不知誰何之人所作半通不通之筆記。亦可作等夷視也。

（乙）關係史蹟之文件　此等文件。在愛惜文獻之國民。蒐輯寶存。惟力是視。例如英之大憲章。法之人權宣言。美之十三州憲法。其原稿今皆珍襲。且以供公衆閱覽。其餘各時代公私大小之文件稍有價值者。靡不羅而庋之。試入各地之圖書館博物館。櫥中琅琅盈望皆是也。炯眼之史家。得此則新發明日出焉。中國既無公衆收藏之所。私家所蓄爲數有限。又復散布不能稽其跡。湮滅抑甚易。且所寶惟在美術品。其有裨史蹟者至微末。今各家著錄墨蹟。大率斷自宋代。再上則唐人寫經之類。然皆以供骨董摩挲而已。故吾國此類史料其眞屬有用者。恐不過上溯三四百年前物極矣（注十一）此等史料收羅。當自近代始。其最大宗者。則檔案與函牘也。歷代官署檔案。汗牛充棟。其有關史蹟者。千百中僅一二。而此一二或竟爲他處所絕不能得。檔案性質本極可厭。在平時固已束諸高閣。聽其蠹朽。每經喪亂。輒蕩無復存。舊史紀志兩門取材什九出檔案。檔案被采入者。則附其書以傳。其被擯汰者。則永永消滅。而去取得當與否。則視乎其人之史識。其極貴重之史料。被史家輕輕一抹而宣告死刑以終古者。殆不知凡幾也。二千年間史料之罹此寃酷者。計復何限。往者不可追矣。其現存者之運命。亦危若朝露。吾三十年前在京師。曾從先輩借觀總理衙門舊檔鈔本千餘冊。其中關於鴉片戰役者。便四五十冊。他案稱是。雖中多極可笑之語。然一部分之事實含在焉。不可誣也。其中尤有清康熙間與俄法往復文件甚多。其時法之元首則路易十四。俄之元首則大彼得也。試思此等文件在史料上之價值。當居何等。今外交部是否尚有全案。此鈔本尚能否存在。而將來所謂「清史」者。能否傳其要領於百一。舉在不可知之數。此可見檔案之當設法簡擇保存。所關如是其重也。至於函牘之屬。例如明張居正太岳集及晚清胡曾左李諸集所載。其與當時史蹟關係之重大。又盡人所知矣。善爲史者。於此等資料斷不肯輕易放過。蓋無論其爲舊史家所已見所未見。而各人眼光不同。彼之所棄。未必不爲我之所取也。

私家之行狀家傳墓文等類。舊史家認爲極重要之史料。吾儕亦未嘗不認之。雖然。其價值不宜夸張太過。

蓋一個人之所謂豐功偉烈嘉言懿行在吾儕理想的新史中本已不足輕重況此等虛榮溢美之文又半非史實耶故據吾所立標準以衡量史料則任昉集中齊皇莊重之竟陵文宣王行狀其價值不如彼敍述米鹽瑣屑之奏彈劉整而在漢人文中蔡邕極有名之十餘篇碑誄其價值乃不敵王褒之一篇游戲滑稽的僮約（注十二）此非好爲驚人之論蓋前者專以表彰一個人爲目的且其要點多已采入舊史中後者乃描述當時社會一部分之實況而求諸並時之著作竟無一篇足與爲偶也持此以衡其孰輕孰重不已較然可見耶

（注十一）羅馬教皇宮圖書館中有明永歷上教皇頌德書用紅緞書方寸字略如近世之壽屏此類史料之非佚而再現直以原蹟傳至今者以吾所見此爲最古矣日本聞有中國隋唐間原物甚多惜未得見

（注十二）任昉兩文皆見文選其奏彈劉整一篇全錄當時法庭口供九百餘字皆爭產賴債盜物虐使奴婢等瑣事供詞半屬當時白話王褒僮約見藝文類聚三十五其性質爲「純文學的」本與具體的史蹟無關然篇中材料皆當時巴蜀間田野生活也

（丙）史部以外之羣籍　以舊史作史讀則現存數萬卷之史部書皆可謂爲非史以舊史作史料讀則豈惟此數萬卷者皆史料舉凡以文字形諸記錄者蓋無一而不可於此中得史料也試舉其例

羣經之中如尚書如左傳全部分殆皆史料詩經中之含有史詩性質者亦皆屬純粹的史料前既言之矣餘如易經之卦辭爻辭即殷周之際絕好史料如詩經之全部分如儀禮即周代春秋以前之絕好史料因彼時史蹟太缺乏片紙隻字皆爲瓌寶抽象的消極的史料總可以向彼中求得若干也以此遞推則論語孟子可認爲孔孟時代之史料周禮中一部分可認爲戰國史料二戴禮記可認爲周末漢初史料至如小

學類之爾雅說文等書因其名物訓詁以推察古社會之情狀其史料乃益無盡藏也在此等書中搜覓史料之方法當於次章雜舉其例至原書中關於前代事蹟之記載當然爲史料的性質不必更論列也

子部之書其屬於哲學部分——如儒道墨諸家書爲哲學史或思想史之主要史料其屬於科學部分——如醫術天算等類書爲各該科學史之主要史料此衆所共知矣書中有述及前代史蹟者當然以充史料又衆所共知矣然除此以外抽象的史料可以蒐集者蓋甚多大率其書愈古其料愈可寶也若夫唐宋以後筆記類之書汗牛充棟其間一無價值之書固甚多然絕可寶之史料往往出其間在治史者能以炯眼披識之而已

集部之書其專紀史蹟之文當然爲重要史料之一部不待言矣「純文學的」之文——如詩辭歌賦等除供文學史之主要史料外似與其他方面無甚關係其實亦不然例如屈原天問卽治古代史者極要之史料班固兩都賦張衡兩京賦卽研究漢代掌故極要之史料至如杜甫白居易諸詩專記述其所身歷之事變描寫其所目睹之社會情狀者其爲價值最高之史料又無待言章學誠云『文集者一人之史也』韓柳年譜書後可謂知言

非惟詩古文辭爲然也卽小說亦然山海經今四庫以入小說其書雖多荒誕不可究詰然所紀多爲半神話半歷史的性質確有若干極貴重之史料出乎羣經諸子以外者不可誣也中古及近代之小說在作者本明告人以所紀之非事實然善爲史者偏能於非事實中覓出事實例如水滸傳中「魯智深醉打山門」固非事實也然元明間犯罪之人得一度牒卽可以借佛門作逋逃藪此卻爲一事實儒林外史中「胡

屠戶奉承新舉人女壻」固非事實也然明淸閒鄉曲之人一登科第便成爲社會上特別階級此卻爲一事實此類事實往往在他書中不能得而於小說中得之須知作小說者無論騁其冥想至何程度而一涉筆敍事總不能脫離其所處之環境不知不覺遂將當時社會背景寫出一部分以供後世史家之取材小說且然他更何論善治史者能以此種眼光蒐捕史料則古今之書無所逃匿也

又豈惟書籍而已在尋常百姓家故紙堆中往往可以得極珍貴之史料試舉其例一商店或一家宅之積年流水帳簿以常識論之寧非天下最無用之物然以歷史家眼光觀之倘將同仁堂王麻子都一處等數家自開店迄今之帳簿及城間鄉間貧富舊家之帳簿各數種用科學方法一爲研究整理則其爲瓌寶寧復可量蓋百年來物價變遷可從此以得確實資料而社會生活狀況之大概情形亦歷歷若睹也又如各家之族譜家譜又寧非天下最無用之物然苟得其詳贍者百數十種爲比較的研究則最少當能於人口出生死亡率及其平均壽數得一稍近眞之統計舍此而外欲求此類資料胡可得也由此言之史料之爲物眞所謂「牛溲馬勃具用無遺」在學者之善用而已

（丁）類書及古逸書輯本　古書累代散亡百不存一觀牛弘「五厄」之論可爲浩歎（注十三）他項書勿論卽如隋書經籍志中之史部書倘其中有十之六七能與華陽國志水經注高僧傳等同其運命原本流傳以迄今日者吾儕寧不大樂然終已不可得其稍彌此缺憾者惟恃類書類書者將當時所有之書分類鈔撮而成其本身原無甚價値但閱世以後彼時代之書多佚而其一部分附類書以倖存類書乃可貴矣古籍中近於類書體者爲呂氏春秋而三代遺文賴以傳者已不少現存類書自唐之藝文類聚宋之

太平御覽，明之永樂大典，以迄清之圖書集成等，皆卷帙浩瀚，收容豐富。大抵其書愈古，則其在學問上之價值愈高，其價值非以體例之良窳而定，實以所收錄古書存佚之多寡而定也。（注十四）類書既分類，於學者之檢查滋便，故向此中求史料，所得往往獨多也。自清乾隆間編四庫書，從永樂大典中輯出逸書多種，爾後輯佚之風大盛，如世本，竹書紀年，及魏晉間人所著史，吾輩猶得稍窺其面目者，食先輩蒐輯之賜也。

（注十三）牛弘論書有五厄，見隋書本傳，其歷代書籍散亡之狀況，文獻通考經籍考序所記最詳。

（注十四）纂輯類書之業，亦文化一種表徵，歐洲體裁略備之百科全書（Encyclopædia）蓋起自十五世紀以後，我國則自梁武帝時（五〇二——五四九）盛弘斯業，今見於隋書經籍志者，有皇覽六百八十卷，類苑一百二十卷，華林遍略六百二十卷，壽光書苑二百卷，聖書堂御覽三百六十卷，長洲玉鏡二百三十八卷，書鈔一百七十四卷，其餘數十卷者尚多，惜皆已佚。今四庫中現存古類書之重要者如下：

北堂書鈔一百六十卷	唐虞世南撰	此書蓋成於隋代（約六〇一——六一〇）
藝文類聚一百卷	唐歐陽詢等奉敕撰	貞觀間（六二七——六四九）
初學記三十卷	唐徐堅等奉敕撰	
太平御覽一千卷	宋李昉等奉敕撰	太平興國二年（九七七）
册府元龜一千卷	宋王欽若等奉敕撰	景德二年（一〇〇五）
玉海二百卷	宋王應麟撰	
永樂大典二萬二千九百卷	明解縉等奉敕編	永樂間（一四〇三——一四二四）

其清代所編諸書不復錄。右各書惟永樂大典未刻，其寫本舊藏清宮，義和拳之亂，為聯軍所分掠，今歐洲日本諸圖書館中，每館或有一二册至十數册不等。

（戊）古逸書及古文件之再現。 歐洲近代學者之研究埃及史巴比倫史，皆恃發掘所得之古文籍。蓋前此臆測之詞，忽別獲新證而改其面目者，比比然矣。中國自晉以後，此等再發現之古書見於史傳者凡三事：其一在西晉時，其二在南齊時，其三在北宋時，皆記錄於竹木簡上之文字也。（注十五）原物皆非久旋佚，齊宋所得，並文字目錄皆無傳。其在學界發生反響者，惟東晉所得，即前所述汲冢竹書是也。汲冢書凡數十車，其整理寫定者猶七十五卷，當時蓋為學界一大問題。學者之從事研究者有束晳、王接、衛恆、王庭堅、荀勗、和嶠、續咸、摯虞、謝衡、潘滔、杜預等，其討論概略，尚見史籍中。（注十六）其原書完整傳至今者，惟一穆天子傳耳。其最著名之竹書紀年，則已為贋本所奪。尤有名及周食田法等書，想為極佳之史料，今不可見矣。而紀年中載伯益伊尹季歷等事，乃與儒家傳說極相反。昔人所引為詬病者，吾儕今乃藉覩歷史之眞相也。（注十七） 穆傳所述，多與山海經相應，為現代持華種西來說者所假借，此次發見之影響不為不鉅矣。

最近則有從甘肅新疆發見之簡書數百片，其年代則自西漢迄六朝約七百年間物也，雖皆零縑斷簡，然一經科學的考證，其裨於史料者乃無量。例如簡縑紙三物代興之次第，隸草楷字體遷移之趨勢，乃至漢晉間烽堠地段屯戍狀況，皆可見焉。吾儕因此轉對於晉齊宋之三度虛此發見，不能無遺憾也。（注十八）

最近古籍之再現，其大宗者則為甘肅之燉煌石室中以唐人寫佛經為最多，最古者乃上逮符秦。（四世紀中葉）其上乘之品今什九在巴黎矣。而我教育部圖書館拾其餘瀝，猶得七千餘軸，私人所分弆亦千數，此實世界典籍空前之大發見也。其間古經史寫本足供校勘者，與夫佛經在今大藏外者皆甚多，不可枚舉。其他久佚之著作，亦往往而有。以吾所知，如慧超往五天竺傳，唐末已亡，忽於此間得其殘卷，與法顯元奘之名著鼎足而三，甯非快事。惜其他諸書性質以傳鈔舊籍為主，裨助新知稍希，然吾確信苟有人能為統括的整理研究，其陸續供給史界之新資料，必不乏也。（注十九）

（注十五）西晉時汲冢竹書其來歷已略見本篇第二章注七，今更補述其要點。書藏汲郡之魏安釐王冢，晉太康二年，郡人不準盜發得之，凡數十車，皆竹簡素絲綸，簡長二尺四寸，以墨書，一簡四十字。初發冢者燒策照取寶物，及官收之，多燼簡斷札。武帝以其書付祕書校綴次第，尋考指歸，而以今文寫之。所寫出諸書如下：（一）紀年十三篇（二）易經一篇（三）易繇陰陽卦二篇（四）卦下易經一篇（五）公孫段二篇（六）國語三篇（七）名三篇（八）師春一篇（九）瑣語十一篇（十）梁丘藏一篇（十一）繳書二篇（十二）生封一篇（十三）穆天子傳五篇（十四）大歷二篇（十五）雜書十九篇，內有周食田法，周穆王盛姬死事等，凡七十五篇。此晉書束皙傳荀勗傳所記大概也。

蕭齊時（四七九——五〇一）襄陽有盜發古冢者，相傳是楚王冢，大獲寶物玉屐玉屏風竹簡書青絲綸，盜以把火自照，後人有得十餘簡以示王僧虔，僧虔云是科斗書考工記也。事見南齊書文惠太子傳。

宋政和間（一一一一——一一一九）發地得竹木簡一甕，多漢時物，散亂不可考，獨永初二年討羌符文字尚完，皆章草書。吳思道曾親見之於梁師成所，其後淪於金以亡。事見黃伯思東觀餘論卷上趙彥衛雲麓漫鈔卷七。

此可謂歷史上竹簡書之三大意見，惜其結果不傳至今耳。

（注十六）晉汲冢書發見後，學界陡生波瀾，荀勗和嶠首奉敕撰次，衞恆加以考正，束晳隨疑分釋，皆有義證，黃庭堅著書難晳，亦有證據。潘滔勸王接別著論解二子之紛，摯虞謝衡見之咸以為允。事見晉書王接傳。

（注十七）竹書紀年最駭人聽聞者，如夏啟殺伯益，太甲殺伊尹，文王殺季歷等，又言夏之年祚較殷為長，此皆與儒家舊說不相容。文見束晳傳，今偽本削去矣。

（注十八）淸光緒三十四年（距今十三年前）英人斯坦因 A. Stein 在敦煌附近，羅布淖爾附近，于闐附近，各得古簡牘多種，最古者有漢宣帝元康神爵五鳳諸年號大約兩漢物居半餘半則晉以後物也法人沙畹 Chavanes 著有考釋吾國則羅振玉王國維合著流沙墜簡考釋辨證極詳覈

（注十九）清光緒末法人白希和遊甘肅之燉煌見土人有爇故紙而調其灰於水謂爲神符能療病者覘之則唐人所寫佛經也跡之知得自一石室卽之則室中乃琳琅無盡藏考之知爲西夏藏書之府也白氏擇其精者載以歸其中有摩尼教經典全世界所無也古畫亦有數軸白氏嘗爲余言吾載十大車而止過此亦不欲再傷廉矣其載去者今一大部分在巴黎國立圖書館也白氏歸北京事頗聞於士大夫良久學部乃遣人往收其餘瀝所得猶將萬軸載至京而達官名士巧取豪奪其尤精善者多入私家今存教育部圖書館者約七千軸又各人選擇之餘也然當時學部所收尙未盡非久有日本人續往訪所得亦千計其屬於儒書一部分羅振玉影印者已不少然此中什九皆佛經現已發現多種爲今佛藏中所無者且經典外之雜件亦非無之以吾所見已有地券信札等數紙其年代最古者爲符秦時（忘其年）以千餘年前之古圖書館一旦發現不可謂非世界文化一大慶也惜原物今已散在各國並一總目錄而不能編集也

（己）金石及其他鏤文　金石爲最可寶之史料無俟喋陳例如有含摩拉比 Khammu Rabi 之古柱而巴比倫之法典略明有阿育王之豐碑而印度佛教傳播之跡大顯西方古代史蹟半取資於此途矣惜我國現存金石其關於典章文物之大者頗少以吾儕所聞諸史乘者如春秋時鄭有刑書晉有刑鼎其目的蓋欲將法律條文鏤金以傳不朽然三代彝器出土不乏而此類之鴻寶闕如實我學界一大不幸也金石之學逮晚清而極盛其發達先石刻次金文最後則爲異軍突起之骨甲文今順次以論其對於史料上之價值

自來談石刻者每盛稱其大有造於考史雖然吾不敢遽爲此誇大之詞也中國石刻除規模宏大之石經外造像經幢居十之五銘墓文居十之四造像經幢中文字無關考史不待問也銘墓文之價值其有以愈

於彼者又幾何。金石家每刺取某碑誌中述某人爵里年代及其他小事蹟與史中本傳相出入者。詫爲瓌寶。殊不知此等薄物細故。在史傳中已嫌其贅。今更補苴罅漏。爲「點鬼簿」作「校勘記」。吾儕光陰。恐不應如是其賤。是故從石刻中求史料。吾認爲所得甚微。其中確有價值者。例如唐建中二年（西七八一）之大秦景教流行中國碑。爲基督教初入中國唯一之掌故。且下段附有敍里亞文。尤爲全世界所罕見。（注二十）如元至正八年居庸關之六體刻文。祥符大相國寺中有元至元三年聖旨碑。書以蒙古畏兀漢字。三體。元至正八年之莫高窟造象記。其首行有書六體異族文字。得借此以永其傳。如唐長慶間（八二一至八二四）之唐蕃會盟碑。將盟約原文刻兩國文字。可以見當時條約格式及其他史實。（注二十一）如開封挑筋教人所立寺。有明正德六年（西一五一一）佚碑。可證猶太人及猶太教入中國之久。（注二十二）諸如此類。良可珍貴。大抵碑版之在四裔者。其有助於考史最宏。如東部之丸都紀功刻石（魏正始間）新羅眞興王定界碑（陳光大二年）平百濟碑（唐顯慶三年）劉仁願紀功碑（唐麟德龍翔間）等。西部之裴岑紀功刻石（漢永和二年）沙南侯獲刻石（漢永和五年）劉平國作關城頌（無年月）姜行本紀功頌（唐貞觀十四年）索勳紀德碑（唐景德元年）等。北部之苾伽可汗碑（唐開元二十三年）闕特勤碑（唐開元二十年）九姓回鶻可汗碑（無年月亦唐刻）等。南部之爨寶子碑（晉大亨四年）爨龍顏碑（劉宋大明二年）平蠻頌（唐大歷十二年）大理石城碑（宋開寶五年）等。皆跡存片石。價重連城。（注二十三）何則。邊裔之事。關於我族與他族之交涉者甚鉅。然舊史語焉不詳。非借助石刻。而此種史料遂湮也。至如內地一般銘窆之文。苟冢中人而無足重輕者。吾何必知其事蹟。其人如爲歷史上重要人物。則史既已有傳。而碑誌辭多溢美。或反不足信。是故其裨於史料者乃甚希也。研究普通碑版與其從長篇墓銘中考證事蹟。毋甯注意於常人所認爲無足重輕之文與夫文中無足重輕之字句。例如觀西漢之趙王上壽魯王泮池兩刻石之年號。而知當時諸侯王在所封國內各自紀年。（注二十四）觀漢碑陰所紀捐錢數而略推當時之工價物價。（注二十五）此所謂無足重輕之字句也。例如觀各種買地莂可察社會之迷信滑稽的心理。（注二十六）觀元代諸聖旨碑可見當時奇異之文體及公文格式。（注二十七）此所謂無足重輕之文也。

吾從石刻中搜史料。乃與昔之金石學家異其方向。吾最喜爲大量的比較觀察。求得其總括的概象而推尋其所以然。試舉其例。吾嘗從事於石畫的研究。見漢石有畫無數。魏晉以後則漸少。以至於絕。此何故者。石畫惟山東最多。次則四川。他省殆無有。此又何故者。吾嘗從事於佛教石刻的研究。見造象惟六朝時最多。前乎此者無有。後乎此者則漸少。此何故者。同是六朝也。惟北朝之魏齊獨多。南朝及北周則極少。此又何故者。河南之龍門造象千餘龕。魏齊物什而七八。隋刻僅三耳。而山東之千佛雲門玉函諸山。殆皆隋刻。直隸之宣霧山南響堂山。又殆皆唐刻。此又何故者。自隋而經幢代造象以興。迄唐而極盛。此又何故者。宋以後而此類關於佛教之小石刻殆皆滅絕。此又何故者。歷代佛教徒所刻佛經。或磨崖。或藏洞。或建幢。所至皆是。而儒經道經則甚希。此又何故者。吾嘗從事於墓文的研究。見北魏以後墓誌如鯽。兩漢則有碑而無誌。此何故者。南朝之東晉宋齊梁陳墓文極稀。不逮並時北朝百分之二三。此又何故者。此不過隨舉數例。若采用吾法。則其可以綜析研究之事項更甚多。固無待言。吾之此法。先求得其概象。然後尋其原因。前文所謂「何故何故」吾有略能解答者。有全未能解答者。然無論何項。其原因皆甚複雜。而與社會他部分之事實有種種聯帶關係。則可斷言也。此種搜集史料方法。或疑其瑣碎無用。實乃不然。即如佛教石刻一項。吾統觀而概想之。則當時四五百年間社會迷信之狀況。能活現吾前。其迷信之地方的分野與時代的蛻變。亦大略可覩。舍此以外。欲從舊史中得如此明確之印象。蓋甚難也。吾前所言抽象的史料。卽屬此種。凡百皆然。而石刻之研究。亦其一例耳。

（注二十）景教碑今在長安碑林。其原文自金石萃編以下諸家書多全錄。前人或疑爲波斯教回回教等。今則景教確爲基督教。已成學界定論。今人錢恂歸潛記有跋一篇考證最精確。

（注二十一）唐蕃會盟碑吾未見拓本。今人羅振玉西陲石刻錄有其全文。碑陽刻漢文。碑陰刻唐古忒文。兩文合璧。皆盟約正文也。兩側則刻兩國涖盟人之官銜姓名。此刻石文中之最特別者。

（注二十二）開封之挑筋教寺。擽錢恂歸潛記引清同治五年英人某報告。稱寺中有兩碑。言寺創設於宋隆興二年（一一六四）改築於明成化四年。（一四六九）今碑已佚矣。清洪鈞元史譯文證補卷二十九記此事。猶云『地有猶太碑。碑文附後。』然今洪書無碑。殆刊時失之。此孤徵之史料。恐從此湮滅矣。

（注二十三）各碑錄文。多見清王昶金石萃編。陸耀遹金石續編。惟丸都紀功乃新出土者。苾伽可汗九姓回鶻乃俄人以影本送致總理衙門者。諸家皆未著錄。

（注二十四）此兩石實漢石最古者。錄文見金石萃編。

（注二十五）漢碑紀此者有禮器。倉頡廟。成陽靈臺。魯峻。堯廟。曹全。張遷等碑。

（注二十六）宋周密癸辛雜識言在洛陽見一石刻。其文云。『大男楊紹從土公買冢地一丘。……直錢四百萬。卽日交畢。日月爲證。四時爲任。太康五年九月二十九日對共破莂。』此類券莂之刻。唐以後頗多。今存拓本尙逾十數。見語石卷五。

（注二十七）元聖旨碑。現存者如泰安嶽廟。襄陽五龍廟。尙十餘通。語石卷三曾全錄其一。文詞之鄙俚怪誕。殊可發噱。嶽廟碑有云。『和尙。也里可溫。先生。達識蠻。每不拘揀甚麼差發休當者。』文見清顧炎武山東考古錄。其所云「也里可溫」卽天主教徒。「先生」卽道士。「達識蠻」卽回教徒。「每」者們也。意言釋道耶回教徒人等皆蠲免賦役也。此亦可考當時信教自由之制。

金文之研究以商周彝器爲主吾前已曾言其美術方面之價値矣今更從文字款識上有所論列金文證史之功過於石刻蓋以年代愈遠史料愈湮片鱗殘甲罔不可寶也例如周宣王伐玁狁之役實我民族上古時代對外一大事其跡僅見詩經而簡略不可理及小盂鼎虢季子白盤不嬰敦梁伯戈諸器出世經學者悉心考釋然後茲役之年月戰線戰略兵數皆歷歷可推（注二十八）又如西周時民間債權交易準折之狀況及民事案件之裁判古書中一無可考自曶鼎出推釋之卽略見其概（注二十九）餘如克鼎大盂鼎毛公鼎等字數抵一篇尙書典章制度之精以傳者蓋多矣又如秦詛楚文於當時宗敎信仰情狀兩國交惡始末皆有關係雖原器已佚而摹本猶爲瓌寶也（注三十）若衡以吾所謂抽象的史料者則吾曾將金文中之古國名試一蒐集竟得九十餘國其國在春秋時已亡者蓋什而八九矣若將此法應用於各方面其所得必當不乏也至如文字變遷之跡賴此大明而衆所共知無勞喋述矣

（注二十八）今人王國維有鬼方昆夷玁狁考及不嬰敦蓋銘考釋兩篇考證茲役甚多新解

（注二十九）淸劉心源奇觚室吉金文述釋曶鼎文最好

（注三十）詛楚文摹本見絳帖古文苑有釋文

距今十五六年前在河南安陽縣治西五里之小屯得骨甲文無數所稱「殷虛書契」者是也初出時世莫識其文且莫能名其爲何物十年來經多數學者苦心鑽索始定其爲龜甲獸骨之屬其發見之地爲殷故都其所契爲殷時文字字之可識者略已過千文亦寖可讀於是爲治古代史者莫大之助蓋吾儕所知殷代史蹟除尙書中七篇及史記之殷本紀三代世表外一無所有得此乃忽若闢一新殖民地也此項甲

文中所含史料。當於敍述殷代史時引用之。今不先舉要之。此次之發見。不獨在文字源流學上開一新生面。而其效果可及於古代史之全體。吾不憚昌言也。金石證史之價值。此其最高矣（注三十一）

（注三十一）殷虛書契最初影印本有劉鐵雲之鐵雲藏龜。其治此學最精深者為羅振玉。著有殷商貞卜文字考。殷虛書契。殷虛書契後編。殷虛書契菁華。殷虛書契考釋。書契待問編等。又王襄著有簠室殷契類纂。

（庚）外國人著述　泰西各國。交通夙開。彼此文化亦相匹敵。故甲國史料。恆與乙國有關係。即甲國人事著書以言乙國事者亦不少。我國與西亞及歐非諸文化國。既窵隔亙古不相聞問。其在西北徼與我接觸之民族。雖甚多。然率皆蒙昧。或並文字而無之。遑論著述。印度文化至高。與我國交通亦早。然其人耽悅冥想。厭賤世務。歷史觀念。低至零度。故我國猶有法顯玄奘義淨所著書。為今世治印度史者之寶笈。（注三十二）然而印度碩學曾遊中國者百計。梵書記中國事者無聞焉。若日本則自文化系統上論。五十年前。尚純為我附庸。其著述之能匡裨我者甚希也。故我國史蹟。除我先民躬自記錄外。未嘗有他族能為我稍分其勞。唐時有阿拉伯人僑商中國者所作遊記。內有述黃巢陷廣東情狀者。眞可謂鳳毛麟角。其歐人空前述作。則惟馬哥波羅一遊記。歐人治東學者。至今寶之。（注三十三）次則拉施特之蒙古全史。所述皆蒙古人征服世界事。而於中國部分。未之及。僅足供西北徼沿革興廢之參考而已。（注三十四）五六十年以前。歐人之陋於東學。一如吾華人之陋於西學。其著述之關於中國之記載及批評者。多可發噱。最近則改觀矣。其於中國古物。其於佛教。其於中國與外國之交涉。皆往往有精詣之書。為吾儕所萬不可不讀。（注三十五）蓋彼輩能應用科學方法以治史。善蒐集史料。而善駕馭之。故新發明往往而有也。雖然。僅能為窄而深之局部的研究。而未聞有從事於中國通史者。蓋茲事艱鉅。原不能以責望於異國人矣。

（注三十二）晉法顯。唐玄奘。義淨。皆遊歷印度之高僧。顯著有佛國記。奘著有大唐西域記。淨著有南海寄歸傳。此三書英法俄德皆有譯本。歐人治印度學必讀之書也。

（注三十三）馬哥波羅。意大利之維尼斯人。生於一二五一。卒於一三二四。嘗仕元世祖。居中國十六年。歸而著一遊記。今各國皆有譯本。近亦有譯爲華文者矣。研究元代大事及社會情狀極有益之參考書也。

（注三十四）拉施特。波斯人。仕蒙古西域宗王合贊。奉命修蒙古全史。書成。以波斯文寫之。今僅有鈔本。俄德英法皆有摘要鈔譯本。清洪鈞使俄。得其書。參以他書。成元史譯文證補三十卷。爲治元史最精詣之書。

（注三十五）現代歐人關於中國考史的著述。摘舉其精到者若干種列下。

（一）關於古物者。

Munsterbery: Geschichte der Chinesischen Kunste.

B, Laufer: Jade

B. Laufer: Sino-Iranica.

B. Laufer: Numerous other Scientific papers.

Chavannes: Numerous books and Scientific papers.

Pelliot: Mission Pellioten Asie Centrale.

A. Stein: Ancient Khotan.

A. Stein: Ruins of Desert Cathay

（二）關於佛教者。

Waddell: Lhasa and its Mysteries.

Hornle: Manuscript Remains of Buddhist literature found in Eastern Turkestan.

Huth: Geschichte des Buddhismus in der Mongolei.

Thomas Watters: On Yuan Chwang's Travels in India.

（三）關於外國關係者。

Blochet: Introduction a une Histoire des Mongoles.

Hirth: China and the Roman Orient.

Mookerji: A History of Indian Shipping and Maritime activity from the earliest time

V. Stael—Holstein: Tocharisch und die Sprache 1.

V. Stael—Holstein: Tocharisch und die Sprache 2.

Chavannes: Les Tou—Kiue Occidentaux

O. Franke: Beitrage aus Chinesischen Quellen Zur Kenntniss der Turkvolker and Skythen Zentralasien

以上所列舉。雖未云備。然史料所自出之處。已略可見。循此例以旁通之。真所謂『取諸左右逢其原』矣。吾草此章竟。吾忽起無限感慨。則中國公共收藏機關之缺乏。為學術不能進步之極大原因也。歐洲各國自中古以還。即以教會及王室為保存文獻之中樞。其所藏者大抵歷千年未嘗失墜。代代繼長增高。其藏書畫器物之地。又大率帶半公開的性質。市民以相當的條件。得恣觀覽。近世以還。則此種機關。純變為國有或市有。人民既感其便利。又信其管理保存之得法。多舉私家所珍襲者。叢而獻之。則其所積日益富。學者欲研究歷史上某種事項。入某圖書館或某博物館之某室。則其所欲得之資料。粲然矣。中國則除器物方面絕未注意保存者不計外。其文籍方面。向亦以「天祿石渠典籍之府」為最富。然此等書號為「中祕」。絕非一般市民所能望見。而以中國之野蠻革命。賡續頻仍。每經喪亂。舊藏蕩焉。例如董卓之亂。漢獻西遷。蘭臺石室之圖書縑帛。軍人皆取爲帷囊。梁元帝敗沒於江陵。取天府藏書繞身焚之。歎曰『文武之道盡今日矣。』此類慘劇。每閱數十百年。例演一次。讀隋書經籍志文獻通考等所記述。未嘗不泫然流涕也。其私家弆藏。或以子孫不能守其業。或以喪亂。恆閱時而灰燼蕩佚。天一之閣。絳雲之樓。百宋之廛。……今何在矣。直至今日。交通大開。國於世界者。各以文化相見。而我自首善以至各省都會。乃竟無一圖書館無一博物館無一畫苑。此其爲國民之奇恥大詬。且勿論。而學者欲治文獻。復何所憑藉。即如吾本章所舉各種史料。試問以私人之力。如何克致。吾津津然道之。則亦等於貧子說金而已。即勉强以私力集得若干。亦不過供彼一人之揅索。而社會上同嗜者終不獲有所霑潤。如是而欲各種學術爲平民式的發展。其道無由。吾儕既身受種種苦痛。一方而既感文獻證跡之易於散亡。宜設法置諸最安全之地。一方面又感一國學問之資料。宜與一國人共之。則所以胥謀焉以應此需求者。宜必有道矣。

第五章　史料之蒐集與鑑別

前章列舉多數史料。凡以言史料所從出也。然此種史料。散在各處。非用精密明敏的方法以蒐集之。則不能得。又眞贋錯出。非經謹嚴之抉擇。不能甄別適當。此皆更需有相當之技術焉。茲分論之。

第一　蒐集史料之法

普通史料之具見於舊史者。或無須特別之蒐集。雖然。吾儕今日所要求之史料。非即此而已足。大抵史料之爲物往往有單舉一事．覺其無足重輕．及彙集同類之若干事比而觀之．則一時代之狀況可以跳活表現．此如治庭園者．孤植草花一本．無足觀也．若集千萬本蒔以成畦．則絢爛眩目矣．又如治動物學者搜集標本．僅一枚之貝．一尾之蟬．何足以資鑽索．積數千萬．則所資乃無量矣．吾儕之搜集史料．正有類於是．試舉吾所曾致力之數端以為例．（甲）吾曾欲研究春秋以前部落分立之情狀．乃從左傳國語中取其所述已亡之國．最而錄之．得六十餘．又從逸周書蒐錄得三十餘．又從漢書地理志水經注蒐錄得七十餘．又從金文款識中蒐錄得九十餘．其他散見各書者尚三四十．除去重複．其夏商周古國名之可考見者．猶將三百國．而大河以南江淮以北殆居三之二．其中最稠密之處——如山東河南湖北有今之一縣而跨有古三四國之境者．試為圖為表以示之．而古代社會結構之迥殊於今日．可見一斑也．（乙）吾曾欲研究中國與印度文化溝通之跡．而考論中國留學印度之人物．據常人所習知者．則前有法顯．後有玄奘．三數輩而已．吾細檢諸傳記．陸續蒐集．乃竟得百零五人．其名姓失考者尚八十二人．合計百八十有七人．吾初研究時．據慧皎之高僧傳．義淨之求法傳．得六七十人．已大喜過望．其後每讀一書．遇有此者則類而錄之．經數月乃得此數．吾因將此百八十餘人者．稽其年代籍貫．學業成績．經行路線等．為種種之統計．而中印往昔交通遺蹟．與夫隋唐間學術思想變遷之故．皆可以大明．（丙）吾曾欲研究中國人種變遷混合之跡．偶見史中載有某帝某年徙某處之民若干往某處等事．史文單詞隻句．殊不足動人注意也．既而此類事觸於吾目者屢見不一見．吾試彙而鈔之．所積已得六七十條．然猶未盡．其中徙置異族之舉較多．最古者如堯舜時之分背三苗．徙置本族者亦往往而有．最著者如漢之遷六國豪宗以實關中．吾覩此類史蹟．未嘗不掩卷太息．嗟彼小民．竟任政府之徙置我如弈棋也．雖然．就他方面觀之．所以摶摭此數萬萬人成一民族者。其間接之力。抑亦非細矣。吾又嘗向各史傳中專調查外國籍貫之人。例如匈奴人之金日磾。突厥人之阿史那忠。于闐人之尉遲敬德。印度人之阿那羅順等。與夫入主中夏之諸胡之君臣苗裔。統列一表。則種族混合之情形益可見也。（丁）吾又嘗研究六朝唐造像。見初期所造者大率爲釋迦像。次期則多彌勒像。後期始漸有阿彌陀像觀世音像等。因此可推見各時代信仰對象之異同。卽印度教義之變遷亦略可推見也。（戊）吾既因前人考據。知元代有所謂「也里可溫」者。卽指基督教。此後讀元史及元代碑版與夫其他雜書。每遇「也里可溫」字樣輒乙而記之。若薈最成篇。當不下百條。試加以綜合分析。則當時基督教傳播之區域及情形。當可推得也。以上不過隨舉數端以爲例。要之吾以爲吾儕欲得史料。必須多用此等方法。此等方法。在前淸治經學者多已善用之。如經傳釋詞古書疑義擧例等書。卽其極好模範。惟史學方面則用者殊少。如宋洪邁之容齋隨筆。淸趙翼之二十二史劄記。頗有此精神。惜其應用範圍尙狹。此種方法。恆注意於常人所不注意之處。常人向來不認爲史料者。吾儕偏從此間覓出可貴之史料。欲應用此種方法。第一步須將腦筋操練純熟。使常有銳敏的感覺。每一事項至吾前。常能以奇異之眼迎之。以引起特別觀察之興味。世界上何年何日不有平果落地。何以奈端獨能因此而發明吸力。世界上何年何日不有開水衝壺。何以瓦特獨能因此而發明蒸汽。此皆由有銳敏的感覺施特別的觀察而已。第二步須耐煩。每遇一事項。吾認爲在史上成一問題。有應研究之價值者。卽從事於徹底精密的研究。搜集同類或相似之事項。綜析比較。非求得其眞相不止。須知此種研究法。往往所勞甚多。所獲甚簡。例如吾前文所擧（甲）項。其目的不過求出一斷案曰「春秋前半部落式之國家甚多」云爾。所擧（乙）項。其目的不過求出一斷案曰「六朝唐時中國人留學印度之風甚盛』云爾。斷案區區十數字。而研究者動費一年數月之精力。毋乃太勞。殊不知凡學問之用科學的研究法者。皆須如是。苟不如是。便非科學的。便不能在今世而稱為學問。且宇宙間之科學。何一非積無限辛勞以求得區區數字者。達爾文養鴿蒔果數十年。著書數十萬言。結果不過詒吾輩以『物競天擇適者生存』八個大字而已。然試思十九世紀學界中若少卻此八個大字。則其情狀為何如者。我國史學界從古以來未曾經過科學的研究之一階級。吾儕今日若能以一年研究之結果。博得將來學校歷史教科書中一句之採擇。吾願已足。此治史學者應有之覺悟也。

尤有一種消極性質的史料。亦甚為重要。某時代有某種現象。謂之積極的史料。某時代無某種現象。謂之消極的史料。試舉其例。（甲）吾儕讀戰國策讀孟子。見屢屢有黃金若干鎰等文。知其時確已用金屬為貨幣。但字書中關於財貨之字皆从貝不从金。可見古代交易媒介物。乃用貝而非用金。再進而研究鐘鼎款識。記用貝之事甚多。用金者雖一無有。詩經亦然。殷墟所發見古物中。亦有貝幣無金幣。因此略可推定西周以前未嘗以金屬為幣。再進而研究左傳、國語、論語。亦絕無用金屬之痕跡。因此吾儕或竟可以大膽下一斷案曰『春秋以前未有金屬貨幣』。若稍加審慎。最少亦可以下一假說曰『春秋以前金屬貨幣未通用』。（乙）我國未有紙以前文字皆『著諸竹帛』。然漢書藝文志各書目。記篇數者什之七八。記卷數者僅十之二三。其記卷數者又率屬漢中葉以後之著述。因此可推定帛之應用為時甚晚。又據史記漢書所載當時法令公文私信什有九皆用竹木簡。知當時用竹之廣。遠過於用帛。再證以最近發見之流沙墜簡。其用縑質者皆在新莽以後。其用紙質者皆在兩晉以後。因此可以下一假說曰『戰國以前謄寫文書不用縑紙之屬。兩漢始用而未盛行』。又可以

「一假說曰『魏晉以後竹木簡牘之用驟廢』（丙）吾儕讀歷代高僧傳見所記隋唐以前諸僧之重要事業大抵云譯某經某論若干卷或云講某經某論若干遍或云爲某經某論作注疏若干卷宋以後諸僧傳中此類記事絕不復見但記其如何洞徹心源如何機鋒警悟而已因此可以下一　案曰『宋以後僧侶不講學問』（丁）吾儕試檢前清道咸以後中外交涉檔案覺其關於教案者什而六七當時士大夫關於時事之論著亦認此爲一極大問題至光宣之交所謂教案者已日少一日入民國以來則幾無有因此可以下一斷案曰『自義和團事件以後中國民教互仇之現象殆絕』此皆消極的史料例也此等史料其重要之程度殊不讓積極史料蓋後代極普通之事象何故前此竟不能發生前代極普通之事象何故逾時乃忽然滅絕其間往往含有歷史上極重大之意義倘忽而不省則史之眞態未可云備也此等史料正以無史蹟爲史蹟恰如度曲者於無聲處寄音節如作書畫者於不著筆墨處傳神但以其須向無處求之故能注意者鮮矣

亦有吾儕所渴欲得之史料而事實上殆不復能得者例如某時代中國人口有若干此問題可謂爲研究一切史蹟重要之基件吾儕所亟欲知也不幸而竟無法足以副吾之望蓋吾國既素無統計雖以現時之人口已無從得其眞數況於古代各史食貨志及文獻通考等書雖間有記載然吾儕絕不敢置信且彼所記亦斷斷續續不能各時代俱有於是乎吾儕蒐集之路殆窮又如各時代物價之比率又吾儕所亟欲知也然其紀載之闕乏更甚於人口且各時代所用爲價值標準之貨幣種類複雜而又隨時變紊於是乎吾儕蒐集之路益窮若斯類者雖謂之無史料焉可矣雖然吾儕正不必完全絕望以人口問題論吾儕試將各史本紀及食貨志所記者姑作爲假定益以各地理志中所分記各地方戶口之數再益以方志專書——例如常璩華陽國志范成大吳郡

記等記述特詳者悉彙錄而勘比之又將各正史各雜史筆記中無論文牘及談話凡有涉及人口數目者——例如左傳記「衞戴公時衞民五千七百三十人」戰國策記蘇秦說齊宣王言「臨菑七萬戶戶三男子」等凡涉及此類之文句一一鈔錄無遺又將各時代徵兵制度口算制度一一研究而與其時所得兵數所得租稅相推算如此雖不敢云正確然最少總能於一二時代中之一二地方得有較近眞之資料然後據此爲基本以與他時代他地方求相當之比例若有人能從此用力一番則吾儕對於歷史上人口之智識必有進於今日也物價問題雖益複雜然試用此法以求之所得當亦不少是故史料全絕之事項吾敢信其必無不過所遺留者或多或寡蒐集之或難或易耳抑尤當知此類史料若僅列舉其一條兩條則可謂絕無意義絕無價值其價值之發生全賴博蒐而比觀之耳

以上所舉例皆吾前此所言抽象的史料也然卽具體的史料亦可以此法求之往往有一人之言行一事之始末在正史上覺其史料缺乏已極及用力蒐剔而所獲或意外甚豐例如史記關於墨子之記述僅得二十四字其文曰『蓋墨翟宋之大夫善守禦爲節用或曰並孔子時或曰在其後』(孟子荀卿列傳)此史料可謂枯渴極矣而孫詒讓生二千年後能作一極博贍翔實之墨子傳至數千言(看墨子閒詁)例如周宣王伐獫狁之役詩經史記竹書紀年所述皆僅寥寥數語而王國維生三千年後乃能將其將帥其戰線其戰狀詳細考出歷歷如繪(看雪堂叢刻)此無他謬巧其所據者皆人人共見之史料彼其爬羅搜剔之術操之較熟耳

亦有舊史中全然失載或缺略之事實博搜旁證則能得意外之發見者例如唐末黃巢之亂曾大慘殺外國僑民此可謂千年前之義和團也舊史僅著『焚室廬殺人如刈』之一囫圇語而他無徵焉十世紀初期阿剌伯

人所著中國見聞錄中一節云『有 Khanfan 者爲商舶薈萃地……紀元二百六十四年叛賊 Bonschona 陷 Khanfan 殺回耶教徒及猶太波斯人等十二萬……其後有五朝爭立之亂貿易中絕……』等語歐洲人初譯讀此錄殊不知所謂 Khanfan 者爲何地所謂 Bonschona 者爲何人及經東西學者細加考證乃知回教紀元二六四年當景教紀元之八七七——八七八年即唐僖宗乾符四年至五年也而其年黃巢實寇廣州廣州者吾粵人至今猶稱爲「廣府」知 Khanfan 即「廣府」之譯音而 Bonschona 必黃巢吾儕因此一段記錄而得有極重要之歷史上新智識蓋被殺之外國人多至十二萬則其時外人僑寓之多可想吾儕因此引起應研究之問題有多種例如其一當時中外通商何以能如此繁盛其二通商口岸是否僅在廣州抑尙有他處其發達程度比較如何其三吾儕聯想及當時有所謂「市舶司」者其起源在何時其組織何若其權限何若其四通商結果影響於全國民生計者何如其五關稅制度可考見者何如其六今所謂領事裁判權制度者彼時是否存在其七當時是否僅有外國人來抑吾族亦乘此向外發展其八旣有許多外人僑寓我國其於吾族混合之關係何如其九西人所謂中國三大發明——羅盤針製紙火藥——之輸入歐洲與此項史蹟之關係何若……吾儕苟能循此塗徑以致力硏究則因一項史蹟之發見可以引起無數史蹟之發見此類已經遺佚之史蹟雖大半皆可遇而不可求但吾儕總須隨處留心無孔不入每有所遇斷不放過須知此等佚蹟不必外人紀載中乃有之本國故紙堆中所存實亦不少在學者之能施特別觀察而已

史料有爲舊史家故意湮滅或錯亂其證據者遇此等事治史者宜別蒐索證據以補之或正之明陳霆考出唐僖宗之崩以馬踐宋太宗之崩以箭瘡發二事史冊皆祕之不言霆考證前事據幸蜀記考證後事據神宗諭滕

章敏之言。（兩山墨談卷十四）前事在歷史上無甚價值。雖佚不足顧惜。後事則太宗因伐契丹為虜所敗。負傷遁歸。卒以瘡發而殂。此實宋代一絕大事。後此澶淵之盟。變法之議。靖康之禍。皆與此有直接間接關係。此蹟湮滅。則原因結果之系統紊矣。計各史中類此者蓋不乏。又不惟一二事為然耳。乃至全部官書自行竄亂者往往而有。宋神宗實錄有日錄及朱墨本之兩種。因廷臣爭黨見。各自任意竄改。致同記一事。兩本或至相反。（看清蔡鳳翔著王荊公年譜卷廿四神宗實錄考）至清代而尤甚。清廷諱其開國時之穢德。數次自改實錄。實錄稿今入王氏東華錄者乃乾隆間改本。與蔣氏東華錄歧異之處已甚多。然蔣氏所據。亦不過少改一次之本耳。故如太宗后下嫁攝政王。世宗潛謀奪嫡等等宮廷隱慝。諱莫如深。自不待言。即清初所興之諸大獄。亦掩其跡唯恐不密。例如順治十八年之「江南奏銷案」一時搢紳被殺者十餘人。被逮者四五百人。黜革者萬三千餘人。摧殘士氣。為史上未有之奇酷。然官書中並絲毫痕跡不可得見。今人孟森。據數十種文集筆記。鉤距參稽。然後全案信史出焉。（看心史叢刊第一集）夫史料之偶爾散失者。其蒐補也尚較易。故意湮亂者。其治理也益極難。此視學者偵察之能力何如耳。

今日史家之最大責任。乃在蒐集本章所言之諸項特別史料。此類史料在歐洲諸國史。經彼中先輩蒐出者已什而七八。故今之史家。貴能善因其成。而運獨到之史識以批判之耳。中國則未曾經過此階級。尚無正當充實之資料。何所憑藉以行批判。漫然批判。恐開口便錯矣。故吾本章所論特注重此點。至於普通一事蹟之本末。則舊籍具在。蒐之不難。在治史者之如何去取耳。

第二　鑑別史料之法

史料以求眞爲尙。眞之反面有二。一曰誤。二曰僞。正誤辨僞。是謂鑑別。

有明明非史實而舉世誤認爲史實者。任執一人而問之曰。今之萬里長城爲何時物。其人必不假思索。立答曰秦始皇時。殊不知此答案最少有一大部分誤謬或竟全部誤謬也。秦始皇以前。有燕之長城趙之長城齊之長城。秦始皇以後。有北魏之長城北齊之長城明之長城。具見各史。其他各時代小小增築尙多。試一一按其道里細校之。將見秦時城線所占。乃僅一小部分。安能舉全城以傳諸秦。況此小部分是否卽秦故墟。尙屬問題。欲解此問題。其關鍵在考證秦時築城是否用塼抑用版築。吾於此事雖未得確證。然終疑用版築爲近。若果爾者。則現存之城。或竟無一尺一寸爲秦時遺蹟。亦未可知耳。常人每語及道教。教祖輒言是老子。試讀老子五千言之著書。與後世道教種種矯誣之說。風馬牛豈能相及。漢初君臣若竇后文帝曹參輩。著述家若劉安司馬談輩。皆治老子之道家言。又與後世道教豈有絲毫相似。道教起源。明見各史。如後漢書襄楷傳所載楷事及宮崇于吉等事。三國志張魯傳所載魯祖陵父衡及駱曜張角張修等事。其妖妄煽播之跡。歷歷可見。此又與周時作守藏史之老子。豈有絲毫關係。似此等事。本有較詳備之史料。可作反證。然而流俗每易致誤者。此實根於心理上一種幻覺。每語及長城。輒聯想始皇。每語及道教。輒聯想老子。此非史料之誤。乃吾儕自身之誤。而以所誤誣史料耳。吾儕若思養成鑑別能力。必須將此種心理結習。痛加滌除。然後能向常人不懷疑之點能試懷疑。能對於素來不成問題之事項而引起問題。夫學問之道。必有懷疑。然後有新問題發生。有新問題發生。然後有研究。有研究然後有新發明。百學皆然。而治史特其一例耳。

頃所舉例。吾命之曰局部的幻覺。此外尤有一般的幻覺焉。——凡史蹟之傳於今者。大率皆經過若干年若干人之口碑或筆述而識其概者也。各時代人心理不同。觀察點亦隨之而異。各種史蹟每一度從某新時代之人之腦中濾過。則不知不覺間輒微變其質。如一長河之水自發源以至入海中間所經之地所受之水含有種種雜異之礦質。則河水色味隨之而變。故心理上的史蹟脫化原始史蹟而喪失其本形者往往而有。例如左傳中有名之五大戰——韓城濮鞍邲鄢陵吾腦際至今猶有極深刻之印象。覺此五役者爲我國史中規模宏大之戰事。其實細按史文五役者皆一日而畢耳。其戰線殆無過百里外者。語其實質僅得比今閩粵人兩村之械鬭。而吾儕動輒以之與後世國際大戰爭等量齊觀者。一方面固由左傳文章優美。其鋪張分析的敍述。能將讀者、意識放大。一方面則由吾輩生當二千年後。習見近世所謂國家者所謂戰爭者如彼如彼。動輒以今律古而不知所擬者全非其倫也。夫在貨幣交易或信用交易時代而語實物交易時代之史蹟。在土地私有時代而語土地公有時代之史蹟。在郡縣官治或都市自治時代而語封建時代或部落時代之史蹟。在平民自由時代而語貴族時代或教權時代之史蹟。皆最容易起此類幻覺。幻覺一起。則眞相可以全藏。此治學者所最宜戒懼也。

鑑別史料之誤者或僞者。其最直捷之法。則爲舉出一極有力之反證。例如向來言中國佛教起源者。皆云漢明帝永平七年遣使臣經西域三十六國入印度求得佛經佛像。但吾儕據後漢書西域傳及他書。確知西域諸國自王莽時已與中國絕。凡絕六十五年。至明帝永平十六年始復通。永平七年正西域與匈奴連結入寇之時。安能派使通過其國。又如言上海歷史者每託始於戰國時楚之春申君黃歇。故共稱其地曰申江曰黃浦曰歇浦。但近代學者從各方面研究之結果。確知上海一區在唐以前尚未成陸地。安得有二千餘年春申君之古蹟。似此類者。其反證力甚强。但得一而已足。苟非得更强之反證的反證。則其誤僞終不能迴護。此如人或誣陳平盜

嫂平曰我乃無兄倘不能別求得陳平有兄之確據則盜嫂問題已無復討論之餘地也

然歷史上事實非皆能如此其簡單而易決往往有明知其事極不可信而苦無明確之反證以折之者吾儕對於此類史料第一步只宜消極的發表懷疑態度以免爲眞相之蔽第二步遇有旁生的觸發則不妨換一方向從事研究立假說以待後來之再審定例如舊史言伏羲女媧皆人首蛇身神農牛首人身言蚩尤銅頭鐵額吾輩今日終無從得直捷反證確證諸人之身首頭額與吾輩同也但以情理度之斷言世界決無此類生物而已又如殷之初祖契周之初祖后稷舊史皆謂爲帝嚳之子帝堯之異母弟同爲帝舜之臣吾輩今日無從得一反證以明其決不然也雖然據舊史所說堯在位七十年乃舉舜爲相舜相堯又二十八年堯卽位必當在嚳崩後假令契稷皆嚳遺腹子至舜卽位時亦當皆百歲安得復任事且堯有此聖弟而不知又何以爲堯且據詩經所載殷人之頌契也曰『天命玄鳥降而生商』周人之頌稷也曰『厥初生民時維姜嫄』彼二詩者皆所以鋪張祖德倘稷契而系出帝嚳豈有不引以爲重之理是故吾儕雖無積極的反證以明稷契爲別一人之子然最少亦可以消極的認其非嚳子堯弟也又如舊史稱周武王崩後繼立者爲成王成王尙少周公攝政吾輩今日亦無直接之反證以明其不然也但舊史稱武王九十三而終藉令武王七十而生成王則成王卽位時已二十三不可謂幼七八十得子生理上雖非必不可能然實爲稀有況吾儕據左傳確知成王尙有邘晉應韓之四弟成王居長嫡下有諸弟嗣九十三歲老父之位而猶在沖齡豈合情理且猶有極不可解者書經康誥一篇爲康叔封衞時之策命其發端云『王若曰孟侯朕其弟小子封』此所謂「王」者誰耶謂武王耶衞之建國確非在武王時謂成王耶康叔爲成王叔父何得稱爲弟而呼以小子然則繼武王而踐祚者是否爲成王周公是否

攝政抑更有進於攝政。吾儕不能不大疑。
懷疑之結果。而新理解出焉。前段所舉第一例——人首蛇身等等。吾儕既推定其必無是理。然則何故有此等
傳說耶。吾儕可以立一假說。謂伏羲神農等皆神話的人物。非歷史的人物。凡野蠻時代之人。對於幻境與實境
之辨。常不明瞭。故無論何族。最初之古史。其人物皆含有半神半人的性質。然則吾儕可以假定羲農諸帝實古
代吾族所祀之神。人首蛇身等。卽其幻想中之神像。而緣幻實不分之故。口碑相傳。確以爲曾有如此形像之人。
指爲眞固非眞。指爲僞亦確非有人故爲作僞也。如所舉第二例——稷契既決非譽子。又不能知其爲何人之
子。漢儒且有『聖人無父感天而生』之說。然則稷契果無父耶。吾儕可以立一假說。謂稷契亦有父亦無父。彼
輩皆母系時代人物。非父系時代人物。吾儕聞近代歐美社會學家言。已知社會進化階級。或先有母系然後有
父系。知古代往往一部落之男子。爲他部落女子所公有。一部落之女子。爲他部落男子所公有。在彼時代。其人
固宜「知有母不知有父」。非不欲知。無從知也。契只知其爲簡狄之子耳。稷只知其爲姜嫄之子耳。父爲誰氏。
則無稽焉。於是乎「有吞鳥卵而生」「履大人跡而生」之種種神話。降及後世父系時代。其子孫以無父爲
可恥。求其父而不得。則借一古帝以自重。此譽子之說所由起也。亦有既求父不得。卽不復求。轉而託「感天」
以自重。殊不知古代之無父感天者。不必聖人。蓋盡人莫不然也。如所舉第三例——成王若繼武王而立。其年
決非幼。無須攝政。衞康叔受封時。其王又確非康叔之姪。而爲康叔之兄。吾儕於是可以立一假說。謂繼武王而
立者乃周公而非成王。其時所行者乃兄終弟及制。非傳子立嫡制。吾儕已知殷代諸王兄弟相及者過半。周初
沿襲殷制。亦情理之常。況以史記魯世家校之。其兄終弟及者亦正不少。然則周公或當然繼武王而立。而後此

之「復子明辟」乃其特創之新制蓋未可知耳以上諸例原不過姑作假說殊不敢認爲定論然而不失爲一種新理解則昭然矣然則吾儕今日能發生種種新理解而古人不能者何故耶古人爲幻覺所蔽而已生息於後世家族整嚴之社會中以爲知母不知父惟禽獸爲然稷契之聖母安有此事生息於後世天澤名分之社會中以奪嫡爲篡逆謂周公大聖豈容以此相汙是以數千年非惟無人敢倡此說並無人敢作此念其有按諸史蹟而矛盾不可通者甯枉棄事實以迂回傅會之而已吾儕生當今日有種種「離經畔道」之社會進化說以變易吾腦識吾於是乃敢於懷疑乃敢於立假說假說既立經幾番歸納的研究之後而假說竟變爲定案亦意中事耳然則此類之懷疑此類之研究在學問上爲有用耶爲無用耶吾敢斷言曰有用也就表面論以數千年三五陳死人之年齡關係爲研究之出發點刺刺考證與現代生活風馬牛不相及毋乃玩物喪志殊不知苟能由此而得一定案則消極方面最少可以將多年來經學家之傅會的聚訟一掃而空省卻人無限精力積極方面最少可以將社會學上所提出社會組織進化階段之假說加一種有力之證明信能如是則其貢獻於學界者不已多耶

同一史蹟而史料矛盾當何所適從耶論原則自當以最先最近者爲最可信先者以時代言謂距史蹟發生時愈近者其所製成傳留之史料愈可信也近者以地方言亦以人的關係言謂距史蹟發生地愈近且其記述之人與本史蹟關係愈深者則其所言愈可信也例如此次歐戰史料百年後人所記者不如現時人所記者之詳確現時人所記者又不如五年前人所記之詳確此先後之說也同是五年前人中國人所記必不如歐洲人歐洲普通人所記必不如從軍新聞記者新聞記者所記必不如在營之軍士同是在營軍士僅聽號令之小卒所

記必不如指揮戰事之將校同是將校專擔任一戰線之裨將所記必不如綜覽全局之總參謀此遠近之說也

是故凡有當時當地當局之人所留下之史料吾儕應認為第一等史料例如一八七六年之普奧戰爭兩國事後皆在總參謀部妙選人才編成戰史此第一等史料也欲知十九世紀末歐洲外交界之內幕則俾斯麥日記其第一等史料也欲知盧梭科爾璞特金之事蹟及其感想彼所作自傳或懺悔錄其第一等史料也如司馬遷之自序王充之自紀法顯玄奘義淨等之遊記或自傳此考證各本人之事蹟思想或其所遊地當時狀態之第一等史料也（注一）如辛棄疾南燼紀聞錄竊憤錄所採阿計替筆記此考證宋徽欽二宗在北庭受辱情狀之第一等史料也（注二）如李秀成被俘時之供狀此考證洪楊內部情狀之第一等史料也（注三）此類史料無論在何國皆不易多得年代愈遠則其流傳愈稀苟有一焉則史家宜視為瑰寶彼其本身饒有陵蓋他種史料之權威他種史料有與彼矛盾者可據彼以正之也

（注一）法顯著佛國記亦名法顯行傳玄奘著大唐西域記又奘弟子慧立著慈恩三藏法師傳義淨著南海寄歸內法傳及西行求法高僧傳

（注二）棄疾二書見學海類編阿計替者當時金廷所派監視徽欽二宗之人也二書蓋其日記原稿棄疾全部采錄也

（注三）此供狀忘記在某部筆記中十五年前吾曾在新民叢報錄印一次此供狀惜尚有刪節處不能得其全相

前段所論不過舉其概括的原則以示鑑別之大略標準但此原則之應用有時尚須分別觀之試仍借此次歐戰史料為例若專以時代接近程度定史料價值之高下則今日已在戰後兩三年其所編集自不如戰時出版物之尤為接近宜若彼優於此然而實際上殊不爾當時所記不過斷片的史蹟全不能覷出其聯絡關係凡事

物之時間的聯絡關係．往往非俟時間完全經過之後不能比勘而得．故完美可觀之戰史不出在戰時而出在戰後也．若以事局接近程度定價值之高下．則觀戰新聞記者所編述．自應不如軍中人．一般著作家所編述．自應不如觀戰之新聞記者．然實際上亦未必盡然．蓋局中人爲劇烈之感情所蔽．極易失其眞相．卽不爾者．或纏綿於枝葉事項．而對於史蹟全體．反不能得要領．所謂『不識廬山眞面目只緣身在此山中』也．又不特局中者爲然也．卽在局外者．猶當視其人提挈觀察之能力如何．視其人串敍描寫之技術如何．而其作品之價值相去可以懸絕焉．是故以戰史論．若得一文學技術極優長之專門大史家．而又精通軍事學者．在總司令部中爲總書記．對於一戰役始終其事．（最好能兼爲兩軍總司令之總書記）則其所記述者．自然爲史料之無上上品．然而具備此條件者．則安能得．既已不能．則戰場上一尋常軍士所記．或不如作壁上觀之一有常識的新聞記者．奔走戰線僅有常識之一新聞記者其所記．或不如安坐室中參稽戰報之一專門史學家也．

最先最近之史料則最可信．此固原則也．然若過信此原則．有時亦可以陷於大誤．試舉吾經歷之兩小事爲例．（一）明末大探險家大地理學者徐霞客．卒後其摯友某爲之作墓志．宜若最可信矣．一日吾與吾友丁文江談及霞客．吾謂其曾到西藏．友謂否．吾舉墓銘文爲證．友請檢霞客遊記共讀．乃知霞客雖有遊藏之志．因病不果．從麗江折歸．越年餘而逝．吾固悔吾前此讀遊記之粗心．然爲彼銘墓之摯友粗心乃更過我．則眞可異也．（二）玄奘者．我國留學生宗匠而思想界一鉅子也．吾因欲研究其一生學業進步之跡．乃發心爲之作年譜．吾所憑藉之資料甚富．合計殆不下二十餘種．而其最重要者．一爲道宣之續高僧傳．二爲慧立之慈恩法師傳．二人皆奘之親受業弟子．爲其師作傳．正吾所謂第一等史料也．乃吾研究愈進．而愈感困難．兩傳中矛盾之點甚多或甲誤或乙誤或甲乙俱誤吾列舉若干問題欲一一悉求其眞有略已解決者有卒未能解決者試舉吾所認爲略已解決之一事借此以示吾研究之徑路——玄奘留學凡十七年此既定之事實也其歸國在貞觀十九年正月此又既定之事實也然則其初出遊果在何年乎自兩傳以及其他有關係之資料皆云貞觀三年八月咸無異辭吾則因懷疑而研究研究之結果考定爲貞觀元年吾曷爲忽對於三年說而起懷疑耶三年至十九年恰爲十七個年頭本無甚可疑也吾因讀慈恩傳見奘在于闐所上表中有『貞觀三年出遊今已十七年』等語上表年月傳雖失載然循按上下文確知其在貞觀十八年春夏之交吾忽覺此語有矛盾此爲吾懷疑之出發點從貞觀十八年上遡所謂十七年者若作十七個年頭解其出遊時可云在貞觀二年若作滿十七年解則應爲貞觀元年吾於是姑立元年二年之兩種假說以從事研究吾乃將慈恩傳中所記行程及各地淹留歲月詳細調查覺奘自初發長安以迄歸達于闐最少亦須滿十六年有半之時日乃敷分配吾於是漸棄其二年之假說而傾向於元年之假說雖然現存數十種資料皆云三年僅恃此區區之反證而臆改之非學者態度所宜出也然吾不忍棄吾之假說吾仍努力前進吾已知奘之出遊爲冒禁越境然冒禁何以能無阻吾查續高僧傳本傳見有『會貞觀三年時遭霜險下敕道俗隨豐四出』數語吾因此知奘之出境乃攙在饑民隊中而其年之饑實因霜災吾乃亟查貞觀三年是否有霜災取新舊唐書太宗紀閱之確無是事於是三年說已消極的得一有力之反證再查元年則新書云『八月河南隴右邊州霜』又云『十月丁酉以歲饑減膳』舊書云『八月……關東及河南隴右沿邊諸州霜害秋稼』又云『是歲關中饑至有鬻男女者』是元年確有饑荒而成災又確由霜害於是吾之元年說忽積極的得一極有力之正證矣惟舊書於二年復有『八月河南河北

大霜人饑』一語。新書則無有。不知為舊書誤複耶。抑兩年連遭霜災而新書於二年有闕文耶。如是則二年之假說。仍有存立之餘地。吾決意再覓證據以決此疑。吾乃研究奘途中所遇之人。其名之可考見者凡三。一曰涼州都督李大亮。二曰高昌王麴文泰。三曰西突厥可汗葉護。吾查大亮傳及高昌傳。見二人皆自元年至四年在其位。不成問題。及查西突厥傳。乃忽有意外之獲。兩書皆言葉護於貞觀初被其叔所弒。其叔僭立。稱俟毗可汗。然皆未著其被弒在何年。惟新書云『貞觀四年俟毗可汗來請昏。太宗詔曰。突厥方亂。何以昏為。』是葉護被弒。最晚亦當在貞觀三年前。再按慈恩傳所紀奘行程。若果以貞觀三年八月發長安者。則當以四年五月初乃抵突厥。其時之可汗。已為俟毗而非葉護矣。於是三年說之不能成立。又得一強有力之反證。吾猶不滿足。必欲得葉護被弒確年以為快。吾查資治通鑑得之矣。貞觀二年也。吾固知通鑑必有所本。然終以不得之於正史未能躊躇滿志。吾發憤取新舊唐書諸蠻夷傳凡與突厥有關係之國徧繙之。卒乃在新書薛延陀傳得一條云。『值貞觀二年突厥葉護可汗見弒。』於是葉護弒年無問題矣。玄奘之行。既假霜災。則無論為元年為二年為三年。皆以八月後首塗。蓋無可疑。然則非惟三年說不能成立。即二年說亦不能成立。何則。二年八月後首塗。必三年五月乃抵突厥。即已不及見葉護也。吾至是乃大樂。自覺吾之懷疑有效。吾之研究不虛。吾所立「玄奘貞觀元年首塗留學」之假說。殆成鐵案矣。其有小小不可解者。則何以諸書皆同出一轍。竟無歧異。然此亦易解。諸書所采同一藍本。藍本誤則悉隨之而誤矣。再問藍本何故誤。則或因逆遡十七個年頭。偶未細思。致有此失。甚至或為傳寫之譌。亦未可知也。再問十八年玄奘自上之表文何以亦誤。則或後人據他書校改。亦在情理中耳。吾為此問題。凡費三日之力。其所得結果如此。——吾知讀者必生厭矣。此本一極瑣末之問題。區區一事件三兩年之出入非惟在全部歷史中無關宏旨即在玄奘本傳中亦無關宏旨吾自治此已不免玩物喪志之誚乃復縷述千餘言以濫占本書之篇幅吾不能不向讀者告罪雖然吾著本篇之宗旨凡務舉例以明義而已吾今詳述此一例將告讀者以讀書曷爲而不可以盲從雖以第一等史料如慧立道宣之傳元奘者其誤謬猶且如是也其勞吾儕以鑑別猶且如是也又將告讀者以治學當如何大無畏雖以數十種書萬口同聲所持之說苟不愜於吾心不妨持異同但能得有完證則絕無憑藉之新說固自可以成立也吾又以爲善治學者不應以問題之大小而起差別觀問題有大小研究一問題之精神無大小學以求眞而已大固當眞小亦當眞一問題不入吾手則已一入吾手必鄭重忠實以赴之夫大小豈有絕對標準小者輕輕放過寖假而大者亦輕輕放過則研究精神替矣吾又以爲學者而誠欲以學餉人則宜勿徒餉以自己研究所得之結果而當兼餉以自己何以能研究得此結果之塗徑及其進行次第夫然後所餉者乃爲有源之水而挹之不竭也吾誠不敢自信爲善於研究但本篇既以研究法命名吾竊思宜擇一機會將吾自己研究所歷之甘苦委曲傳出未嘗不可以爲學者之一助吾故於此處選此一小問題可以用千餘言說明無遺者詳述吾思路所從入與夫考證所取資以瀆讀者之清聽吾研究此問題所得結果雖甚微末然不得不謂爲甚良其所用研究法純爲前清乾嘉諸老之嚴格的考證法亦即近代科學家所應用之歸納研究法也讀者舉一反三則任研究若何大問題其精神皆若是而已吾此一段乃與吾全書行文體例不相應讀者恕我吾今當循吾故軌不更爲此喋喋矣

史料可分爲直接的史料與間接的史料直接的史料者其史料當該史蹟發生時或其稍後時即已成立如前所述慈恩傳竊憤錄之類皆是也此類史料難得而可貴吾既言之矣然欲其多數永存在勢實有所不能書籍

新陳代謝本屬一般公例而史部書之容易湮廢尤有其特別原因焉（一）所記事實每易觸時主之忌故秦焚書而「諸侯史記」受禍最烈試檢明清兩朝之禁燬書目什有九皆史部也（二）此類書眞有價值者本不多或太瑣碎或涉虛誕因此不爲世所重容易失傳不惟本書間有精要處因雜糅於粗惡材料中而湮沒而且凡與彼同性質之書亦往往被同視而俱湮沒（三）其書愈精要者其所敍述愈爲局部的凡局部的緻密研究非專門家無此興味一般人對於此類書籍輒淡漠置之任其流失以此種種原因故此類直接史料如浪淘沙滔滔代盡勢不能以多存就令存者甚多又豈人生精力所能徧讀於是乎在史學界占最要之位置者實爲間接的史料間接的史料者例如左丘以百二十國寶書爲資料而作國語司馬遷以國語世本戰國策……等書爲資料而作史記國語史記之成立與其書中所敍史蹟發生時代之距離或遠至百年千年彼所述者皆以其所見之直接史料爲藍本今則彼所見者吾儕已大半不復得見故謂之間接譬諸紡績直接史料則其原料之棉團間接史料則其粗製品之紗線也吾儕無論爲讀史爲作史其所接觸者多屬間接史料故鑑別此種史料方法爲當面最切要之一問題

鑑別間接史料其第一步自當仍以年代爲標準年代愈早者則其可信據之程度愈强何則彼所見之直接史料多而後人所見者少也例如研究三代以前史蹟吾儕應信司馬遷之史記而不信譙周之古史考皇甫謐之帝王世紀羅泌之路史何則吾儕推斷譙周皇甫謐羅泌所見直接史料不能出司馬遷所見者以外遷所不知者周等何由知之也是故彼諸書與史記有異同者吾儕宜引史記以駁正諸書反之若竹書紀年與史記有異同吾儕可以引紀年以駁正史記何則魏史官所見之直接原料或多爲遷之所不及見也此最簡單之鑑別標

準也。

雖然。適用此標準。尙應有種種例外焉。有極可貴之史料而晚出或再現者。則其史料遂爲後人所及見而爲前人所不及見。何謂晚出者。例如德皇威廉第二與俄皇尼古拉第二來往私函數十通。研究十九世紀末外交史之極好史料也。然一九二〇年以前之人不及見。以後之人乃得見之。例如元史修自明初。豈非時代極早。然吾儕甯信任五百年後魏源或柯劭忞之新元史。而不信任宋濂等之舊元史。何則。吾儕所認爲元代重要史料。如元祕史親征錄……等書。魏柯輩得見。而明初史館諸人不得見也。何謂再現者。例如羅馬之福林邦凖之古城。埋沒土中二千年。近乃發現。故十九世紀末人所著羅馬史。其可信任之程度。乃過於千年前人所著也。例如殷墟甲文。近乃出土。吾儕因此得知殷代有兩古王爲史記三代世表所失載者。蓋此史料爲吾儕所見而爲司馬遷所不得見也。

不特此也。又當察其人史德何如。又當察其人史識何如。又當察其人所處地位何如。所謂史德者。著者品格劣下。則其所記載者宜格外愼察。魏收魏書。雖時代極近。然吾儕對於彼之信任。斷不能如信任司馬遷班固也。所謂地位者。一事件之眞相。有時在近時代不能盡情宣布。在遠時代乃能之。例如陳壽時代早於范曄。然記漢魏易代事。曄反視壽爲可信。蓋二人所及見之直接史料本略相等。而壽書所不能昌言者。曄書能昌言也。所謂史識者。同是一直接史料。而去取別擇之能力。存乎其人。假使劉知幾自著一史。必非李延壽令狐德棻輩所能及。元人修宋史。清人修明史。同爲在異族之朝編前代之史。然以萬斯同史稿作藍本所成之明史。決非脫脫輩監修之宋史所能及也。要而論之。吾儕讀史作史。既不能不乞靈於間接的史料。則對於某時代某部門之史料。自應先擇定一兩種價值較高之著述以作研究基本選擇之法合上列數種標準以衡之庶無大過至於書中所敍史實則任何名著總不免有一部分不實不盡之處質言之則無論何項史料皆須打幾分折頭吾儕宜刻刻用懷疑精神喚起注意而努力以施忠實之研究則眞相庶可次第呈露也

右論正誤的鑑別法竟——次論辨僞的鑑別法

辨僞法先辨僞書次辨僞事

僞書者其書全部分或一部分純屬後人僞作而以託諸古人也例如現存之本草號稱神農作素問內經號稱黃帝作周禮號稱周公作六韜陰符號稱太公作管子號稱管仲作……假使此諸書而悉眞者則吾國歷史便成一怪物蓋社會進化說全不適用而原因結果之理法亦將破壞也文字未興時代之神農已能作本草是謂無因本草出現後若干千年而醫學藥學上更無他表見是謂無果無因無果是無進化如是則吾儕治史學爲徒勞是故苟無鑑別僞書之識力不惟不能忠實於史蹟必至令自己之思想塗徑大起混亂也

書愈古者僞品愈多大抵戰國秦漢之交有一大批僞書出現漢書藝文志所載三代以前書僞者殆不少新莽時復有一大批出現如周禮及其他古文經皆是晉時復有一大批出現如晚出古文尙書孔子家語孔叢子等其他各時代零碎僞品亦尙不少且有僞中出僞者如今本鬼谷子鶡冠子等𠔥晉兩期劉歆王肅作僞老手其作僞之動機及所作僞品前清學者多已言之今不贅引戰國秦漢間所以多僞書者（一）因當時學者本有好「託古」的風氣己所主張恆引古人以自重（說詳下）本非有意揑造一書指爲古人所作而後人讀之則幾與僞託無異（二）因當時著述家本未嘗標立一定之書名且亦少泐成定本展轉傳鈔或合數種而漫圖

一名。或因書中多涉及某人。卽指爲某人所作。（三）因經秦焚以後。漢初朝野人士皆汲汲以求遺書爲務。獻書者往往勦鈔舊籍。託爲古代某名人所作以售炫。前兩項爲戰國末多僞書之原因。後一項爲漢初多僞書之原因。

僞書有經前人考定已成鐵案者。吾儕宜具知之。否則徵引考證。徒費精神。例如今本尙書有胤征一篇。載有夏仲康時日食事。近數十年來成爲歐洲學界一問題。異說紛爭。殆將十數。致勞漢學專門家天文學專門家合著專書以討論。（注四）殊不知胤征篇純屬東晉晚出之僞古文經。淸儒閻若璩惠棟輩考證久成定讞。仲康其人之有無且未可知。遑論其時之史蹟。歐人不知此椿公案。至今猶剌剌論難。由吾儕觀之。可笑亦可憐也。欲知此類僞書。略繙淸四庫書目提要。便可得梗概。提要中指爲眞者未必遂眞。指爲僞者大抵必僞。此學者應有之常識也。

（注四）關於此問題之硏究。Gaubil 氏謂在紀前二一五四年十月十一日。Largeteau 氏及 Chalmers 氏謂在二一二七年十月十二日。Freret氏及D. Cassini 氏謂在二一〇六年十月二十四日。Gumpaeh 氏謂在二一五五年十月二十二日。Oppolzer 氏謂在二一三五年十月二十一日。而有名之漢學大家 Prof. G. Schlege 及有名之天文學大家 Dr. F. Kuhnert 會合著一書在荷蘭阿姆斯丹之學士院出版。題曰書經之日蝕 Dic Sohu King Finsterniss（Amsterdam. J. Muller. 1889）謂當在二一六五年五月七日。其言甚雄辯。其後漢學大家 Dr. F. Eitel 復著詳論駁之。登在 China Review 第十八卷。

然而僞書孔多。現所考定者什僅二三耳。此外古書或全部皆僞。或眞僞雜糅者。尙不知凡幾。吾儕宜拈出若干條鑑別僞書之公例。作自己硏究標準焉。

一　其書前代從未著錄或絕無人徵引而忽然出現者什有九皆僞例如「三墳五典八索九丘」之名雖見左傳「晉乘楚檮杌」之名雖見孟子然漢隋唐藝文經籍諸志從未著錄司馬遷以下未嘗有一人徵引可想見古代或並未嘗有此書卽有之亦必秦火前後早已亡佚而明人所刻古逸史忽有所謂三墳記晉史乘楚史檮杌等書凡此類書殆可以不必調查內容但問名卽可知其僞

二　其書雖前代有著錄然久經散佚乃忽有一異本突出篇數及內容等與舊本完全不同者什有九皆僞例如最近忽發現明鈔本愼子一種與今行之四庫本守山閣本全異與隋唐志崇文總目直齋書錄解題等所記篇數無一相符其流傳之緒又絕無可考吾儕乍覩此類書目便應懷疑再一檢閱內容則可定爲明人僞作也（注九）

三　其書不問有無舊本但今本來歷不明者卽不可輕信例如漢河內女子所得泰誓晉梅賾所上古文尚書及孔安國傳皆因來歷曖昧故後人得懷疑而考定其僞又如今本列子八篇據張湛序言由數本拚成而數本皆出湛戚屬之家可證當時社會絕無此書則吾輩不能不致疑

四　其書流傳之緒從他方面可以考見而因以證明今本題某人舊撰爲不確者例如今所稱神農本草漢書藝文志無其目知劉向時決未有此書再檢隋書經籍志以後諸書目及其他史傳則知此書殆與蔡邕吳普陶弘景諸人有甚深之關係直至宋代然後規模大具質言之則此書殆經千年間許多人心力所集成但其書不惟非出神農卽西漢以前人參預者尙極少殆可斷言也（注十）

五　眞書原本經前人稱引確有左證而今本與之歧異者則今本必僞例如古本竹書紀年有夏啓殺伯益

商太甲殺伊尹等事。又其書不及夏禹以前事。此皆原書初出土時諸人所親見信而有徵者（注十一）而今本記伯益伊尹等文全與彼相反。其年代又託始於黃帝。故知決非汲冢之舊也。

六　其書題某人撰。而書中所載事蹟在本人後者。則其書或全僞或一部分僞。例如越絕書。隋志始著錄。題子貢撰。然其書既未見漢志。且書中敍及漢以後建置沿革。故知其書不惟非子貢撰。且並非漢時所有也。又如管子商君書。漢志皆著錄。題管仲商鞅撰。然兩書各皆記管商死後之人名與事蹟。故知兩書決非管商自撰。卽非全僞。最少亦有一部分屬亂也。

七　其書雖眞。然一部分經後人竄亂之蹟既確鑿有據。則對於其書之全體須愼加鑑別。例如史記爲司馬遷撰。固毫無疑義。然遷自序明言『訖於麟止』今本不惟有太初天漢以後事。且有宣元成以後事。其必非盡爲遷原文甚明。此部分既有竄亂。則他部分又安敢保必無竄亂耶。（注十二）

八　書中所言確與事實相反者。則其書必僞。例如今道藏中有劉向撰列仙傳。其書隋志已著錄。書中言諸仙之荒誕。固不俟辯。其自序云『七十四人已見佛經』佛經至後漢桓靈時始有譯本。下距劉向之沒將二百年。向何從知有佛經耶。卽據此一語而全書之僞已無遁形。

九　兩書同載一事絕對矛盾者。則必有一僞或兩俱僞。例如涅槃經佛說云『從今日始不聽弟子食肉』入楞伽經佛說云『我於象腋央掘魔涅槃大雲等一切修多羅中不聽食肉』涅槃經共認爲佛臨滅度前數小時間所說。既象腋等經有此義。何得云『從今日始』且涅槃既佛最後所說經。入楞伽何得引之。是涅槃楞伽最少必有一僞。或兩俱僞也。

以上九例皆據具體的反證而施鑑別也．尙有可以據抽象的反證而施鑑別者．

十　各時代之文體．蓋有天然界畫．多讀書者自能知之．故後人僞作之書．有不必從字句求枝葉之反證．但一望文體．卽能斷其僞者．例如東晉晚出古文尙書．比諸今文之周誥殷盤．截然殊體．故知其決非三代以上之文．又如今本關尹子中有『譬犀望月．月影入角．特因識生．故有月形．而彼眞月初不在角．』等語．此種純是晉唐繙譯佛經文體．決非秦漢以前所有．一望卽知．

十一　各時代之社會狀態．吾儕據各方面之資料．總可以推見崖略．若某書中所言其時代之狀態．與情理相去懸絕者．卽可斷爲僞．例如漢書藝文志農家有神農二十篇．自注云．『六國時諸子託諸神農．』此書今雖不傳．然漢書食貨志稱鼂錯引神農之敎云．『有石城十仞．湯池百步．帶甲百萬．而亡粟．弗能守也．』此殆鼂錯所見神農書之原文．然石城湯池帶甲百萬等等情狀．決非神農時代所能有．故劉向班固指爲六國人僞託．非武斷也．

十二　各時代之思想．其進化階段．自有一定．若某書中所表現之思想．與其時代不相銜接者．卽可斷爲僞．例如今本管子．有『寢兵之說勝．則險阻不守．兼愛之說勝．則士卒不戰．』等語．此明是墨翟宋鈃以後之思想．當管仲時．並寢兵兼愛等學說．尙未有．何所用其批評反對者．素問靈樞中言陰陽五行．明是鄒衍以後之思想．黃帝時安得有此耶．（注十三）

（注九）明鈔本愼子．繆荃蓀所藏．最近上海涵芬樓所印四部叢刊採之．詫爲驚人祕笈．繆氏號稱目錄學專家．乃寶此燕石．故知考古貴有通識也．

（注十）古書中有許多經各時代無數人踵襲賡續而成者。如本草一書。即其例。吾嘗欲詳考此書成立增長之次第。所搜資料頗多。惜未完備不能成篇耳。

（注十一）看晉書束皙傳王接傳及杜預左傳集解後序。

（注十二）看今人王國維著太史公年譜崔適著史記探原。

（注十三）看今人胡適著中國哲學史大綱二十一二十二葉。

以上十二例。其於鑑別僞書之法。雖未敢云備。循此以推。所失不遠矣。一面又可以應用各種方法以證明某書之必眞。

一　例如詩經。『十月之交。朔日辛卯。日有食之。亦孔之醜。』經六朝唐元清諸儒推算。知周幽王六年十月辛卯朔。確有日食。中外歷對照。應爲西紀前七七六年。歐洲學者亦考定其年陽歷八月二十九日中國北部確見日食。與前所舉胤征篇日食異說紛紜者正相反。因此可證詩經必爲眞書。其全部史料皆可信。

二　與此同例者。如春秋所記『桓公三年秋七月壬辰朔日食。』『宣公八年秋七月甲子日食。』據歐洲學者所推算。前者當紀前七零九年七月十七日。後者當紀前六零一年九月二十日。今山東兗州府確見日食。因此可證當時魯史官記事甚正確。而春秋一書。除孔子寓意褒貶所用筆法外。其所依魯史原文皆極可信。

三　更有略同樣之例。如尙書堯典所記中星。『仲春日中星鳥仲夏日中星火』等。據日本天文學者所研究。西紀前二千四五百年時確是如此。因此可證堯典最少應有一部分爲堯舜時代之眞書。

四　書有從一方面可認爲僞從他方面可認爲眞者。例如現存十三篇之孫子。舊題春秋時吳之孫武撰。吾儕據其書之文體及其內容確不能信其爲春秋時書。雖然若謂出自秦漢以後則文體及其內容亦都不類。漢書藝文志兵家本有吳孫子齊孫子之兩種。「吳孫子」則春秋時之孫武。「齊孫子」則戰國時之孫臏也。此書若指爲孫武作則可決其僞。若指爲孫臏作亦可謂之眞。此外如管子商君書等性質亦略同。若指定爲管仲商鞅所作則必僞。然其書中大部分要皆出戰國人手。若據以考戰國末年思想及社會情狀固絕佳的史料也。乃至周禮謂爲周公作固僞。若據以考戰國秦漢間思想制度亦絕佳的史料也。

五　有書中某事項常人共指斥以證其書之僞吾儕反因此以證其書之眞者。例如前所述竹書紀年中『啓殺益太甲殺伊尹』兩事。後人因習聞孟子史記之說驟覩此則大駭。殊不思孟子不過與魏安釐王時史官同時。而孟子不在史職。聞見本不逮史官之確。司馬遷又不及見秦所焚之諸侯史記。其記述不過踵孟子而已。何足據以難竹書。而論者或因此疑竹書之全僞。殊不知凡作僞者必投合時代心理。經漢魏儒者鼓吹以後。伯益伊尹輩早已如神聖不可侵犯。安有晉時作僞書之人乃肯立此等異說以資人集矢者。實則以情理論。伯益伊尹既非超人的異類。逼位謀簒何足爲奇。啓及太甲爲自衛計而殺之。亦意中事。故吾儕甯認竹書所記爲較合於古代社會狀況。竹書既有此等記載。適足證其不僞。而今本竹書削去之則反足證其僞也。又如孟子因武成『血流漂杵』之文。乃歎『盡信書不如無書』。謂『以至仁伐至不仁』不應如此。推孟子之意則逸周書中克殷世俘諸篇益爲僞作無疑。其實孟子理想中的「仁義之師」本爲歷史上不能發生之事實。而逸周書敍周武王殘暴之狀。或反爲眞相。吾儕所以信逸周書之不僞。乃正以此也。

六　無極强之反證足以判定某書爲僞者。吾儕只得暫認爲眞。例如山海經穆天子傳。以吾前所舉十二例繩之。無一適用者。故其書雖詭異。不宜憑武斷以吐棄之。或反爲極可寶之史料。亦未可知也。

以上論鑑別僞書之方法竟。次當論鑑別僞事之方法。

僞事與僞書異。僞書中有眞事。眞書中有僞事也。事之僞者與誤者又異。誤者無意失誤。僞者有意虛搆也。今請舉僞事之種類。

一　其史蹟本爲作僞的性質。史家明知其僞而因仍以書之者。如漢魏六朝篡禪之際種種作態。即其例也。史家記載或仍其僞相。如陳壽。或揭其眞相。如范曄。試列數則資比較

（魏志武帝紀）	（後漢書獻帝紀）
天子以公領冀州牧	曹操自領冀州牧
漢罷三公官置丞相以公爲丞相	曹操自爲丞相
天子使郗慮策命公爲魏公加九錫	曹操自立爲魏公加九錫
漢帝以衆望在魏乃召羣公卿士使張音奉璽綬禪位	魏王丕稱天子奉帝爲山陽公

此等僞蹟昭彰。雖仍之不甚足以誤人。但以云史德。終不宜爾耳。

二　有虛構僞事而自著書以實之者。此類事在史中殊不多覯。其最著之一例。則隋末有妄人曰王通者。自比孔子。而將一時將相若賀若弼李密房玄齡魏徵李勣等。皆攀認爲其門弟子。乃自作或假手於其子弟

以作所謂文中子者，歷敘通與諸人問答語，一若實有其事。此種病狂之人，妖誣之書，實人類所罕見。而千年來所謂「河汾道統」者，竟深入大多數俗儒腦中，變爲眞史蹟矣。嗚呼！讀者當知古今妄人非僅一王通，世所傳墓志家傳行狀之屬，汗牛充棟，其有以異於文中子者，恐不過程度問題耳。

三　有事蹟純屬虛搆，然已公然取得「第一等史料」之資格，幾令後人無從反證者。例如前清洪楊之役，有所謂賊中謀主洪大全者，據云當發難時被廣西疆吏擒殺。然吾儕乃甚疑此人爲子虛烏有。恐是當時疆吏冒功，影射洪秀全之名以揑造耳。雖然，旣已形諸章奏，登諸實錄，吾儕欲求一完而强之反證，乃極不易得。茲事在今日，不已儼然成爲史實耶？竊計史蹟中類此者亦殊不少。治史者謂宜常以老吏斷獄之態，臨之。對於所受理之案牘，斷不能率爾輕信。若不能得確證以釋所疑，寧付諸蓋闕而已。

四　有事雖非僞，而言之過當者。孔子云：『紂之不善，不如是之甚也。』莊子云：『兩善必多溢美之言，兩惡必多溢惡之言。』王充云：『俗人好奇，不奇言不用也。故譽人不增其美，則聞者不快其意；毀人不益其惡，則聽者不愜於心。』是故無論何部分之史，恐「眞蹟放大」之弊，皆所不免。論衡中語增儒增藝增諸篇所舉諸事，皆其例也。況著書者無論若何純潔，終不免有主觀的感情夾雜其間。例如王闓運之湘軍志，在理宜認爲第一等史料者也。試讀郭嵩燾之湘軍志會軍篇書後，則知其不實之處甚多。又如吾二十年前所著戊戌政變記，後之作淸史者記戊戌事，誰不認爲可貴之史料？然謂所記悉爲信史，吾已不敢自承。何則？感情作用所支配，不免將眞蹟放大也。治史者明乎此義，處處打幾分折頭，庶無大過矣。

五　史文什九皆經後代編史者之潤色，故往往多事後增飾之語。例如左傳莊二十二年記陳敬仲卜辭，所謂『有嬀之後。將育于姜。五世其昌。並於正卿。八世之後。莫之與京。』等語。苟非田氏簒齊後所記。天下恐無此確中之預言。襄二十九年記吳季札適晉。說趙文子韓宣子魏獻子曰『晉國其萃於三族乎。』苟非三家分晉後所記。恐亦無此確中之預言也。乃至如諸葛亮之隆中對。於後來三國鼎足之局若操券以待。雖曰遠識之人。鑑往知來。非事理所不可能。然如此銖黍不忒。實足深怪。試思當時備亮兩人對談。誰則知者。除非是兩人中之一人有筆記。不然。則兩人中一人事後與人談及。世乃得知耳。事後之言。本質已不能無變。而再加以修史者之文飾。故吾儕對於彼所記。非「打折頭」不可也。

六　有本意並不在述史。不過借古人以寄其理想。故書中所記。乃著者理想中人物之言論行事。並非歷史上人物之言論行事。此種手段。先秦諸子多用之。一時成爲風氣。孟子言『有爲神農之言者許行。』此語最得眞相。先秦諸子。蓋最喜以今人而爲古人之言者也。前文述鼂錯引「神農之敎」。非神農之敎。殆許行之徒之敎也。豈惟許行。諸子皆然。彼「言必稱堯舜」之孟子。吾儕正可反唇以稽之曰「有爲堯舜之言者孟軻」也。此外如墨家之於大禹。道家陰陽家之於黃帝。兵家之於太公。法家之於管仲。莫不皆然。愈推重其人。則愈舉己所懷抱之理想以推奉之。而其人之眞面目乃愈淆亂。韓非子云『孔子墨子俱道堯舜。而取舍不同。皆自謂眞堯舜。堯舜不復生。誰將使定儒墨之誠乎。』是故吾儕對於古代史料。一方面患其太少。一方面又患其太多。貪多而失眞。不如安少而闕疑也已。

人類非機械。故史蹟從未有用「印板文字」的方式閱時而再現者。而中國著述家所記史蹟。往往不然。例如堯有丹朱。舜必有商均。舜避堯之子於南河。禹必避舜之子於陽城。桀有妹喜。紂必有妲己。桀有酒池。

紂必有肉林．桀有傾宮．紂必有瓊室．桀有玉杯．紂必有象箸．桀殺龍逄．紂必殺比干．桀囚湯於夏臺．紂必囚文王於羑里．夏之將亡．太史令終古出奔商．商之將亡．內史向摯必出奔周．此類乃如駢體文之對偶．枝枝相對．葉葉相當．天下安有此情理．又如齊太公誅華士．子產誅鄧析．孔子誅少正卯．三事相去數百年．而其殺人同一目的．同一程序．所殺之人同一性格．乃至其罪名亦幾全同．天下又安有此情理．然則所謂桀紂如何如何者．毋乃僅著述家理想中帝王惡德之標準．所謂殺鄧析少正卯云云者．毋乃僅某時代之專制家所揑造以爲口實．（鄧析非子產所殺左傳已有反證）　吾儕對於此類史料．最宜謹嚴鑑別．始不至以理想混事實也．

七

有純屬文學的著述．其所述史蹟．純爲寓言．彼固未嘗自謂所說者爲眞事蹟也．而愚者刻舟求劍．乃無端惹起史蹟之糾紛．例如莊子言『鯤化爲鵬．其大幾萬里．』倘有人認此爲莊周所新發明之物理學．或因此而詆莊周之不解物理學．吾儕必將笑之．何也．周本未嘗與吾儕談物理也．周豈惟未嘗與吾儕談物理．亦未嘗與吾儕談歷史．豈惟周未嘗與吾儕談歷史．古今無數作者．亦多未嘗與吾儕談歷史．據德充符而信歷史上確有兀者王駘．曾與仲尼中分魯國．人咸笑之．據人間世而信歷史上確有列禦寇其人者．則比比然．而列子八篇．傳誦且與老莊埒也．據離騷而信屈原嘗與巫咸對話．嘗令帝閽開關．人咸笑之．據九歌而信堯之二女爲湘君湘夫人者．則比比然也．陶潛作桃花源記．以寄其烏託邦的理想．而桃源縣竟以此得名．千年莫之改也．石崇作王昭君辭．謂其出塞時或當如烏孫公主之彈琵琶．而流俗相承．遂以琵琶爲昭君掌故也．吾儕若循此習慣以評騭史料．則漢孔融與曹操書固嘗言『武王伐紂．以妲己賜周公．』吾儕其將信之也．清黃宗羲與葉方藹書固嘗言『首陽二老託孤於尙父．乃得三年食薇．顏色不壞．』吾儕其亦將信之也。而不幸現在衆人共信之史蹟。其性質類此者正復不少。夫豈惟關於個人的史蹟爲然耳。凡文士所描寫之京邑宮室輿服以及其他各方面之社會情狀。恐多半應作如是觀也。

以上七例。論僞事之由來。雖不能備。學者可以類推矣。至於吾儕辨證僞事應採之態度。亦略可得言焉。

第一　辨證宜勿支離於問題以外。例如孟子『萬章曰堯以天下與舜有諸。孟子曰否。……』吾儕讀至此。試掩卷一思。下一句當如何措詞耶。噫乃大奇。孟子曰『天子不能以天下與人』。此如吾問『某甲是否殺某乙。』汝答曰『否人不應殺人』。人應否殺人此爲一問題。某甲曾否殺某乙。此又爲一問題。汝所答非我所問也。萬章續問曰『然則舜有天下也孰與之』。孟子既主張天下非堯所與。則應別指出與舜之人。抑係舜自取。乃孟子答曰『天與之』。宇宙間是否有天。天是否能以事物與人。非惟萬章無徵。即孟子亦無徵也。兩造皆無徵。則辯論無所施矣。又如孟子否認百里奚自鬻於秦。然不能舉出反證以抉其僞。乃從奚之智不智賢不賢作一大段循環論理。諸如此類。皆支離於本問題以外。違反辯證公例。學者所首宜切戒也。

第二　正誤與辯僞。皆貴舉反證。吾既屢言之矣。反證以出於本身者最強有力。所謂以矛陷盾也。例如漢書藝文志云『武帝末魯共王壞孔子宅得古文尚書。……孔安國獻之。遭巫蠱事未列於學官』。吾儕即從漢書本文可以證此事之僞。其一。景十三王傳云『魯共王餘以孝景前二年立。……二十八年薨子安王光嗣』。景帝在位十六年。則共王應薨於武帝即位之第十三年。即元朔元年也。（王子侯表云『元朔元年安王光嗣』正合）武帝在位五十四年。則末年安得有共王。其二。孔安國漢書無專傳。史記孔子世家云『安國爲今皇帝博士。

蚤卒』漢書兒寬傳云『寬詣博士受業受業孔安國補廷尉史廷尉張湯薦之』考百官表湯遷廷尉在元朔三年安國爲博士總應在此年以前假令其年甫逾二十則下距巫蠱禍作時已過五十安得云蚤卒既已蚤卒安得獻書於巫蠱之年耶然則此事與本書中他篇之文處處衝突王充云『不得二全則必一非』論衡語增篇 既無法以證明他篇之爲僞則藝文志所記此二事必僞無疑也

第三 僞事之反證以能得「直接史料」爲最上例如魚豢魏略謂『諸葛亮先見劉備備以其年少輕之亮說以荊州人少當令客戶皆著籍以益衆備由此知亮』陳壽三國志則云『先主詣亮凡三往乃見』豢與壽時代略相當二說果孰可信耶吾儕今已得最有力之證據則亮出師表云『先帝不以臣卑鄙三顧臣於草廬之中』苟吾儕不能證明出師表之爲僞作又不能證明亮之好妄語則可決言備先見亮非亮先見備也又如唐書玄奘傳稱奘卒年五十七玄奘塔銘則云六十九此兩說孰可信耶吾儕亦得最有力之證據則奘嘗於顯慶二年九月二十日上表中有『六十之年颯焉已至』二語則奘壽必在六十外既無疑而顯慶二年下距奘卒時之麟德元年尚九年又足爲塔銘不誤之正證也凡此皆以本人自身所留下之史料為證據此絕對不可抗之權威也又如魏略云『劉備在小沛生子禪後因曹公來伐出奔禪時年數歲隨人入漢中有劉括者養以爲子……』欲證此事之僞則後主（禪）卽位之明年諸葛亮領益州牧與主簿杜微書曰『朝廷今年十八』知後主確以十七歲卽位若生於小沛則時已三十餘歲矣此史料雖非禪親自留下然出於與彼關係極深之諸葛亮其權威亦相等也又如論衡辨淮南王安之非昇仙云『安坐反而死天下共聞』安與司馬遷正同時史記敍其反狀死狀始末悉備故遷所記述其權威

亦不可抗也．右所舉四例．其第一第二兩例由當事人自舉出反證．第三例由關係人舉出反證．第四例由在旁知狀之見證人舉出反證．皆反證之最有力者也．

第四 能得此種强有力之反證．則眞僞殆可一言而決．雖然．吾儕所見之史料．不能事事皆如此完備．例如孟子中萬章問孔子在衞是否主癰疽．孟子答以『於衞主顏讎由……』此次答辯．極合論理．正吾所謂舉反證之說也．雖然．孟子與萬章皆不及見孔子．孟子據一傳說．萬章亦據一傳說．孟子既未嘗告吾儕以彼所據者出何經何典．萬章亦然．吾儕無從判斷孟子所據傳說之價值是否能優於萬章之所據．是故吾儕雖極不信「主癰疽」說．然對於「主顏讎由」說在法律上亦無權以助孟子張目也．遇此類問題．則對於所舉反證有一番精密審查之必要．例如舊說皆云釋迦牟尼以周穆王五十二年滅度．當西紀前九百五十年．獨佛祖通載(卷九)有所謂「衆聖點記」之一事．據稱梁武帝時有僧伽跋陀羅傳來之善見律．卷末有無數黑點．相傳自佛滅度之年．起佛弟子優波離在此書末作一點．以後師弟代代相傳．每年一點．至齊永明六年．僧伽跋陀羅下最後之一點．共九百七十五點．循此上推．則佛滅度應在周敬王三十五年．當西紀前四百八十五年．與舊說相差至五百三十餘年之多．是則舊說之僞謬．明明得一强有力之反證矣．雖然．最要之關鍵．則在此「衆聖點記」者是否可信．吾國人前此惟不敢輕信之．故雖姑存此異說．而舊說終不廢．及近年來歐人據西藏文之釋迦傳以考定阿闍世王之年代．據印度石柱刻文以考定阿育王之年代．據巴利文之錫蘭島史以考定錫蘭諸王之年代．復將此諸種資料中有言及佛滅年者．據之與各王年代比較推算．確定佛滅年為紀前四八五年．(或云四百八十七年所差僅兩年耳)於是衆聖點記之價值頓增十倍．吾儕乃確知釋迦略與孔子同時。舊說所云西周時人者。絕不可信。而其他書籍所言孔老以前之佛蹟。亦皆不可信矣。

第五　時代錯迕則事必僞。此反證之最有力者也。例如商君書徠民篇有『自魏襄以來』語。有『長平之勝』語。魏襄死在商君死後四十二年。長平戰役在商君死後七十八年。今謂商君能語及此二事。不問而知其僞也。史記扁鵲傳既稱鵲爲趙簡子時人。而其所醫治之人有虢太子。有齊桓侯等。先簡子之立百三十九年而虢亡。田齊桓侯午之立後簡子死七十二年。錯迕糾紛至此。則鵲傳全部事蹟。殆皆不敢置信矣。其與此相類者。例如尚書堯典『帝曰臯陶蠻夷猾夏』此語蓋甚可詫。夏爲大禹有天下之號。因禹威德之盛。而中國民族始得「諸夏」之名。帝舜時安從有此語。假令孔子垂教而稱中國人爲漢人。司馬遷著書而稱中國人爲唐人。有是理耶。此雖出聖人手定之經。吾儕終不能不致疑也。以上所舉諸例。皆甚簡單而易說明。亦有稍複雜的事項。必須將先決問題研究有緒。始能論斷本問題者。例如堯典有『金作贖刑』一語。吾儕以爲三代以前未有金屬貨幣。此語恐出春秋以後人手筆。又如孟子稱『舜封象於有庳。象不得有爲於其國。天子使吏治其國而納其貢賦』。吾儕以爲封建乃周以後之制度。『使吏治其國』云云。又是戰國後半期制度。皆非舜時代所宜有。雖然此斷案極不易下。必須將「三代前無金屬貨幣」「封建起自周代」之兩先決問題。經種種歸納的研究。立爲鐵案。然後彼兩事之僞。乃成信讞也。且此類考證尤有極難措手之處。吾主張三代前無金屬貨幣。人卽可引堯典『金作贖刑』一語以爲反證。（近人研究古泉文者。有釋爲「乘正尙金當爰」之一種。卽指爲唐虞贖刑所用。蓋因此而附會及於古物矣。）

吾主張封建起自周代。人卽可引孟子「象封有庳」一事爲反證。以此二書本有相當之權威也。是則對書信任與對事信任。又遞相爲君臣。在學者辛勤審勘之結果何如耳。

第六　有其事雖近僞。然不能從正面得直接之反證者。只得從旁面間接推斷之。若此者。吾名曰比事的推論法。例如前所舉萬章『問孔子於衞主癰疽』事。同時又問『於齊主侍人瘠環』。孟子答案於衞雖舉出反證。於齊則舉不出反證。但別舉『過宋主司城貞子』之一旁證。吾儕又據史記孔子世家稱孔子遊齊主高昭子。二次三次遊衞皆主蘧伯玉。因此可推定孔子所主皆正人君子。而癰疽瘠環之說。蓋僞也。又如魯共王孔安國與古文尙書之關係。既有確據以證其僞。河間獻王等與古文毛詩之關係。張蒼等與古文左傳之關係。亦別有確據以證其僞。則當時與此三書同受劉歆推獎之古文周官古文逸禮。雖反證未甚完備。亦可用「晚出古文經蓋僞」之一假說。略爲推定矣。此種推論法。應用於自然科學界。頗極穩健。應用於歷史時。或不免危險。因歷史爲人類所造。而人類之意志情感。常自由發動。不易執一以律其他也。例如孔子喜親近正人君子。固有證據。然其通變達權。亦有證據。南子而肯見。佛肸弗擾召而欲往。此皆見於論語者。若此三事不僞。又安見其絕對的不肯主癰疽與瘠環也。故用此種推論法。只能下「蓋然」的結論。不宜輕下「必然」的結論。

第七　有不能得「事證」。而可以「物證」或「理證」明其僞者。吾名之曰推度的推論法。例如舊說有明建文帝遜國出亡之事。萬斯同斥其僞。謂『紫禁城無水關。無可出之理。』(錢大昕著萬季野傳)此所謂物證也。又如舊說有「顏淵與孔子在泰山望閶門白馬。顏淵髮白齒落」之事。王充斥其僞。謂『人目斷不能見千里之外』又言『用睛暫望影響斷不能及於髮齒』(論衡書虛篇)此皆根據生理學上之定理以立言雖文籍上別無他種反證然已得極有價值之結論此所謂理證也吾儕用此法以駁歷史上種種不近情理之事自然可以廓清無限迷霧但此法之應用亦有限制其確實之程度蓋當與科學智識駢進例如古代有指南車之一事在數百年前之人或且度理以斷其僞今日則正可度理以證其不僞也然則史中記許多鬼神之事吾儕指爲不近情理者安知他日不發明一種「鬼神心理學」而此皆爲極可寶之資料耶雖然吾儕今日治學只能以今日之智識範圍爲界『於其所不知蓋闕如』終是寡過之道也

本節論正誤辨僞兩義縷縷數萬言所引例或涉及極瑣末的事項吾非謂治史學者宜費全部精神於此等考證尤非謂考證之功必須徧及於此等瑣事但吾以爲有一最要之觀念爲吾儕所一刻不可忘者則吾前文所屢說之「求眞」兩字——卽前清乾嘉諸老所提倡之「實事求是」主義是也夫吾儕治史本非徒欲知有此事而止既知之後尚須對於此事運吾思想騁吾批評雖然思想批評必須建設於實事的基礎之上而非然者其思想將爲枉用其批評將爲虛發須知近百年來歐美史學之進步則彼輩能用科學的方法以審查史料實其發軔也而吾國宋明以降學術之日流於誕渺皆由其思想與批評非根據於實事故言愈辯而誤學者亦愈甚也韓非曰『無參驗而必之者愚也弗能必而據之者誣也』孔子曰『蓋有不知而作之者我無是也多聞擇其善者而從之多見而識之知之次也』又曰『多聞闕疑愼言其餘則寡尤』我國治史者惟未嘗以科學方法駁史料故不知而作非愚則誣之弊往往而有吾儕今日宜篳路藍縷以闢此塗務求得正確之史料以作自己思想批評之基礎且爲後人作計使踵吾業者從此得節嗇其精力於考證方面而專用其精力於思想

批評方面斯則吾儕今日對於斯學之一大責任也

第六章　史蹟之論次

吾嘗言之矣事實之偶發的孤立的斷滅的皆非史的範圍然則凡屬史的範圍之事實必其於橫的方面最少亦與他事實有若干之聯帶關係於縱的方面最少亦爲前事實一部分之果或爲後事實一部分之因是故善治史者不徒致力於各個之事實而最要著眼於事實與事實之間此則論次之功也

史蹟有以數千年或數百年爲起訖者其蹟每度之發生恆在若有意識若無意識之間並不見其有何等公共一貫之目的及綜若干年之波瀾起伏而觀之則儼然若有所謂民族意力者在其背後治史者遇此等事宜將千百年間若斷若續之跡認爲筋搖脈注之一全案不容以枝枝節節求也例如我族對於苗蠻族之史蹟自黃帝戰蚩尤堯舜分背三苗以來中間經楚莊蹻之開夜郎漢武帝通西南夷馬援諸葛亮南征唐之於六詔宋之於儂智高……等事直至清雍乾間之改土歸流咸同間之再平苗討杜文秀前後凡五千年此問題殆將完全解決對於羌回族之史蹟自成湯氏羌來享武王徵師羌髳以來中間經晉之五涼宋之西夏……等等直至清乾隆間蕩平準回光緒間設新疆行省罷西陲各辦事大臣前後凡四千年迄今尙似解決而未盡解決對於匈奴之史蹟自黃帝伐獯鬻殷高宗伐鬼方周宣王伐玁狁以來中間經春秋之晉戰國之秦趙力與相持迄漢武帝和帝兩度之大膺懲前後經三千年茲事乃告一段落對於東胡之史蹟自春秋時山戎病燕以來中間經五胡之諸鮮卑以逮近世之契丹女眞滿珠前後亦三千年直至辛亥革命清廷遜荒此問題乃完全解決至如朝

鮮問題自箕子受封以來歷漢隋唐屢起屢伏亦經三千餘年至光緒甲午解決失敗此問題乃暫時屏出我歷史圈外而他日勞吾子孫以解決者且未有已也如西藏問題自唐吐蕃時代以迄明清始終在似解決未解決之間千五百餘年於茲矣以上專就本族對他族關係言之其實本族內部之事性質類此者亦正多例如封建制度以成周一代八百年間為起訖既訖之後猶二千餘年時時揚其死灰若漢之七國晉之八王明之靖難清之三藩猶其彿影也例如佛教思想以兩晉六朝隋唐八百年間為起訖而其先驅及其餘燼亦且數百年也凡此之類當以數百年或數千年間此部分之總史蹟為一個體而以各時代所發生此部分之分史蹟為其細胞將各細胞個個分離行見其各為絕無意義之行動綜合觀之則所謂國民意力者乃躍如也吾論舊史尊紀事本末體夫紀事必如是乃真與所謂本末者相副矣

史之為態若激水然一波纔動萬波隨舊金山金門之午潮與上海吳淞口之夜汐鱗鱗相銜如環無端也其發動力有大小之分則其盪激亦有遠近之異一個人方寸之動而影響及於一國一民族之舉足左右而影響及於世界者比比然也吾無暇毛舉其細者惟略述其大者吾今標一史題於此曰『劉項之爭與中亞細亞及印度諸國之興亡有關係而影響及於希臘人之東陸領土』聞者必疑其風馬牛不相及然吾徵諸史蹟而有以明其然也尋其波瀾起伏之路線蓋中國當李牧蒙恬時浪勢壯闊蹙匈奴於北使彼『十餘年不敢窺趙邊』（史記李牧傳文）『卻之七百餘里』（賈誼過秦論文）使中國能保持此局匈奴當不能有所擾於世界之全局『秦末擾亂諸秦所徙謫戍邊者皆復去於是匈奴得寬復稍度河南……漢兵與項羽相拒中國罷於兵革以故冒頓得自彊……大破滅東胡西擊走月氏』（史記匈奴傳文）『月氏本居敦煌祁連間及為匈奴所敗乃遠去過宛西擊大夏而臣之

』史記大宛傳文蓋中國拒胡之高潮．一度退落．匈奴乘反動之勢南下．軒然蹴起一大波以撼我甘肅邊徼山谷間之月氏．月氏爲所盪激．復蹴起一大波．滔滔度葱嶺以壓大夏．大夏者西史所謂柏忒里亞 Bactria 亞歷山大大王之部將所建國也．實爲希臘人東陸殖民地之樞都．我舊史字其人曰塞種．『月氏西君大夏．而塞王南君罽賓．塞種分散．往往爲數國．』漢書西域傳文 罽賓者今北印度之克什米爾（大唐西域記之迦濕彌羅）亞歷大王曾征服而旋退出者也．至是希臘人（塞王）受月氏大波所盪激．又蹴一波以撼印度矣．然月氏之波．非僅此而止．『月氏遷於大夏．分其國爲五部翖侯．後百餘歲．貴霜翖侯邱就卻自立爲王．國號貴霜王．侵安息．取高附地．滅濮達罽賓．子閻膏珍復滅天竺．』後漢書西域傳文 蓋此波匌砰南駛．乃淘掠波斯（安息）阿富汗（濮達）而淹沒印度．挫希臘之鋒使西轉．自爾亞陸無復歐人勢力矣．然則假使李牧蒙恬晚死數十年．或衞青霍去病蚤出數十年．則此一大段史蹟．或全然不能發生．未可知也．吾又標一史題於此曰『漢攘匈奴與西羅馬之滅亡及歐洲現代諸國家之建設有關』聞者將益以爲誕．然吾比觀中西諸史而知其因緣甚密切也．自漢武大興膺懲之師．其後匈奴寖弱．裂爲南北．南匈奴呼韓邪單于保塞稱臣．其所部雜居內地者．漸同化於華族．北匈奴郅支單于仍倔强．屢寇邊．和帝時再大舉攘之．『永元元二年．連破北匈奴．』後漢書和帝紀文 『三年．竇憲將兵擊之於金微山．大破之．北單于逃走．不知所之．』後漢書竇憲傳文 此西紀八十八年事也．其云『不知所之』者．蓋當時漢史家實不知之．今吾儕則已從他書求得其蹤跡．『彼爲憲所逐．度金微山．西走康居．建設悅般國．……地方數千里．眾二十餘萬．』魏書西域傳悅般條文 金微者．阿爾泰山．康居者．伊犂以西．訖於裏海之一大地也．後漢書西域傳．不復爲康居立傳．而於粟弋奄蔡條下．皆云屬康居．蓋此康居卽匈奴所新建之悅般．『屬康居』云者．卽役屬於康居新主人之匈奴也。然則粟弋奄蔡又何族耶。兩者皆日耳曼民族中之一支派。粟弋疑即西史中之蘇維 Suevi 人。奄蔡爲前漢時舊名。至是『改名阿蘭聊。』（後漢書西域傳文）即西史中之阿蘭 Alan 人。此二種者實後此東峨特 East Gothes 之主幹民族也。吾國人亦統稱其族爲粟特。魏書西域傳『粟特國故名奄蔡。一名溫那沙（疑即西史之 Vandals 亦東峨特之一族也）居於大澤。在康居西北』。康居西北之大澤決爲黑海。已成學界定論。而第二三世紀時。環黑海東北部而居者實東峨特。故知粟特即東峨特無可疑也。當此期間。歐洲史上有一大事爲稍有常識之人所同知者。即第三四世紀間有所謂芬族 Huns or Fins 者初居於窩瓦河 Volga 之東岸。役屬東西峨特人已久。至三百七十四年（晉武帝甯康二年）芬族渡河西擊東峨特人而奪其地。芬王曰阿提拉 Attila 其勇無敵。轉戰而西入羅馬。直至西班牙半島。威震全歐。東峨特人爲芬所逼。舉族西遷。沿多惱河下流而進。渡來因河與西峨特人爭地。西峨特亦舉族西遷。其後分建東峨特西峨特兩王國。而西羅馬遂亡。兩峨特王國即今德法英意諸國之前身也。而芬族亦建設匈牙利塞爾維亞布加利亞諸國。是爲千餘年來歐洲國際形勢所自始。史家名之曰「民族大移轉時代」。此一樁大公案。其作俑之人。不問而知爲芬族也。芬族者何。即竇憲擊逐西徙之匈奴餘種也。魏書西域傳粟特條下云『先是匈奴殺其王而有其國。至王忽倪已三世矣』。美國哥侖比亞大學教授夏德 Hirth 考定忽倪已即西史之 Hernae 實阿提拉之少子。繼立爲芬王者。（忽倪已以魏文成帝時來通好。文成在位當西四五二至四五六年。Hernae 即位在四五二年）因此吾儕可知三四世紀之交所謂東峨特役屬芬族云者。其役屬之峨特。即後漢書所指役屬康居之粟弋奄蔡。其役屬之之芬族。則後漢書之康居。魏書之悅般。即見敗於漢度金微山而立國者也。芬王阿提拉與羅馬大戰於今法蘭西境上。在西四五一年。當芬族渡窩瓦河擊殺峨特王亥耳曼後之六十四年。故知魏書所謂『匈奴擊殺粟特王而有其國』者所擊殺之王卽亥耳曼所有之國卽東峨特而擊殺之之匈奴王卽阿提拉之父而忽倪已之祖其年爲西紀三百七十四年上距竇憲擊逐時二百九十餘年而下距魏文成時通好之忽倪已恰三世也吾儕綜合此種種資料乃知漢永元一役實可謂全世界史最要之關鍵其在中國結唐虞三代以來二千年獯鬻玁狁之局自此之後中國不復有匈奴寇邊之禍（劉淵等歸化匈奴搆亂於內地者不在此例）班固封燕然山銘所謂『攄高文之宿憤光祖宗之玄靈一勞而久逸暫費而永寧』非虛言也然竟以此嫁禍歐洲開彼中中古時代千年黑闇之局直至今日猶以匈奴遺種之兩國（塞爾維與匈牙利）惹起全世界五年大戰之慘劇人類造業其波瀾之壯闊與變態之瑰譎其不可思議有如此吾儕但據此兩事已可以證明人類動作息息相通如牽髮而動全身如銅山西崩而洛鐘東應以我中國與彼西方文化中樞地相隔如彼其遠而彼我相互之影響猶且如此其鉅則國內所起之事件其首尾連屬因果複雜之情形益可推矣又可見不獨一國之歷史爲「整個的」卽全人類之歷史亦爲「整個的」吾中國人前此認禹域爲「天下」固屬褊陋歐洲人認環地中海而居之諸國爲世界其褊陋亦正與我同實則世界歷史者合各部分文化國之人類所積共業而成也吾儕誠能用此種眼光以觀察史蹟則如乘飛機騰空至五千尺以上周覽山川形勢歷歷如指掌紋眞所謂『俯仰縱宇宙不樂復何如』矣然若何然後能提挈綱領用極巧妙之筆法以公此樂於大多數人則作史者之責也

孟子嘗標舉『知人論世』之義論世者何以今語釋之則觀察時代之背景是已人類於橫的方面爲社會的生活於縱的方面爲時代的生活苟離卻社會與時代而憑空以觀某一個人或某一羣人之思想動作則必多

不可了解者未了解而輕下批評未有不錯誤也故作史如作畫必先設搆背景讀史如讀畫最要注察背景舊史中能寫出背景者則史記貨殖列傳實其最好模範此篇可分為四大段篇首「老子曰至治之極」起至「而況四夫編戶之民乎」止為第一段略論經濟原則及其與道德之關係自「昔者越王句踐困於會稽」起至「豈非以富耶」止為第二段紀漢以前貨殖之人自「漢興海內為一」起至「令後世得以觀擇焉」止說明當時經濟社會狀況自「蜀卓氏之先」起至篇末紀當時貨殖之人卽以文章結搆論已與其他列傳截然不同其全篇宗旨蓋認經濟事項在人類生活中含有絕大意義一切政教皆以此為基礎其見解頗有近於近世唯物史觀之一派在我國古代已為特別其最精要之處尤在第三段彼將全國分為若干個之經濟區域每區域尋出其地理上之特色舉示其特殊物產及特殊交通狀況以規定該區域經濟上之物的基件每區域述其歷史上之經過說明其住民特殊性習之由來以規定該區域經濟上之心的基件吾儕讀此雖生當二千年後而於當時之經濟社會已得有頗明瞭之印象其妙處乃在以全力寫背景而傳中所列舉之貨殖家十數人不過借作說明此背景之例證而已此種敍述法以舊史家眼光觀之可謂奇特各史列傳更無一篇敢蹈襲此法其表志之記事雖間或類此然求其能如本篇之描出活社會狀況者則竟無有也吾儕今日治史但能將本篇所用之方法擴大之以應用於各方面其殆庶幾矣

史蹟複雜苟不將其眉目理清則敍述愈詳博而使讀者愈不得要領此當視作者頭腦明晰之程度何如與其文章技術之運用何如也此類記述之最好模範莫如史記西南夷列傳

「西南夷君長以什數夜郎最大其西靡莫之屬以什數滇最大自滇以北君長以什數卭都最大此皆魋結

耕田有邑聚．其外西自同師以東北至楪榆．名爲嶲昆明．皆編髮．隨畜遷徙．毋常處．毋君長．地方可數千里．自嶲以東北．君長以什數．徙筰都最大．自筰以東北．君長以什數．冉駹最大．其俗或土著．或移徙．在蜀之西．自冉駹以東北．君長以什數．白馬最大．皆氐類也．此皆巴蜀西南外蠻夷也．』

此對於極複雜之西南民族．就當時所有之智識範圍內．以極簡潔之筆法．將其脈絡提清．表示其位置所在與夫社會組織之大別及其形勢之强弱．以下方雜敍各部落之叛服等事．故不復以淩亂爲病．惜後世各史之記事．能如此者絕希．例如晉代之五胡十六國．唐代之藩鎭．皆史蹟中之最糾紛者．吾儕無論讀正史讀通鑑．皆苦其頭緒不清．其實此類事．若用西南夷列傳之敍述法．未嘗不可使之一目了然．但舊史或用紀傳體．或用編年體．以事隸人．或以事隸年．其勢不能於人與年之外而別有所提挈．故使學者如墮煙霧也．

自史記創立十表．開著作家無量法門．鄭樵圖譜略．益推闡其價値．史記惟表年代世次而已．後人乃漸以應用於各方面．如顧棟高之春秋大事表．將全部左傳事蹟．重新組織．一過而悉以表體行之．其便於學者滋多矣．即如五胡十六國之事．試一讀齊召南之歷代帝王年表．已覺眉目略清．若更爲下列之兩表．則形勢若指諸掌矣．今錄舉以爲例．

五胡十六國興亡表第一

種名	族名	國號	創業主	國都	年數	被滅
北狄種	匈奴	漢（前趙）	劉淵—劉聰 劉曜	初平陽（山西臨汾） 遷長安（陝西省城）	一五	後趙
		北涼	沮渠蒙遜	張掖（甘肅張掖）	四三	後魏
		夏	赫連勃勃	統萬（陝西懷遠）	二五	後魏
	羯	後趙 （冉魏）	石勒—石虎 冉閔	初襄國（直隸邢臺） 遷鄴（直隸臨漳）	三四	前燕
西羌種	巴蠻	成（漢）	李雄	成都（四川省城）	四四	東晉
	氐	前秦	苻健—苻堅	長安	四四	後秦
		後涼	呂光	姑臧（甘肅武威）	一八	後秦
	羌	後秦	姚萇姚興	長安	三四	東晉
東胡種	鮮卑	前燕	慕容皝 慕容儁	初龍城（內蒙古土默特右翼） 遷鄴	三四	前秦
		後燕	慕容垂	中山（直隸定縣）	二六	北燕
		西燕	慕容沖	中山		
		南燕	慕容德	廣固（山東益都）	一三	東晉
		西秦	乞伏國仁	宛川（甘肅靖遠）	四七	夏
		南涼	禿髮烏孤	樂都（甘肅西寧）	一八	西秦
		後魏	拓跋珪			
漢種		前涼	張重華	姑臧	二八	前秦
		西涼	李暠	敦煌（甘肅敦煌）	二八	北涼
		北燕	馮跋	龍城	二八	後魏

五胡十六國興亡表第二

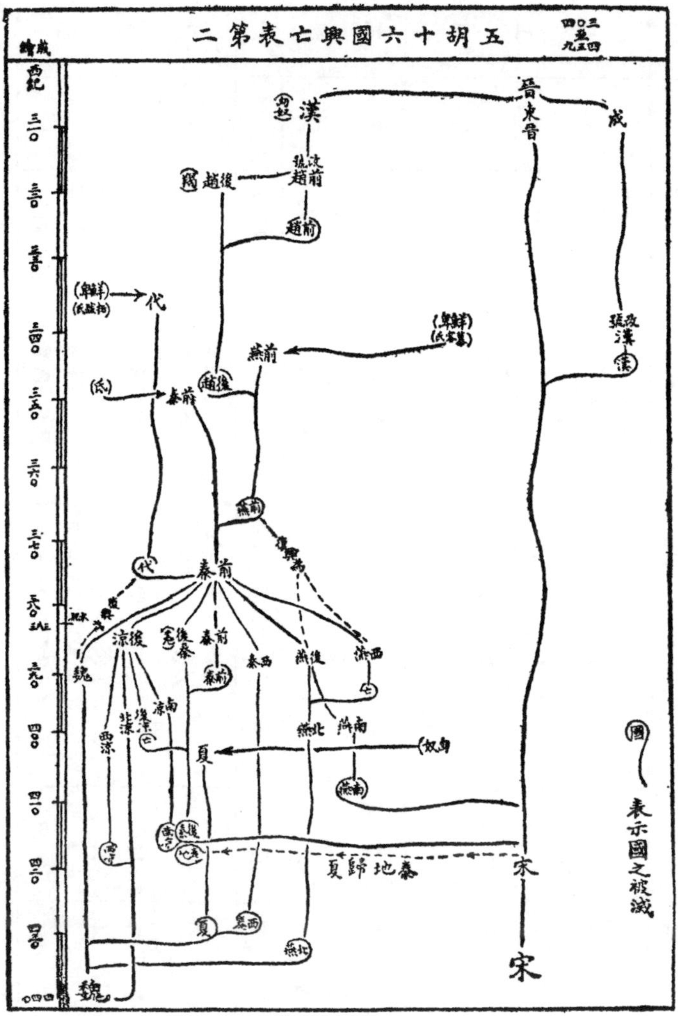

五胡十六國興亡表第二
西紀
漢
晉
東晉
成
前趙
後趙
代
前燕
前秦
後秦
後燕
後涼
西秦
南涼
北涼
西涼
南燕
北燕
夏
夏歸地秦
宋
魏
表示國之被滅

右第一表爲東人所編中國史籍所通有。我不過略加增修而已。第二表則我所自造。吾生平讀書最喜造表。頃著述中之中國佛教史。已造之表已二十餘。我造表所用之勞費。恆倍蓰什伯於著書。竊謂凡遇複雜之史蹟。以表馭之。什九皆可就範也。

天下古今從無同鑄一型的史蹟。讀史者於同中觀異。異中觀同。則往往得新理解焉。此春秋之敎所以貴「比事」也。同中觀異者。例如周末之戰國。與唐末之藩鎭。其四分五裂日尋干戈也同。其仍戴一守府之天子多歷年所也同。然而有大不同者。戰國蛻自封建。各有歷史深厚之國家組織。其統治者確爲當時之優秀階級。各國各爲充實的內部發展。其性質與近世歐洲列國近。故於歷史上文化貢獻甚大。藩鎭則蛻自蕃將降賊。統治者全屬下流階級。酷肖現代千夫所指之軍閥。故對於文化只有破壞更無貢獻。例如中世之五胡與近世之元淸。雖同爲外族蹂躪中夏。然而五胡之酋。皆久已雜居內地。半同化於吾族。彼輩蓋皆以一身或一家族——規模較大之家族。乘時倡亂。而裹脅中國多數莠民以張其勢。其性質與陳涉吳廣輩相去無幾。其中尤有受中國敎育極深之人。如劉淵苻堅等。其佐命者或爲中國傑出之才士。如張方王猛等。故雖雲擾鼎沸。而於中國社會根本精神。不生大變動。其惡影響所及。不過等於累朝季葉之擾亂。或稍加甚而已。元淸等不然。彼等本爲中國以外的一部落。漸次擴大。南向與中國爲敵國者多年。最後乃一舉而滅之。其性質純然爲外來征服的。與五胡之內亂割據的絕異。且五胡時代。中原雖淪。而江南無恙。吾族文化嫡系。迄未中斷。元淸不然。全中國隸彼統治之下百年或二三百年。彼熟知吾人恥憤之深。而力謀所以固位之術。故其摧殘吾國民性也。至陰險而狠毒。而吾族又更無與彼對立之統治機關。得以息肩而自庇。故元氣所傷實多。而先民美質日就彫落。又元淸兩代。其相同之點既如前述。然亦自有其相異之點。蒙古人始終不肯同化於中國人。又不願利用中國人以統治中國。故元代政治之好壞。中國人幾乎不能負責任。因此其控馭之術。不甚巧妙。其統治力不能持久。然因此之故。彼雖見擯出塞。猶能保持其特性至今不滅。滿洲入初時亦力求不同化。然而不能自持其固有之民族性。逐漸澌滅。至亡時殆一無復存。彼輩利用中國人統治中國之政策。始終一貫。其操術較巧妙。故其享祚較長久。然政權一墜。種性隨淪。今後世界上應更無復滿洲人矣。異中觀同者。例如北魏女眞皆僅割據中原。滿洲則統一全國。此其所異也。然皆入據後逐漸同化。馴至盡喪其民族以融入我族。此其所同也。而彼三族者皆同出東胡。吾儕因可以得一假說。謂東胡民族之被同化性較他民族爲多也。又如元代劇曲最發達。清代考證學最發達。兩者之方向可謂絕異。然其對於政治問題之冷淡則同。較諸漢唐宋明四代之士風截然矣。吾儕因此可得一假說。謂在異族統治之下。人民必憚談政治也。又如儒教佛教千餘年間軋轢不絕。其教理亦確多根本不同之處。然考其學發達之順序。則儒家當漢初專務抱殘守缺。傳經典之文句而已。後漢以降。經師成一家言者漸多。六朝隋唐則義疏解釋講授之風甚盛。入宋以後。便力求刊落糟粕。建設一種內觀的新哲學。佛家亦然。輸入初期專務翻譯。所譯率皆短篇經典。六朝隋唐則大部經論陸續譯成。佛徒多各專一經以名家。（如毗曇宗俱舍宗成實宗三論宗法華宗涅槃宗地論宗攝論宗等皆專宗一經或一論）而注疏解釋講授之風亦極盛。其後則漸漸自創新宗。（如天台賢首慈因諸宗）入宋以後。則不立文字之禪宗獨盛。而他宗殆皆廢。兩家學術之發展。並不相謀。然而所歷方向。乃恰如兩平行線。千餘年間相與駢進。吾儕必比而觀之。然後所謂時代精神者乃得見。凡此皆異中觀同之例也。

說明事實之原因結果。爲史家諸種職責中之最重要者。近世治斯學之人。多能言之。雖然。茲事未易言也。宇宙之因果律往往爲複的而非單的爲曲的而非直的爲隔的伏的而非連的顯的故得其眞也甚難自然界之現象且有然而歷史現象其尤甚也嚴格論之若欲以因果律絕對的適用於歷史或竟爲不可能的而且有害的亦未可知何則歷史爲人類心力所造成而人類心力之動乃極自由而不可方物心力既非物理的或數理的因果律所能完全支配則其所產生之歷史自亦與之同一性質今必强懸此律以馭歷史其道將有時而窮故曰不可能不可能而强應用之將反失歷史之眞相故曰有害也然則吾儕竟不談因果可乎曰斷斷不可不談因果則無量數繁賾變幻之史蹟不能尋出一系統而整理之術窮不談因果則無以爲鑑往知來之資而史學之目的消滅故吾儕常須以炯眼觀察因果關係但其所適用之因果律與自然科學之因果律不能向視耳。

請言自然科學與歷史之別。

其一。自然科學的事項常爲反復的完成的歷史事項反是常爲一度的不完成的。——自然科學常在必然的法則支配之下繰演再繰演同樣條件必產同樣結果且其性質皆屬於可以還元其研究對象之原子分子或生殖質皆屬完成的決定的歷史不然如吾前文所屢言天下從無同鑄一型的史蹟凡史蹟皆莊子所謂『新發于硎』未有繰演乎其舊者也不惟極活躍之西洋史節節翻新卽極凝滯之中國史前後亦未嘗相襲不寧惟是每一段史蹟殆皆在前進之半途中作若行若止之態常將其未竟之緒之一部分貽諸方來欲求如自然科學之截然表示一已完成之定形定態以供人研究者殆不可得故自然科學可以有萬人公認之純客觀的因果律而歷史蓋難言之矣。

其二。自然科學的事項常爲普偏的歷史事項反是常爲個性的。——自然科學的事項如二加二必爲四。

輕養二合必爲水。數學上無不同質之「二」。化學上無不同質之「輕」與「養」。故二加二之法則得應用於一切之四。輕養二合之法則得應用於一切之水。歷史不然。歷史由人類所造。人類只有一個孔子。更無第二個孔子。只有一個基督。更無第二個基督。拿破崙雖極力摹倣該撒。然拿破崙自是拿破崙不是該撒。吾儕不妨以明太祖比漢高祖。然不能謂吾知漢祖同時卽已知明祖。蓋歷史純爲個性發揮之製造品。而個性直可謂之無一從同。又不惟個人爲然耳。歷史上只有一個文藝復興時代。更無絕對與彼相同之第二個時代。世界上只有一個中華民族。更無絕對與我相同之第二個民族。凡成爲歷史事實之一單位者。無一不各有其個別之特性。此種個性。不惟數量上複雜不可僂指。且性質上亦幻變不可方物。而最奇異者。則合無量數互相矛盾的個性。互相分歧或反對的願望與努力。而在若有意若無意之間。乃各率其職以共赴一鵠。以組成此極廣大極複雜極緻密之「史網」。人類之不可思議。莫過是矣。史家之職責。則在此種極散漫極複雜的個性中而覷見其實體。描出其總相。然後因果之推驗乃可得施。此其所以爲難也。

其三。自然科學的事項。爲超時間空間的。歷史事項。反是。恆以時間空間關係爲主要基件。——二加二爲四。輕養二合爲水。億萬年前如是。億萬年後亦有然。中國如是。他國他洲有然。乃至他星球亦有然。歷史反是。某時代關係極重要之事項。移諸他時代或成爲絕無意義。不寧惟是。同一事件。早一年發生與遲一年發生。乃至早一日一刻發生與遲一日一刻發生。其價値可以相去懸絕。空間方面亦復如是。甲處所發生事件。假令以同型的——其無絕對同型的。不俟論——移諸乙處。其所取得歷史上之意義與價値。迥乎

不相侔質而言之史蹟之爲物必與『當時』『此地』之兩觀念相結合然後有評價之可言故史學推論的方式比諸自然科學益複雜而難理也

明乎此三異點始可以語於史界之因果矣

史界因果之劈頭一大問題則英雄造時勢耶時勢造英雄耶換言之則所謂『歷史爲少數偉大人物之產兒』『英雄傳卽歷史』者其說然耶否耶羅素曾言『一部世界史試將其中十餘人抽出恐局面或將全變』此論吾儕不能不認爲確含一部分眞理試思中國全部歷史如失一孔子失一秦始皇失一漢武帝……其局面當何如佛學界失一道安失一智顗失一玄奘失一慧能宋明思想界失一朱熹失一陸九淵失一王守仁淸代思想界失一顧炎武失一戴震其局面又當何如其他政治界文學界藝術界蓋莫不有然此等人得名之曰「歷史的人格者」何以謂之「歷史的人格者」則以當時此地所演生之一羣史實此等人實爲主動——最少亦一部分的主動——而其人面影之擴大幾於掩覆其社會也

文化愈低度則「歷史的人格者」之位置愈爲少數所壟斷愈進化則其數量愈擴大其在古代政治之汙隆繫於一帝王教學之興廢繫於一宗師則常以一人爲「歷史的人格者」及其漸進而重心移於少數階級或宗派則常以若干人之首領爲「歷史的人格者」及其益進而重心益擴於社會之各方面則常以大規模的團體之組織分子爲「歷史的人格者」例如波斯馬基頓羅馬帝國阿剌伯諸史之全舞臺幾爲各該時代二三英雄所獨占十九世紀歐洲諸國之歷史常以貴族或中等階級各派之十數首領爲主體今後之歷史殆將以大多數之勞動者或全民爲主體此其顯證也由此言之歷史的大勢可謂爲由首出的「人格者」以遞趨

於羣衆的「人格者」愈演進愈成爲「凡庸化」而英雄之權威愈減殺故「歷史即英雄傳」之觀念愈古代則愈適用愈近代則愈不適用也

雖然有兩義當注意焉（其一）所謂『首出的人格者』表面上雖若一切史蹟純爲彼一人或數人活動之結果然不能謂無多數人的意識在其背後實則此一人或數人之個性漸次浸入或鐫入於全社會而易其形與質社會多數人或爲積極的同感或爲消極的盲從而個人之特性寖假遂變爲當時此地之民衆特性——亦得名之曰集團性或時代性非有集團性或時代性之根柢而能表現出一史蹟未之前聞例如二千年來之中國最少可謂爲有一部分屬於孔子個性之集團化而戰國之政治界可謂爲商鞅個性之時代化晚明之思想界可謂爲王守仁個性之時代化也如是故謂「首出的人格者」能離羣衆而存在殆不可（其二）所謂「羣衆的人格者」論理上固爲羣中各分子各自個性發展之結果固宜各自以平等的方式表顯其個性然實際上其所表顯者已另爲一之集團性或時代性而與各自之個性非同物且尤必有所謂「領袖」者以指導其趨向執行其意思然後此羣衆人格乃得實現例如吾儕既承認彼信奉共產主義之人人爲一個合成的「人格者」則同時不能不承認馬克思之個人與此「人格者」之關係又不能不承認列寧之個人與此「人格者」之關係如是故謂「羣衆的人格者」能離首出者而存在殆亦不可

吾曷爲向研究歷史之人曉曉陳此義耶吾以爲歷史之一大祕密乃在一個人之個性何以能擴充爲一時代一集團之共性與夫一時代一集團之共性何以能寄現於一個人之個性申言之則有所謂民族心理或社會心理者其物實爲個人心理之擴大化合品而復借個人之行動以爲之表現史家最要之職務在覷出此社會

心理之實體。觀其若何而蘊積。若何而發動。若何而變化。而更精察夫個人心理之所以作成之表出之者。其道何由。能致力於此。則史的因果之祕密藏。其可以略覩矣。

歐美自近世以來民衆意識亢進。故社會心理之表現於史者甚鮮明。而史家之覷出之也較易。雖然。亦由彼中史學革新之結果。治史者能專注重此點。其間接促起民衆意識之自覺力。抑非細也。中國過去之史。無論政治界思想界。皆爲獨裁式。所謂積極的民衆意識者甚缺乏。無庸諱言。治史者常以少數大人物爲全史骨幹。亦屬不得已之事。但有一義須常目在之者。無論何種政治何種思想。皆建設在當時此地之社會心理的基礎之上。而所謂大人物之言動。必與此社會心理發生因果關係者。始能成爲史蹟。大人物之言動。非以其個人的資格而有價值。乃以其爲一階級或一黨派一民族之一員的資格而有價值耳。

所謂大人物者。不問其爲善人惡人。其所作事業爲功爲罪。要之其人總爲當時此地一社會。——最少該社會中一有力之階級或黨派——中之最能深入社會閫奧而與該社會中人人之心理最易互相了解者。如是。故其暗示反射之感應作用極緊張而迅速。例如曾國藩確能深入咸同間士大夫社會之閫奧。而最適於與此輩心理起感應作用。袁世凱確能深入清季官僚武人社會之閫奧。而最適於與彼輩心理起感應作用。而其效果收穫之豐嗇。一方面視各該社會憑藉之根柢何如。一方面又視所謂大人物者心理亢進之程度何如。據事實所昭示。則曾國藩之收穫。乃遠不逮袁世凱。袁世凱能於革命之後。將其所屬之腐惡垂死的舊社會擴大之幾於掩覆全國。曾國藩事業之範圍愈大。而其所屬之賢士大夫的社會。其領土乃反日蹙也。此其故固由近六十年間之中國。其環境宜於養育袁世凱的社會。不宜於養育曾國藩的社會。兩者所憑藉之勢。優劣懸殊。然而袁世凱執著力之強始終以一貫精神絕無反顧效死以扶植其所屬之惡社會此種積極的心理殆非曾國藩所能及也然則豈惟如羅素言『將歷史上若干人物抽出卽局面將大變』而已此若干人者心理之動進稍易其軌而全部歷史可以改觀恐不惟獨裁式的社會爲然卽德謨克拉西式的社會亦未始不然也

社會倘永爲一種勢力——一種心理之所支配則將成爲靜的殭的而無復歷史之可言然而社會斷非爾爾（其一）由人類心理之本身有突變的可能性心理之發動極自由不可方物無論若何固定之社會殊不能預料或制限其中之任何時任何人忽然起一奇異之感想此感想一度爆發視其人心力之強度如何可以蔓延及於全社會（其二）由於環境之本質爲蕃變的而人類不能不求與之順應無論若何固定之社會其內界之物質的基件終不能不有所蛻變變焉而影響遂必波及於心理卽內界不變或所變甚微不足以生影響然而外來之侵迫或突襲亦時所難免有之而內部之反應作用遂不得不起凡史蹟所以日孳而日新皆此之由而社會組成分子較複雜及傳統的權威較脆弱者則其突變的可能性較大其社會內部物質的供給較艱嗇且與他社會接觸之機緣較多者則其環境之變遷較劇且繁過去之中國史不能如西洋史之巘原層疊波瀾壯闊其所積者不同其所受者亦不同也

史蹟所以詭異而不易測斷者（其一）人類心理時或潛伏以待再現凡衆生所造業一如物理學上物質不滅之原則每有所造輒留一不可拂拭之痕跡以詒諸後但有時爲他種勢力所遮抑其跡全隱淺見者謂爲已滅不知其乃在磅礴鬱積中一遇機緣則勃發而不能復制若明季排滿之心理潛伏二百餘年而盡情發露斯其顯例也（其二）心的運動其速率本非物的運動所能比擬故人類之理想及欲望常爲自然界所制限倘

使心的經過之對於時間的關係．純與物的經過同一．則人類征服自然．可純依普通之力學法則以行之．惟其不能．故人類常感環境之變化．不能與己之性質相適應．對於環境之不滿足．遂永無了期．歷史長在此種心物交戰的狀態中．次第發展．而兩力之消長．絕無必然的法則以爲之支配．故歷史上進步的事象．什九皆含有革命性．而革命前革命中革命後之史蹟．皆最難律以常軌．結果與預定的計畫相反者．往往而有．然不能因其相反．遂指爲計畫之失敗．最近民國十年間之歷史．卽其切例也．（其三）人事之關係既複雜．而人心之動發又極自由．故往往有動機極小而結果極大者．更有結果完全與動機分離．而別進展於一方向者．一奧儲之被刺．乃引起全世界五年之大戰爭．並中國而亦牽率焉．誰能料者．中世方士之點金幻想．乃能引起近世極嚴密的化學之進步．誰能料者．瓦特發明蒸汽．乃竟產育現代貧富階級之鬬爭．誰能料者．苻堅欲勤遠略．遣呂光滅龜茲．光師未班．而堅已亡．然而光以鳩摩羅什至長安．中國佛教思想之確立．自茲始也．明成祖疑建文遜於南荒．遣鄭和入海求之．無所得而歸．然而和率閩粵子弟南征．中國人始知有南洋羣島．海外殖民．自茲始也．苻堅之動機．曷嘗有絲毫爲佛教．成祖之動機．曷嘗有絲毫爲殖民．動機極狹劣．顧乃產出與動機絕不相謀之偉大崇高的結果．可謂大奇．然而何奇之有．使六朝時之中國國民無傳受佛教的可能性．明代中國國民無移殖海外的可能性．則決非一羅什一鄭和所能强致．既有可能性．則隨時可以發動．而引而致之．必藉外緣．其可能性．則史家所能逆覩．其外緣．則非史家所能逆覩也．

以上所述諸義．吾認爲談歷史因果者先當注意及之．吾甚惜本講義時間匆足．不能盡吾言．且多爲片段的思想．未經整理．吾所講姑止於此．今當概括前旨．略加補苴．示治史者研究因果之態度及其程序．

第一　當畫出一「史蹟集團」以爲研究範圍。——史蹟集團之名。吾所自創。與一段之「紀事本末」意義略相近。（本末僅函時間觀念集團兼函空間觀念但此名似仍未妥容更訂定）以嚴格論。史蹟本爲不可分的不可斷的。但有時非斷之分之。則研究無所得施。故當如治天體學者畫出某躔度某星座。如治地理學者畫出某高原某平原某流域。凡以爲研究之方便而已。例如法國大革命一集團也。一九一四至一九一九年之世界大戰一集團也。範圍廣者。如全世界勞工階級對資產階級之鬬爭史可以畫爲一集團。範圍狹者。如愛爾蘭區區小島之獨立史可以畫爲一集團。歷時久者。如二千年前中華民族對匈奴交涉始末可以畫爲一集團。歷時暫者。如一年間洪憲盜國始末可以畫爲一集團。集團之若何區畫。治史者儘可自由。但有當注意者二事。其一。每集團之函量須較廣較複。分觀之最少可以覷出一時代間社會一部分之動相。其二。各集團之總和須周徧。合觀之。則各時代全社會之動相皆見也。

第二　集團分子之整理與集團實體之把捉。——所謂「集團分子」者。卽組成此史蹟集團之各種史料也。蒐輯宜求備。鑑別宜求眞。其方法則前章言之矣。既備且眞。而或去或取與夫敍述之詳略輕重。又當注意焉。否則殽然雜陳。不能成一組織體也。所謂「集團實體」者。此一羣史蹟合之成爲一個生命。——活的。整個的。治史者須將此「整個而活」的全體相攝取於吾心目中。然茲事至不易。除分析研究外。蓋尙有待於直覺也。

第三　常注意集團外之關係。——以不可分不可斷之史蹟。爲研究方便而强畫爲集團。原屬不得已之事。此一羣史蹟不能與他羣史蹟脫離關係而獨自存在。亦猶全社會中此一羣人常與他羣人相依爲命也。

故欲明一史蹟集團之眞相，不能不常運眼光於集團以外，所謂集團外者，有時間線之外，例如「五胡亂華」之一史蹟集團，其時間自然當以晉代爲制限，然非知有漢時之保塞匈奴，魏時之三輔徙羌，則全無由見其來歷，此集團外之事也。有空間線之外，例如「辛亥革命」之一史蹟集團，其空間自當以中國爲制限，然非知歐美日本近數十年學說制度變遷之概略，及其所予中國人以刺激，則茲役之全相終不可得見，此又集團外之事也。其他各局部之事象，殆無不交光互影，例如政治與哲學，若甚緣遠，然研究一時代之政治史，不容忘卻當時此地之哲學思想，美術與經濟，若甚緣遠，然研究一時代之美術史，不容忘卻當時此地之經濟狀況，此皆集團以外之事也。

第四　認取各該史蹟集團之「人格者」——每一集團，必有其「人格者」以爲之骨幹，此「人格者」或爲一人，或爲數人，或爲大多數人，例如法蘭西帝國時代史，則拿破侖爲唯一之「人格者」，普奧普法戰史，則俾斯麥等數人爲其「人格者」，至如此次世界大戰，則不能以「人格者」專屬於某某數人，而各國之大多數國民，實共爲其「人格者」也。然亦自有分別，倘再將此世界戰史之大集團析爲若干小集團，則在德國發難史之一小集團中，可以認威廉第二爲其「人格者」，在希臘參戰史之一小集團中，可以認威尼柴羅爲其「人格者」，在巴黎議和史一小集團中，可以認克里曼梭勞特佐治威爾遜爲其「人格者」也。辛亥革命史，以多數之革命黨人立憲黨人共爲其「人格者」，民國十年來政治史，則袁世凱殆可認爲唯一之「人格者」也。凡史蹟皆多數人共動之產物，固無待言，然其中要有主動被動之別，立於主動地位者，則該史蹟之「人格者」也。辛亥革命，多數黨人爲主動，而黎元洪袁世凱不過被動

故彼二人非「人格者」十年來之民國袁世凱及其游魂爲主動凡多數助袁敵袁者皆被動故袁實其「人格者」也

第五 精研一史蹟之心的基件——曷爲每一史蹟必須認取其「人格者」耶凡史蹟皆人類心理所構成非深入心理之奧以洞察其動態則眞相末由見也而每一史蹟之構成心理恆以彼之「人格者」爲其聚光點故研究彼「人格者」之素性及其臨時之衝動斷制而全史蹟之筋脈乃活現此種研究法若認定彼「人格者」爲一人或數人則宜深注意於其個人的特性因彼之特性非惟影響於彼個人之私生活而實影響於多數人之公生活例如凡賽條約論者或謂可以爲將來世界再戰之火種而此條約之鑄一大錯則克里曼梭勞特佐治威爾遜三人之性格及頭腦最少亦當爲其原因之一部故此三人特性之表現其影響乃及於將來世界也又如袁世凱倘使其性格稍正直或稍庸懦則十年來之民國局面或全異於今日亦未可知故袁世凱之特性關係於其個人運命者猶小關係於中國人運命者甚大也史家研究此類心理最要者爲研究其吸射力之根源其在聖賢豪傑則觀其德量之最大感化性或其情熱之最大摩盪性其在元兇巨猾則觀其權術之最大控弄性或觀其魔惡之最大誘染性從此處看得眞切則此一團史蹟之把鼻可以捉得矣

其在「多數的人格者」之時吾儕名之曰民族人格或階級人格黨派人格吾儕宜將彼全民族全階級全黨派看作一個人以觀察其心理此種「人格者」以其意識之覺醒覘其人格之存在以其組織之確立覘其人格之長成以其運動之奮迅覘其人格之擴大以其運動之衰息組織之渙散意識之沈睡覘其

人格之萎病或死亡。愛爾蘭人成一民族的人格。猶太人未能。猶太人民族建國的意識不一致也。歐美勞工。成一階級的人格。中國未能。中國勞工並未有階級意識也。中國十年來所謂政黨。全不能發現其黨派的人格。以其無組織且無運動也。治西洋史者常以研究此類集團人格的心理為第一義。其在中國。不過從半明半昧的意識中。偶覩其人格的胎影而已。

研究史之心的基件。則正負兩面皆當注意。凡「人格者」無論為個人為集團。其能演成史蹟者。必其人格活動之擴大也。其所以能擴大之故。有正有負。所謂正者。活動力昂進。能使從前多數反對者或懷疑者之心理。皆翕合於我心理。在歐美近代。無論政治上宗教上學藝上。隨處皆見此力之彌滿。其在中國。則六朝唐之佛教運動最其顯列。次則韓歐等之古文學運動。宋明兩代之理學運動。清代之樸學運動。及最近之新文化運動。皆含此意。惟政治上極闕如。清末曾國藩胡林翼等略近之。然所成就殊少。現代所謂政黨。其方向則全未循此以行也。所謂負者。利用多數人消極苟安的心理。以圖自己之擴大。表面上極似全國心理翕聚於此一點。實則其心理在睡眠狀態中耳。中國二千年政治界之偉物。大率活動於此種心理狀態之上。此實國民心理之病徵也。雖然。治史者不能不深注意焉。蓋中國史蹟之所以成立。大半由是也。

第六　精研一史蹟之物的基件。——物的基件者。如吾前所言『物的運動不能與心的運動同其速率』。倘史蹟能離卻物的制約而單獨進行。則所謂「烏託邦」「華藏世界」者。或當早已成立。然而在勢不能爾。爾故心的進展時。或被物的勢力所堵截而折回。或為所牽率而入於其所不豫期之歧路。直待漸達心物相應的境界。然後此史蹟乃成熟。物者何。謂與心對待的環境。詳言之則自然界之狀況以及累代遺傳成爲固形的之風俗法律與夫政治現象經濟現象乃至他社會之物的心的抵抗力皆是也非攻寢兵之理想中外賢哲倡之數千年曷爲而始終不得實現辛亥革命本懸擬一「德謨克拉西」的政治以爲鵠曷爲十年以來適得其反歐洲之社會主義本濫觴於百年以前曷爲直至歐戰前後乃始驟盛物的基件限之也假使今之日本移至百年以前必能如其所欲效滿洲之入主中國假使袁世凱生在千數百年前必能如其所欲效曹操司馬懿之有天下然而皆不能者物的基件限之也吾前屢言矣『凡史蹟皆以「當時」「此地」之兩觀念而存在』故同一之心的活動易時易地而全異其價值治史者不可不深察也

第七 量度心物兩方面可能性之極限——史之開拓不外人類自改變其環境質言之則心對於物之征服也心之征服的可能性有極限耶物之被征服的可能性有極限耶通無窮的宇宙爲一歷史則此極限可謂之無若立於「當時」「此地」的觀點上則兩者俱有極限明矣在雙極限之內則以心的奮進程度與物的障礙程度强弱比較判歷史前途之歧向例如今日中國政治若從障礙力方面欲至於恢復帝制此其不可能者也若從奮進力方面欲立變爲美國的德謨克拉西亦其不可能者也障礙力方面之極限則可以使惰氣日積舉國呻吟憔悴歷百數十年甚者招外人之監督統治奮進力方面之極限則可以使社會少數優秀者覺醒克服袁世凱之遊魂在「半保育的」政策之下歷若干年成立多數政治史家對於將來之豫測可以在此兩可能性之大極限中推論其果報之極限而予國民以一種暗示喚醒其意識而使知所擇則良史之責也

第八 觀察所緣。——有可能性謂之因使此可能性觸發者謂之緣以世界大戰之一史團而論軍國主義之猖獗商場競爭之酷劇外交上同盟協商之對抗……等等皆使大戰有可能性所謂因也奧儲被刺破壞比利時中立潛艇無制限戰略……等等能使此可能性爆發或擴大所謂緣也以辛亥革命之一史團而論國人種族觀念之鬱積晚清政治之腐惡及威信之失墜新思潮之輸入……等等皆使革命有可能性所謂因也鐵路國有政策之高壓瑞澂之逃遁袁世凱之起用能使此可能性爆發或擴大所謂緣也因爲史家所能測知者緣爲史家所不能測知者治史者萬不容誤緣爲因然無緣則史蹟不能現故以觀所緣終焉。

果因之義晰言之當云因緣果報一史蹟之因緣果報恆複雜幻變至不可思議非深察而密勘之則推論鮮有不謬誤者今試取義和團事件爲例供研究者參考焉。

義和團事件之起根於歷史上遺傳之兩種心理其一則排外的心理此種心理出於國民之自大性及自衞性原屬人類所同然惟中國則已成爲畸形的發達千年以來科舉策論家之尊王攘夷論純然爲虛憍的非邏輯的故無意識且不徹底的排外形成國民性之一部其二則迷信的心理因科學思想缺乏之故種種迷信支配民心之勢力甚大而野心家常利用之以倡亂自漢末之五斗米道以迄明清間白蓮教匪等其根株蟠積於愚民社會間者甚厚乘間輒發此兩種心理實使義和團有隨時爆發的可能性此「因」之在心的方面者也。

雖有此兩種心理其性質完全爲潛伏的苟環境不宜於彼之發育彼亦終無由自遂然而清季之環境實有

以滋釀之其一則外力之壓迫自雅片戰爭以後覯閔既多受侮不少其中天主敎會在內地專橫尤予一般人民以莫大之積憤其二則政綱之廢弛自洪楊構亂以後表面上雖大難削平實際上仍伏莽徧地至光緒間而老成凋謝朝無重臣國事旣專決於一陰鷙之婦人而更無人能匡救其失在此兩種環境之下實使義和團有當時爆發的可能性此「因」之在境的方面者也

因雖夙具然非衆緣湊泊則事實不能現所謂緣者有親緣（直接緣）有間緣（間接緣）義和團之親緣有二其一則社會革新運動之失敗其二則宮廷陰謀之反撥也此二者又各有其複雜之間緣社會革新運動自有其心理上之可能性茲不多述其所以覺醒而督促之者則尤在外交壓迫之新形勢其一爲日本新著手之大陸政策其二爲俄國積年傳來之東侵政策其三爲德國遠東發展政策（此政策復含兩種意味一德國自己發展二德國誘助俄國東侵冀促成日俄之戰或英俄之戰以減殺俄法同盟勢力緩和歐洲形勢）以此三種外緣故甲午戰敗日本據遼三國干涉還遼而膠州旅順威海之租借隨之瓜分之局咄咄逼人於是變法自强之論驟興於民間而其動力遂及德宗無端與清室宮廷問題發生聯帶關係宮廷問題其間緣亦至複雜其一清穆宗無子德宗以支庶入繼且有爲穆宗立後之約其二孝欽后臨朝已二十餘年新歸政於德宗德宗旣非所生而思想復與彼不相容母子之間猜嫌日積如是內外新故諸緣湊合遂有戊戌政變之役戊戌政變爲義和團之親緣而上列諸種事實則其間緣也

親緣之中復有主緣有助緣戊戌政變爲義和團唯一之主緣固也然政變之波瀾曷爲一轉再轉以至於仇外耶其一因康有爲梁啓超等亡命外國清廷不解國際法上保護政治犯之先例誤認維新派人以外國爲

後盾。其二因政變而謀廢立。（立端王之子溥儁為大阿哥）外國公使紛起質問。志不得逞。積怒益深。其三。連年曹州兗州沂州易州等教案。鄉民與天主教徒構怨益劇。得此等助緣。而義和團遂起。

因緣和合。「果」斯生焉。此一羣史蹟之正果可分數段。一山東直隸團匪之私自組織及蠢動。二兩省長官之縱容及獎厲。三北京王大臣之附和。四甘軍（董福祥）之加入。五孝欽后以明諭為之主持。軍匪混化。對全世界宣戰。六前後戕殺教徒及外國人數千。七戕殺德國公使及日本使館館員。八毀京津鐵路。圍攻使館。此一幕滑稽劇。在人類史全體中。不得不認為一種極奇特的病態。以易時易地之人觀測之。幾疑其現實之萬不可能。然吾儕試從心境兩面精密研究。則確能見其因緣所生。歷歷不爽。其在心的方面。苟非民族性有偏畸之點。則不能涵淹卵育此種怪思想。故對於民族性之總根柢。首當研究者一也。拳匪為發難之主體。而彼輩實為歷史上之一種祕密社會。故對於此種特別社會。察其羣衆心理。考其何以能發生能擴大。此次當研究者二也。發難雖由拳匪。而附和之者實由當時所謂士大夫階級。此階級中僉壬雖多。而賢者亦非絕無。曷為能形成一種階級心理。在此問題之下一致行動。此次當研究者三也。孝欽后為全劇之主人翁。非深察其人之特別性格及其當時心理之特別動態。則事象之源泉不可得見。此次當研究者四也。其在境的方面。非專制政治之下。此種怪象末由發生。此數千年因襲之政體。次當研究者五也。有英明之君主或威重寡譖之大臣。則禍亦可以不起。此當時之政象。次當研究者六也。非有維新派之銳進。不能召此反動。維新派若能在社會上確占勢力。則反動亦不能起。此對面抵抗力之有無強弱。次當研究者七也。非國外周遭形勢如前文所云云。則亦不至煎迫以成此舉。此世界政局之潮流。次當研究者八也。經過此八方面之研究。則義和團

一段史蹟何故能於「當時」「此地」發生可以大明

有果必有報義和團所得業報如下一八國聯軍入京兩宮蒙塵二東南各督撫聯約自保宣告中立三俄軍特別行動占領東三省四締結辛丑條約賠款四百五十兆且承認種種苛酷條件五德宗不廢但政權仍在孝欽六孝欽迎合潮流舉行當時所謂新政如練兵興學等事此義和團直接業報之要點也由直接業報復產出間接業報以次演成今日之局

就理論上言之義和團所產業報有三種可能性其一各國瓜分中國或共同管理其二漢人自起革命建設新政府其三清廷大覺悟厲行改革然事實上皆以種種條件之限制不能辦到其第一種以當時中國人抵抗力之缺乏故有可能性然各國力量不及且意見不一致故不可能其第二種以人民厭惡滿洲既久且列國渴望得一新政府與之交涉故有可能性然民間革命黨無組織無勢力其有力之封疆大吏又絕無此種心理故不可能其第三種因前兩種既不能辦到而經此創鉅痛深之後副人民望治之心其勢甚順故有可能性然孝欽及清廷諸臣皆非其人故不可能治史者試先立一可能性之極限而觀其所以不能之由則於推論之術思過半矣

因緣生果果復爲因此事理當然之程序也義和團直接業報更間接產種種之果就對外關係論第一八國聯軍雖撤退而東三省之俄軍遷延不撤卒因此引起日俄戰爭致朝鮮完全滅亡而日本在南滿取得今日之特殊地位第二當匪勢正熾時日本藉端與我國深相結納首由英提議勸日本就近出重兵是爲英日接近之第一步其後英國爲應付俄軍起見議結所謂中俄密約者雖未成立然反因此促英日同盟之出現而

此英日同盟遂被利用於此次歐洲大戰使日本國際地位昂進而目前關係國命之山東問題即從此起第三重要之中央財源如海關稅等悉供償債之用因此各外國銀行攫得我國庫權之一部分遂啓後此銀行團操縱全國金融之端緒此其犖犖大者也就內政關係論第一排外的反動一變爲媚外將國民自尊自重之元氣斲喪殆盡此爲心理上所得最大之惡影響第二經此次劇烈的激刺社會優秀分子漸從守舊頑夢中得解放以次努力求取得「世界人」「現代人」的資格此爲心理上所得最大的良影響此兩種影響乃從國民性根柢上加以搖動此兩歧路之發展的可能性皆極大在今日殊未能測其變化之所屆第三東南互保爲地方對中央獨立開一先例此後封疆權力愈重尾大不掉故辛亥革命起於地方而中央瓦解此趨勢直至今日而愈演愈劇第四袁世凱即以東南互保中之一要人漸取得封疆領袖的資格（直隸總督北洋大臣）蓄養其勢力取清室而代之第五回鑾後以媚外故而行敷衍門面的新政一方面自暴白其前此之愚迷及罪惡增人輕蔑一方面表示其無誠意的態度令人絕望第六此種敷衍的新政在清廷固無誠意然國人觀聽已爲之一變就中留學生數目激增尤爲國民覺醒最有力之一媒介海外學校遂變爲革命之策源地第七新政之最積極進行者爲練兵而所謂新軍者遂爲革命派所利用爲袁世凱所利用卒以覆清祚第八以大賠款及舉辦新政之故財政日益竭蹶專謀藉外債以爲挹注其後卒以鐵路大借款爲革命之直接導火線右所舉第三項至第八項皆爲義和團業報所演同時即爲辛亥革命之親緣或間緣於是而一「史蹟集團」遂告終焉。

吾不憚繁重詳舉此例將借一最近之史蹟其資料比較的豐富且確實者示吾儕運用思想推求因果所當遵

之趨複爲何如。此區區一史蹟。其活動時間。不過半年。其活動地域。不過數百里。而欲說明其因緣果報之關係。其廣遠複雜乃至如是。學者舉一反三。則於鑑往知來之術。雖不中不遠矣。

參看文集中研究文化史的幾個重要問題（對於舊著中國歷史研究法之修補及修正）

中國歷史研究法（補編）

目錄

中國歷史研究法(補編)

梁任公講

緒論

此次所講的歷史研究法。與幾年前所講的歷史研究法迥然不同。一則因爲本人性情。已經講過的東西不願再講。再則用舊的著作做講演稿。有甚麼意思。諸君不要以爲此次所講的。就是前次講過的。我那舊作中國歷史研究法。祇可供參考而已。此次講演實爲舊作的一種補充。凡中國歷史研究法書中已經說過的。此次都不詳細再講。所以本篇可名之爲補中國歷史研究法。或廣中國歷史研究法。

本演講全部組織。可以分爲「總論」「分論」兩部。總論注重理論的說明。分論注重專史的研究。其宗旨在使有研究歷史興味的人。對於各種專史知道應該研究。幷且知道如何研究。舊作所述。極爲簡單。不過說明一部通史應如何作法而已。此次講演。較爲詳細。偏重研究專史如何下手。因爲作通史。本不是一件容易的事情。專史沒有做好。通史更做不好。若是各人各做專史的一部分。大家合起來。便成一部頂好的通史了。此次講演。既然注重專史。所以又可叫做各種專史研究法。總論的部分。因爲是補充中國歷史研究法所不足。所以很零亂。沒有甚麼系統。分論的部分。因爲注重各種專史的作法。所以較複雜。更豐富。其內容又可分爲五項。等。

(一)人的專史　即舊史的傳記體。年譜體。專以一個人爲主。例如孔子傳。玄奘傳。曾國藩年譜等。

(二)事的專史　即舊史的記事本末體。專以重大事情爲主。例如晚明流寇。復社本末。洪楊之亂。辛亥革命等。

(三)文物的專史　即舊史的書志體。專以文物典章社會狀況爲主。如我去年在本校（清華）所講文化史即屬此項性質。此在專史中最爲重要。

(四)地方的專史　即舊史之方志體。因中國幅員太廣。各地發展之經過多所懸殊。舊史專以帝都所在爲中心。實不能提挈全部文化之眞相。所以應該分爲若干區域。以觀其各時代發達之跡。其邊地如滇黔西域關東……等。尤當特別研究。

(五)斷代的專史　即舊史的斷代史體。專以一個時代爲主。但不必以一姓興亡畫分。例如春秋史。戰國史。晚唐藩鎭及五代十國史。宋遼金夏時代史等。

雖然專史並不祇此五種。然粗略分類。所有專史大都可以包括了。例如人的傳記。一人如何做。多人如何做。年譜如何做。又如事的本末。戰爭如何做。變革如何做。興亡如何做。其他文物的考據。斷代的劃分。應該如何。這類問題。以後每次講一項。仔細研究。具體討論。每項舉一個例。將各種專史的做法。分門別類。講演一番。於諸君日後自己研究上。或者較有益處。

總論之部。計分三章。其目如下。

第一章　史之目的

第二章　史家之四長

第三章　四種專史概論

此三章。不倫不類。沒有甚麼系統與組織。其原因。一則因爲有許多方法。奮作已經講過。此外不必細述。再則因爲此次講演。專重專史的研究。那些空空洞洞的理論也沒有。細說的必要。這樣一來。所以總論三章不得不極其簡略了。

總論

第一章 史的目的

無論研究何種學問都要有目的。甚麼是歷史的目的。簡單一句話歷史的目的在將過去的眞事實予以新意義或新價值以供現代人活動之資鑑。假如不是有此種目的。則過去的歷史如此之多。已經足夠了。在中國他種書籍尙不敢說。若說歷史書籍。除二十四史以外。還有九通及九種記事本末等。眞是汗牛充棟。吾人做新歷史而無新目的。大大可以不作。歷史所以要常常去研究。歷史所以值得研究。就是因爲要不斷的予以新意義及新價值以供吾人活動的資鑑。譬如電影。由許多呆板的影片湊合成一個活動的電影。一定有他的意義及價值。合攏看是活的。分開看是死的。吾人將許多死的影片組織好。通上電流。使之活動。活動的結果。就是使人感動。研究歷史也同做電影一樣。吾人將許多死的事實組織好。予以意義及價值。使之活動。活動的結果。就是供給現代人應用。再把這個目的分段。細細解釋。必定要先有眞事實。纔能說到意義。有意義纔能說到價值。有意義及價值纔可說到活動。

甲 求得眞事實

(一)鉤沉法　想要求得眞事實。有五種用功的方法。已經沉沒了的實事。應該重新尋出。此類事實。愈古愈多。譬如歐洲當中世紀的時候。做羅馬史的人。專靠書本上的記載。所以記載的事情。有許多靠不住的。後來羅馬邦渒等處發現很多古代的遺蹟實物。然後羅馬史的眞相纔能逐漸明白。此類事實。不專限於古代。即在近代亦有許多事實沒去了。要把他鈎出來。例子亦很不少。如俾士麥死了以後。他的日記纔流傳出來。那日記上面所記的與前此各種記錄所傳的大不相同。於是當時歷史上歐洲諸國的關係。因而有許多改觀的地方。此種例子。在中國尤其繁多。在光緒二十六七年間。有一次德皇威廉第二發起組織中俄德聯盟。相傳結有密約。關於歐洲方面的史料。雖略有發現。關於中國方面的史料。一點也沒有。要知道這件事的眞相。非設法問當時的當事人不可。慈禧太后死了。慶親王奕劻當時掌握朝政。想來很瞭然。可惜沒有法子去問。此外孫寶琦當時爲駐德公使。在理應該清楚。但他並沒有記載下來。若不趁這時問個明白。此項史料便如沉落大海了。我們若把他鈎起來。豈非最有趣味最關緊要的事情。

(二)正誤法　有許多事實。從前人記錯了。我們不特不可盲從。而且應當改正。此類事實。古代史固然不少。近代史尤甚多。比如現在京漢路上的戰爭。北京報上所載的。就完全不是事實。吾人研究近代史。若把所有報紙所有官電。逐日仔細批閱抄錄。用功可謂極勤。但結果毫無用處。在今日尚如此。在古代亦是一樣。而且還要錯誤得更利害些。

以上兩種方法。在中國歷史研究法上講得很詳。此處用不着細說了。其實吾人研究歷史。不單在做麻煩工作及蒐難得資料。有許多資料並不難覓。工作亦不麻煩的題目。吾人尤其應該注意。近人考據。喜歡專門研究一個難題。這種精神固然可取。但專門考校。尚非主要工作。沒有問題的資料。應當如何整理。極其平常的工作。應當如何進行。實爲重要問題。上述二項。講的是含有特別性的事實的處理方法。下面三項。專講含有普通性的事實的處理方法。

(三)新注意　有許多向來史家不大注意的材料，我們應當特別注意它。例如詩歌的搜集，故事的採訪，可因以獲得許多帶歷史成分的材料，前人不甚注意，現在北京大學有人在那裏研究了。還有許多普通現象，普通事務，極有研究的價值的。例如用統計的方法研究任何史料，都可有發明。從地理上的分配及年代的分配，考求某種現象在何代或何地最為發達，也就是其中的一種。又如西域的文化，從前人看得很輕，普通提到甘肅新疆，常與一般蠻夷平等看待，以為絕對沒有甚麼文化。但據最近的研究，——尤其是法國人德國人的研究——發見西域地方在古代不特文化很高，而且與中國本部有密切的關係，許多西方文化皆從西域輸入。此外有許多小事情，前人不注意，看不出他的重要，若是我們予以一種新解釋，立刻便重要起來。往往因為眼前問題引出很遠的問題，因為小的範圍擴張到大的範圍。我們研究歷史，要將注意力集中，要另具隻眼，把歷史上平常人所不注意的事情，作為發端，追根研究下去，可以引出許多新事實，尋得許多新意義。

(四)搜集排比法　有許多歷史上的事情，原來是一件件的分開着，看不出什麼道理，若是一件件的排比起來，意義就很大了。例如掃帚草是一株極平常的植物，栽花栽到掃帚草，一點也不值得注意。但是若把它排成行列，植成文字，那就很好看了。所謂『屬辭比事，春秋之教』，正是這個意思。我們研究歷史，要把許多似乎很不要緊的事情聯合起來，加以研究。又如中國人過節，是一件極普通的事情，一年之中要過許多的節，單過中秋，覺得沒有甚麼意義；若把端午七夕中秋重陽等節排比起來，加以比較，然後研究為甚麼要過節，過節如何過法，就可以從這裏邊看出許多重要的意義，或者是紀念前哲，或者娛樂自己，國民心理的一部份，胥可由此看出．諸如此類的事實很多．散落零亂時．似無價值．一經搜集排比．意義便極其重大．所以歷史家的責任．就在會搜集．會排比．

（五）聯絡法　第四種方法可以適用於同時的材料．第五種方法可以適用於先後的材料．許多歷史上的事情．順看平看似無意義．亦沒有甚麼結果．但是細細的把長時間的歷史通盤聯絡起來．就有意義．有結果了．比如晚明時代許多士大夫排斥滿清．或死或亡．不與合作．看去似很消極．死者自死．亡者自亡．滿清仍然做他的皇帝．而且做得很好．這種死亡．豈不是白死亡了嗎．這種不合作．豈不是毫無意義嗎．若把全部歷史綜合來看．自明室衰亡看起．至辛亥革命止．原因結果極明白了．意義價值亦很顯然．假如沒有晚明那些學者義士仗節不辱．把民族精神喚起．那末辛亥革命能否產生．還是問題呢．歷史上有許多事情是這樣．若是不聯絡看．沒有甚麼意義可言．假如仔細研究．關係極其重要．

上述對於事實的五種用功方法．若研究過去事實．此五種方法都有用．或全用．或用一二種．不等．以下再講予以新意義及新價值．

乙　予以新意義

所謂予以新意義．有幾種解釋．或者從前的活動．本來很有意義．後人沒有覺察出來．須得把它從新復活．所謂『發潛闡幽』．就是這個意思．或者從前的活動．被後人看錯了．須得把它從新改正．此種工作．亦極重要．前一項例子比較的少．後一項例子比較的多．譬如研究周公的封建制度．追求本來用意究竟何在．有人說封建是社會上最好的制度．最有益的制度．到底周公採用封建．就是因為它是最有益的制度嗎．其實周公意思並非認封建對於全體社會有何益處．不過對於周朝那個時代較爲適用較爲有益而已．又如研究王荊公的新法．追求他本來用意究竟何在．從前大家都把他看錯了．都認爲一個聚斂之臣．到底荊公採用新法完全以聚斂爲目的嗎．其實荊公種種舉動都有深意．他的青苗保甲保馬市易諸法．在當時確是一種富國强兵之要術．到了後來仍然常常採用呢．還有一種本來的活動完全沒有意義．經過多少年以後．忽然看出意義來了．因爲吾人的動作．一部份是有意識的動作．一部份是無意識的動作——心理學上或稱潛意識．或稱下意識．如像說夢話或受催眠術等都是——一人如此．一團體一社會的多數活動亦然．許多事本來無意義．後人讀歷史纔能把意義看出．總括起來說．吾人懸擬一個目的．把種種無意義的事實追求出一個新意義．本來有意義而看錯了的．給他改正．本有意義而沒覺察的．給他看出來．所謂予以新意義．就是這樣解釋．

丙　予以新價值

所謂予以新價值．就是把過去的事實．從新的估價．價值有兩種．有一時的價值．過時而價頓減．有永久的價值．時間愈久．價值愈見加增．研究歷史的人兩種都得注意．不可有所忽視．甚麼是一時的價值．有許多事實．在現在毫無價值．在當時價值很大．即如封建制度．確是周公的强本固基的方法．周朝八百多年的天下．全靠這種制度維持．吾人不能因爲封建制度在今日沒有用處．連他過去的價值．亦完全抹殺．歷史上此類事實很多．要用公平眼光．從當時環境看出他的價值來．甚麼是永久的價值．有許多事實．在當時價值甚微．在後代價值極爲顯著．即如晚明士大夫之抗滿淸．在當時確是一種消極的無效果的抵制法．於滿淸之統治中國絲毫無損．但在辛亥革命時．纔知道從前的排滿是有價值的．而且在永久的民族活動上．從前的排滿也是極有價值．歷史家的責任，責在把種種事實擺出來，從新估定一番，總括起來說，就是從前有價值，現在無價值的，不要把它輕輕抹殺了，從前無價值，現在有價值的，不要把它輕輕放過了。

丁　供吾人活動之資鑑

新意義與新價值之解釋既明，茲再進而研究供吾人活動之資鑑，所謂活動，亦有二種解釋，卽社會活動方面與個人活動方面，研究兩方面的活動，都要求出一種用處，現在人很喜歡倡『爲學問而學問』的高調，其實『學以致用』四字也不能看輕，爲甚麼要看歷史，希望自己得點東西，爲甚麼要作歷史，希望讀者得點益處，學問是拿來致用的，不單是爲學問而學問而已。

先言社會活動方面，社會是繼續有機體，個人是此有機體的一個細胞，吾人不論如何活動，對於全盤歷史，整個社會，總受相當束縛，看歷史要看他的變遷，這種變遷就是社會活動，又分二目，

(一)轉變的活動　因爲經過一番活動，由這種社會變成他種社會，或者由一種活動生出他種活動，無論變久變暫，變好變壞，最少有一大部分可以備現代參考，通常說一治一亂，我們要問如何社會治，如何社會會亂，並且看各部分各方面的活動，如像君主專制之下，君主宰相的活動，以及人民的活動，如何結果，如何轉變，這樣看出來的成敗得失，可以供吾人一部分的參考。

(二)增益的活動　政治的治亂，不過一時的衝動，全部文化，纔是人類活動的成績，人類活動好像一條很長的路，全部文化好像一個很高的山，吾人要知道自己的立足點，自己的責任，須得常常設法走上九百級的高山上添上一把土，因是之故，第一要知道文化遺產之多少，若不知而創作，那是白費氣力，第二要知道

添土的方法．我是中國一分子．中國是世界一分子．旁人添一把土．我亦添一把土．全部文化自然增高了次述個人活動方面嚴格說起來中國過去的歷史差不多以歷史爲個人活動的模範．此種特色不可看輕看歷史要看他的影響首當其衝者就是個活動亦可分爲二目．

(一)外的方面　司馬光作資治通鑑．其本來目的就是拿給個人作模範的自從朱子以後．讀此書的人都說他『最能益人神智．』甚麼叫益人神智就是告訴人對於種種事情如何應付的方法此卽歷史家眞實本領所在．司馬光的資治通鑑可以益人神智之處甚多．畢秋帆的續資治通鑑可以益人神智之處就少了因爲畢書注重死的方面．光書注重活的方面．光書有好幾處紀載史事．不看下面想不出應付的方法再看下面居然應付得很好．這種地方益人神智不少．

(二)內的方面　我們看一個偉人的傳記看他能夠成功的原因．往往有許多在很小的地方．所以自己對於小事末節．也當特別注意．但不單要看他的成功．還要看他的失敗．如何會好如何會壞兩面看到．擇善而從．讀史外的益處固然很多．內的益處．亦復不少．

史家有社會個人兩方俱顧慮到的．好像一幅影片能敎人哭．能敎人笑．影片而不能使人哭使人笑．猶之歷史不能增長智識．鍛鍊精神．便沒有價值一樣．

戊　讀史的方式

附帶要說幾句關於讀歷史的方法．本來可以不在這兒講．不過稍爲略說幾句．對於自己研究上亦有很大的益處．如何讀歷史．纔能變死爲活．纔能使人得益．依我的經驗．可以說有兩種．一種是鳥瞰式．一種是解剖式．

(一)鳥瞰式　這種方法在知大概。令讀者於全部書或全盤事能得一個明瞭簡單的概念。好像乘飛機飛空騰躍在半天中俯視一切看物攝影都極其清楚。不過又可以叫做飛機式的讀史方法。

(二)解剖式　這種方法在知底細。令讀者於一章書或一件事能得一個徹始徹終的了解。好像用顯微鏡細察蒼蠅。把蒼蠅的五臟六腑看得絲絲見骨。這種方法又可以叫做顯微鏡的讀史方法。

此回所講偏於專史性質。既較精細深刻。所以用的方法以解剖式為最多。然用鳥瞰式的時候亦有。最好先得概念再加仔細研究。一面做顯微鏡式的工作。不要忘了做飛機式的工作。一面做飛機式的工作。亦不要忘了做顯微鏡式的工作。實際上單有鳥瞰沒有解剖。不能有圓滿的結果。單有解剖沒有鳥瞰。亦不能得良好的路徑。二者不可偏廢。

至於參考書目。關於專門的。我想開一總單。不分章節。因為圖書館少。恐怕分配不均。開一總單。則彼此先後借閱不致擁擠。下禮拜打算就開出來。(名達按先生後因身體不健未及編此參考書目)關於一般的。可以先讀下列各書。沒讀過的非讀不可。讀過的不妨重讀。

(一)中國歷史研究法　梁啓超
(二)史通　劉知幾
(三)通志(總敍及二十二略敍)　鄭　樵
(四)文史通義　章學誠
(五)章氏遺書(關於論史之部)　章學誠

第二章　史家的四長

劉子元說史家應有三長。卽史才。史學。史識。章實齋添上一個史德。並爲四長。實齋此種補充。甚是。要想做一個史家。必須具備此四種資格。子元雖標出三種長處。但未加以解釋。如何纔配稱史才史學史識。他不曾講到。實齋所著文史通義。雖有史德一篇。講到史家心術的重要。但亦說得不圓滿。今天所講。就是用劉章二人所說的話。予以新意義。加以新解釋。

子元實齋二人所講。專爲作史的人說法。史學家要想作一部好史。應具備上述三長或四長。同學諸君。方在讀書時代。祇是預備學問。說不上著作之林。但我們學歷史。其目的就在想將來有所貢獻。此刻雖不是著作家。但不可不有當著作家的志向。並且著作家的標準。亦很難說。卽如太史公用畢生精力。作了一部史記。後人不滿意的地方尚多。其餘諸書。更不用說了。此刻我們雖不敢自稱著作家。但是著作家的訓練工作。則不可少。所以史家四長之說。就不得不細細用一番功夫去研究。看要如何纔能夠達到這種目的。

至於這幾種長處的排列法。各人主張不同。子元以才爲先。學次之。識又次之。實齋又添德於才學識之後。今將次第稍爲變更一下。先史德。次史學。又次史識。最後纔說到史才。

甲　史德

現在講史德。諸君有功夫。可參看文史通義的史德篇。實齋以爲作史的人。心術應該端正。譬如魏書。大衆認爲穢史。就是因魏收心術不端的原故。又如左氏春秋。劉歆批評他「是非不謬於聖人」。就是心術端正的原故。

簡單說起來。實齋所謂史德。乃是對於過去毫不偏私。善惡褒貶。務求公正。歷代史家對於心術端正一層。大部異常重視。這一點。吾人認為有相當的必要。但尚不足以盡史德的含義。我以為史家第一件道德。莫過於忠實。如何纔算忠實。即「對於所敘述的史蹟。純採客觀的態度。不絲毫參以自己意見」便是。例如畫一個人。要絕對像那個人。假使把竈下婢。畫成美人。畫雖然美。可惜不是本人的面目。又如做一個地方游記。記的要確是那個地方。假使寫顏子的陋巷。說他陳設美麗。景緻清雅。便成了建築師的計劃。不是實地的事物了。

忠實一語。說起來似易。做起來實難。因為凡人都不免有他的主觀。這種主觀。蟠踞意識中甚深。不知不覺。便發動起來。雖打主意力求忠實。但是心之所趨。筆之所動。很容易把信仰喪失了。完美的史德。真不容易養成。最常犯的毛病。有下列數種。應當時時注意。極力剷除。

(一)誇大　一個人做一部著作。——無論所作的是傳記。是記事本末。是方志。或是國史。——總有他自己的特別關係。即如替一個人作特別傳記。必定對於這個人。很信仰。時常想要如何纔做得很好。中國人稱說孔子。總想像他是無所不知。無所不曉。所以孔子家語及其他緯書。竟把孔子說成一個神話中的人物了。例如說孔子與顏子。在泰山頂上。同看吳國城門中的一個人。顏子看得模糊。孔子看得極其清楚。諸如此類。其意思縱使本來不壞。但是絕非事實。祇能作為一種神話看待。無論說好說壞。都是容易過分。正如子貢所謂「紂之不善。不如是之甚也。」又如地方志。自己是那一省人。因為要發揮愛鄉心。往往把那一省說得很好。不過過分的誇大。結果常引出些無聊的贊美。實際上毫無價值。再如講中國史。聽見外國人鄙視中國。心裏就老大不顧意。總想設法把中國的優點表彰出來。一個比一個說得更好。結果祇養成全國民的不忠實之誇大性。誇大心人人都有。說好說壞各人不同。史家尤其難免。自問沒有。最好。萬一有了。應當設法去掉它。

(二)附會　自己有一種思想。或引古人以爲重。或引過去事實以爲重。皆是附會。這種方法很帶宣傳意味。全不是事實性質。古今史家皆不能免。例如提倡孝道。把大舜作個榜樣。便附會出完廩浚井等等事實來。想提倡夫婦情愛。便附會出杞梁哭夫的事實。一哭會把城牆哭崩了。愈到近代。附會愈多。關於政治方面。如提倡共和政體。就附會到堯舜禪讓。說他們的「詢于四岳」就是天下爲公。因說我們古代也有共和政治。民主精神。關於社會方面。如提倡共產制度。就附會周初井田。是以八家爲井。井九百畝。每家百畝。公田百畝。因說我們古代也講土地國有。平均勞逸。這種附會。意思本非不善。可惜手段錯了。即如堯舜禪讓。有沒有這回事。尚是問題。勉强牽合到民主政治上去。結果兩敗俱傷。從事實本身說。失却歷史的忠實性。從宣傳效力說。容易使聽的人誤解。曹丕簒漢時。把那鬼混的禪讓禮行完之後。他對人說「舜禹之事吾知之矣。」假使青年學子誤解了堯舜「詢于四岳」以爲就是眞正共和。也學曹丕一樣說「共和之事吾知之矣。」那可不糟透了嗎。總之我們若信仰一主義。用任何手段去宣傳都可以。但最不可借史事做宣傳工具。非惟無益。而又害之。

(三)武斷　武斷的毛病。人人都知道不應該。可是人人都容易犯。因爲歷史事實散亡很多。無論在古代。在近代。都是一樣。對於一件事的說明。到了材料不夠時。不得不用推想。偶然得到片辭孤證。便很高興勉强湊合起來。作爲事實。因爲材料困難。所以未加審擇。專憑主觀判斷。隨便了之。其結果就流爲武斷了。固然要作一部歷史絕對不下斷案是不行的——斷案非論斷乃歷史眞相卽如堯舜禪讓究竟有沒有這回事固極難定但不能不搜集各方面的意見擇善而從下一個「蓋然」的斷案——但是不要太愛下斷案了有許多人愛下判斷下得太容易最易陷於武斷資料和自己脾胃合的便采用不合的便刪除甚至因爲資料不足從事僞造晚明人犯此毛病最多如王弇州楊升菴等皆是

忠實的史家對於過去事實十之八九應取存疑的態度卽現代事實亦大部分應當特別審愼民國十五年來的事實算是很容易知道了但要事事都下斷案我自己就常無把握卽如最近湖北的戰事吳佩孚在漢口究竟如何措施爲甚麼失漢陽爲甚麼失武勝關若不謹愼遽下斷案或陷於完全錯誤亦未可知又如同學之間彼此互作傳記要把各人的眞性格描寫出來尙不容易何況古人何況古代事實呢所以歷史事實因爲種種關係絕對確實性很難求得的時候便應採取懷疑態度或將多方面的異同詳略羅列出來從前司馬光作資治通鑑同時就作考異或並列各說或推重一家這是很好的方法

總而言之史家道德應如鑑空衡平是甚麼照出來就是甚麼有多重稱出來就有多重把自己主觀意見剷除淨盡把自己性格養成像鏡子和天平一樣但這些話說來雖易做到眞難我自己會說自己亦辦不到我的著作很希望諸君亦用鑑空衡平的態度來批評

乙　史學

有了道德其次要講的就是史學前人解釋史學太過空洞範圍茫然無處下手子元實齋雖稍微說了一點可惜不大清楚現在依我的意見另下解釋

歷史範圍極其廣博凡過去人類一切活動的記載都是歷史古人說「一部十七史何從說起」十七史已經沒有法子讀通何況由十七而二十二而二十四呢何況正史之外更有浩如煙海的其他書籍呢一個人想將所有史料都經目一徧尚且是絕對不可能之事何況加以研究組織成爲著述呢無論有多大的天才學問和精力想要把全史包辦絕無其事我年輕時曾經有此種野心直到現在始終沒有成功此刻祇想能够在某部的專史得有相當成績便躊躇滿志了所以凡做史學的人必先有一種覺悟曰貴專精不貴雜博

孔子說「君子於其所不知蓋闕如也」我們做學問切勿以爲「一物不知儒者之恥」想要無所不知必定一無所知眞是一無所知那纔可恥喲別的學問如此史學亦然我們應該在全部學問中劃出史學來又在史學中劃出一部分來用特別興趣及相當預備專門去研究它專門以外的東西儘可以有許多不知專門以內的東西非知到透徹周備不可所以我們做史學不妨先擇出一二專門工作作完後有餘力再作旁的東西萬不可以貪多如想做文學史便應專心研究把旁的學問放開假使又嫌文學史範圍太大不妨再擇出一部分如王靜安先生單研究宋元戲曲史之類做這種工作不深知詩史詞史或可以對於本門則務要盡心研究力求完備如此一來注意力可以集中訪問師友既較容易搜集圖書亦不困難纔不至遊騎無歸白費氣力有人以爲這樣似太窄狹容易拋棄旁的學問其實不然學問之道通了一樣旁的地方就很容易學問門類雖多然而方法很少如何用腦如何用目如何用手如何詢問搜集養成習慣可以應用到任何方面好像攻打炮臺攻下一個其餘就應手而下了

有了專門學問還要講點普通常識單有常識沒有專長不能深入顯出單有專長常識不足不能觸類旁通讀

書一事。古人所講。專精同涉獵。兩不可少。有一專長。又有充分常識。最佳。大概一人功力。以十之七八。做專精的功夫。選定局部研究。練習搜羅材料。判斷眞僞。決擇取舍。以十之一二。做涉獵的功夫。隨便聽講。隨便讀書。隨意談話。如此做去。極其有益。關於涉獵。沒有甚麼特別法子。關於專精下苦功的方法。約有下面所列三項。

(一)勤於抄錄　顧亭林的日知錄。大家知道是價値很高。有人問他別來幾年日知錄又成若干卷。顧氏答應他說不過幾條。爲甚麼幾年功夫纔得幾條。因爲陸續抄錄。雜湊而成。先成長編。後改短條。所以功夫大了。某人日記稱見顧氏天下郡國利病書原稿。寫滿了蠅頭小楷。一年年添上去的。可見他抄書之勤。顧氏常說「善讀書不如善抄書」常常抄了。可以漸進於著作之林。抄書像顧亭林。可以說勤極了。我的鄉先生陳蘭甫先生作東塾讀書記。卽由抄錄譔成。新近有人在香港買得陳氏手稿。都是一張張的小條。裱成冊頁。或一條僅寫幾個字。或一條寫得滿滿的。我現在正以重價購求此稿。如能購得。一則可以整理陳氏著作。一則可以看出他讀書的方法。古人平常讀書。看見有用的材料。就抄下來。積之旣久。可以得無數小條。由此小條輯爲長編。更由長編編爲鉅製。顧亭林的日知錄。錢大昕的十駕齋養新錄。陳蘭甫的東塾讀書記。都係由此作成。一般學問如此。做專門學問。尤其應當如此。近來青年常問我研究某事。甚麼地方找材料。我每逢受此質問。便苦於答不出來。因爲資料雖然很豐富。卻是很散漫。並沒有一部現成書。把我們所要的資料湊在一處。以供取攜之便。就這一點論。外國青年做學問。像比我們便宜多了。他們想研究某種問題。打開百科辭典。或其他大部頭的參考書。資料便全部羅列目前。我們卻像披沙揀金。揀幾個鐘頭。得不到一粒。但爲實際上養成學問能力起見。到底誰吃虧。誰便宜。還是問題。吃現成飯。吃慣了的人。後來要做很辛苦的工作。便做不來了。「誰知盤中餐。粒粒皆辛苦。」一粒米。一顆飯都經過自己的汗血造出來。入口便更覺異常甘美。我們因爲資料未經整理。自己要作做篳路藍縷積銖累寸的工作。實是給我們以磨練學問能力之絕好機會。我們若厭煩不肯做。便錯過機會了。

(二)練習注意　初學讀書的人。看見許多書。要想都記得。都能作材料。實在很不容易。某先輩云「不會讀書。書面是平的。會讀書。字句都浮起來了。」如何纔能使書中字浮凸起來。唯一的方法就是訓練注意。昔人常說好打燈謎的人。無論看甚麼書。看見的都是燈謎材料。會作詩詞的人。無論打開甚麼書。看見的都是文學句子。可見注意那一項。那一項便自然會浮凸出來。這種工作起初做時是很難。往後就很容易。我自己就能辦得到。無論讀到甚麼書。都可以得新注意。究竟怎樣辦到的。我自己亦不知道。大概由於練習。最初的方法。頂好是指定幾個範圍。或者作一篇文章。然後看書時有關係的就注意。沒有關係的就放過。過些日子。另換範圍。另換題目。把注意力換到新的方面。照這樣做得幾日。就做熟了。熟了以後。不必十分用心。隨手翻開。應該注意之點。立刻就浮凸出來。讀一書。專取一個注意點。讀第二遍。另換一個注意點。這是最粗的方法。其實亦是最好的方法。幾遍之後。就可以同時有幾個注意點。而且毫不吃力。前面所述讀書貴勤於抄錄。如果看不出注意點。埋頭瞎抄。那豈不是白抄了嗎。一定要有所去取。去取之間。煞費功夫。非有特別訓練不可。

(三)逐類搜求　甚麼叫逐類搜求。就是因一種資料。追尋一種資料。跟蹤搜索下去。在外國。工具方便。辭典充備。求資料尚不太難。中國工具甚少。辭典亦不多。沒有法子。祇好因一件追一件。比如讀孟子。讀到「楊朱墨翟之言盈天下」之語。因有此語。於是去搜尋當時的書。看有甚麼人在甚麼地方說過這類的話。韓非子顯學篇說「世之顯學儒墨也……墨之所至墨翟也……自墨子之死也有相里氏之墨有鄧陵氏之墨……墨離爲三」荀子非十二子篇又說「不知壹天下建國家之權稱上功用大儉約而慢差等曾不足以容辨異縣君臣……是墨翟宋鈃也」孫仲容因得這種資料加以組織作墨學傳授考墨家諸子鉤沉等文作得的確不錯爲甚麼能有那樣著作就是看見一句話跟蹤追去這種工作就叫做逐類搜求或由簡單事實或由某書註解看見出於他書因又追尋他書諸君不要以爲某人鴻博某人特具天才其實無論有多大天才都不能全記不過方法好或由平時記錄或由跟蹤追尋卽可以得許多好材料

此外方法尙多我們暫說三門以爲示範的意思工作雖然勞苦興味確是深長要想替國家作好歷史非勞苦工作不可此種工作不單於現在有益腦筋訓練慣了用在甚麼地方都有益誠然中國史比西洋史難作但西洋史或者因爲太容易的原故把治學能力減少了好像常坐車的人兩腿不能走路一樣一種學問往往因爲現存材料很多不費氣力減少學者能力這類事實很多所以我主張要趁年富力强下幾年苦工現在有益將來亦有益讀書有益作事亦有益

丙　史識

史識是講歷史家的觀察力做一個史家須要何種觀察力這種觀察力如何養成觀察要敏銳卽所謂「讀書得間」旁人所不能觀察的我可以觀察得出來凡科學上的重大發明都由於善於觀察譬如蘋果落地是一件很普通的事情牛頓善於觀察就發明萬有引力開水壺蓋衝脫是一件很普通的事情瓦特善於觀察就發明蒸汽機關無論對於何事何物都要注意去觀察並且要繼續不斷的做細密功夫去四面觀察在自然科學

求試驗的結果在歷史方面求關聯的事實但凡稍有幫助的資料一點都不可放鬆觀察的程序可以分爲兩種

(一)由全部到局部　何謂由全部到局部歷史是整個的統一的眞是理想的歷史要把地球上全體人類的事蹟連合起來這纔算得歷史既是整個的統一的所以各處的歷史不過是此全部組織的一件機械不能了解全部就不能了解局部不能了解世界就不能了解中國這回所講專史就是由全部中劃出一部分來或研究一個人或研究一件事總不外全部中的一部雖然範圍很窄但是不要忘記了他是全部之一比如我們研究戲曲史算是藝術界文學界很小的一部分但是要想對於戲曲史稍有發明那就非有藝術文學的素養不可因爲戲曲不是單獨發生單獨存在而是與各方面都有關係假使對於社會狀況的變遷其他文學的風尙尙未了解卽不能批評戲曲而且一方面研究中國戲曲一方面要看外國戲曲看他們各方所走的路或者是相同的或者是各走各的或者是不謀而合或者是互相感應若不這樣做好的戲曲史便做不出來不但戲曲史如此無論研究任何專史都要看他放在中國全部佔何等位置放在人類全部佔何等位置要具得有這種眼光銳敏的觀察機能自然發生

(二)由局部到全部　何謂由局部到全部歷史不屬於自然界乃社會科學最重要之一其研究法與自然科學研究法不同歷史爲人類活動之主體而人類的活動極其自由沒有動物植物那樣呆板我們栽樹樹不能動但是人類可以跑來走去我們養雞雞受支配但是人類可以發生意想不到的行爲凡自然的東西都可以用呆板的因果律去支配歷史由人類活動組織而成因果律支配不來有時逆料這個時代這個環

境應該發生某種現象。但是因爲特殊人物的發生。另自開闢一個新局面。凡自然界的現象。總是回頭的循環的。九月穿夾衣。十月換棉袍。我們可以斷定。然而歷史沒有重複的時代。沒有絕對相同的事實。因爲人類自由意志的活動。可以發生非常現象。所謂由局部觀察到全部。就是觀察因爲一個人的活動。如何前進。如何退化。可以使社會改觀。一個人一羣人特殊的動作。可以令全局受其影響。發生變化。單用由全部到局部的眼光。祇能看回頭的現象。循環的現象。不能看出自由意志的動作。對於一個人或一羣人看其動機所在。仔細觀察。估量他對於全局的影響。非用由局部到全部的觀察看不出來。

要養成歷史家觀察能力。兩種方法應當並用。看一件事。把來源去脈都要考察清楚。來源由時勢及環境造成。影響到局部的活動。去脈由一個人或一羣人造成。影響到全局的活動。歷史好像一條長練。環環相接。繼續不斷。壞了一環。便不能活動了。所以對於事實與事實的關係。要用細密銳敏的眼光去觀察它。

養成正確精密的觀察力。還有兩件應當注意的事情。

（一）不要爲因襲傳統的思想所蔽　在歷史方面。我們對於一個人或一件事的研究和批評。最易爲前人記載或言論所束縛。因爲歷史是回頭看的。前人所發表的一種意見。有很大的權威。壓迫我們。我並不是說前人的話完全不對。但是我們應當知道。前人如果全對。便用不着我們多費手續了。至少要對前人有所補充。有所修正。纔行。因此我們對於前人的話。要是太相信了。容易爲所束縛。應當充分估量其價值。對則從之。不對則加以補充。或換一個方面去觀察。遇有修正的必要的時候。無論是怎樣有名的前人所講。亦當加以修正。這件事情。已經很不容易。然以現代學風。正往求新的路上走。辦到這步。尙不很難。

(二)不要爲自己的成見所蔽　這件事情，那纔眞不容易，戴東原嘗說，「不以人蔽己，不以己蔽己，」以人蔽己，尚易擺脫，自己成見，不願拋棄，往往和事理差得很遠，還不回頭，大凡一個人立了一個假定，用歸納法研究，費很多的工夫，對於已成的工作，異常愛惜，後來再四觀察，雖覺頗有錯誤，亦捨不得取消前說，用心在做學問的人，常感此種痛苦，但忠實的學者，對於此種痛苦，只得忍受，發見自己有錯誤時，便應當一刀兩斷的，即刻割捨，萬不可迴護從前的工作，或隱藏事實，或修改事實，或假造事實，來遷就他，迴護從前的工作，這種毛病，愈好學，愈易犯，譬如朱陸兩家，關於無極太極之辯，我個人是贊成陸象山的，朱晦翁實在是太有成見了，後來讓陸象山駁得他無話可說，然終不肯拋棄自己主張，陸與朱的信，說他從前文章很流麗，這一次何其支離潦草，皆因迴護前說所致，以朱晦翁的見解學問，尚且如此，可見得不以己蔽己，不是一件容易事情了，我十幾年前，曾說過「不惜以今日之我，與昨日之我挑戰，」這固然可以說是我的一種弱點，但是我若認爲做學問不應取此態度，亦不盡然，一個人除非學問完全成熟，然後發表，纔可以沒有修改糾正，但是身後發表，古人所難，爲現代文化盡力起見，尤不應如此，應當隨時有所見到，隨時發表出來，以求社會的批評，纔對，眞做學問的人，晚年與早年不同，從前錯的，現在改了，從前沒有，現在有了，一個人要是今我不同昨我，宣戰，那祇算不長進，我到七十，還要與六十九挑戰，我到八十，還要與七十九挑戰，這樣說法，似乎太過，最好對於從前過失，或者自覺，或由旁人指出，一點不愛惜，立刻改正，雖把十年的工作完全毀掉，亦所不惜，

上面所說的這兩種精神，無論做甚麼學問，都應當有，尤其是研究歷史，更當充實起來，要把自己的意見，與前人的主張，平等的看待，超然的批評，某甲某乙不足，應當補充，某丙某丁錯了，應當修改，眞做學問，貴能如此，不

爲因襲傳統所蔽.不爲自己成見所蔽.纔能得到敏妙的觀察.纔能完成卓越的史識.

丁　史才

史才專門講作史的技術.與前面所述三項另外又是一事.完全是技術的.有了史德忠實的去尋找資料.有了史學.研究起來不大費力.有了史識.觀察極其銳敏.但是仍然做不出精美的歷史來.要做出的歷史.讓人看了明瞭.讀了感動.非有特別技術不可.此種技術.就是文章的構造.章實齋作文史通義.把文同史一塊講.論純文學.章氏不成功.論美術文章.章氏亦不成功.但是對於作史的技術.了解精透.運用圓熟.這又是章氏的特長了.

史才專講史家的文章技術.可以分爲二部.

子　組織

先講組織.就是全部書或一篇文的結構.此事看時容易.做時困難.許多事實擺在面前.能文章的人可以拉得攏來.做成很好的史.文章技術差一點的人.就難組織得好.沒有在文章上用過苦功的人.常時感覺困難.

組織是把許多材料整理包括起來.又分二事.

(一)剪裁　許多事實.不經剪裁.史料始終是史料.不能成爲歷史.譬如一包羊毛.不能變成呢絨.必有所去.必有所取.梳羅抉剔.始成織物.搜集的工作.已經不容易.去取的工作.又更難了.司馬光未作資治通鑑之前.先作長編.據說他的底稿.堆滿十九間屋.要是把十九間屋的底稿.全體印出來.一定沒有人看.如何由十九間屋的底稿.做成長編.又由長編.做成現在的資治通鑑.這裏面剪裁就很多了.普通有一種毛病.就是多多的搜集資料.不肯割愛.但欲有好的著作.却非割愛不可.我們要去其渣滓.留其菁華.這件事體.非常常注意

不可。至於如何剪裁的方法。不外多作。用不着詳細解釋。孰渣孰菁。何去何留。常常去作。可以體驗得出來。

(二)排列　中看不中看。完全在排列的好壞。譬如天地玄黃四個字。王羲之是這樣寫。小孩子亦是這樣寫。但是王羲之寫得好。小孩子寫得壞。就是因為排列的關係。凡講藝術。排列的關係。却很大。一幅畫山水佈置得宜。就很好看。一間屋。器具陳設得宜。亦很好看。先後詳略。法門很多。這種地方。要特別注意。不然。雖有好材料。不能惹人注目。就有人看。或者看錯了。或者看得昏昏欲睡。縱會搜集。也是枉然。至於如何排列的方法。一部分靠學力。一部靠天才。良工能教人以規矩。不能使人巧。現在姑講幾種通用的方法。以為示例。

(1)即將前人記載聯絡鎔鑄。套入自己的話裏。章實齋說「文人之文。惟患其不己出。史家之文。惟患其己出」。史家所記載。總不能不憑藉前人的話。史記本諸世本戰國策楚漢春秋。漢書本諸史記。何嘗有一語自造。卻又何嘗有一篇非自造。有天才的人。最能把別人的話鎔鑄成自己的話。如李光弼入郭子儀軍。隊伍如故。而旌旗變色。此為最上乘之作。近代史家。尤其是乾嘉中葉以後。作史者專講究「無一字無來歷」。阮芸臺作國史儒林傳。全是集前人成語。從頭至尾。無一字出自杜撰。阮氏認為是最謹嚴的方法。他的廣東通志。浙江通志。謝啓昆的廣西通志。都是用的此法。一個字。一句話。都有根據。這種辦法。我們大家是贊成的。因為有上手可追問。但亦有短處。在太呆板。——因為有許多事情。未經前人寫在紙上。雖確知其實。亦無法採錄。而且古人行為的臧否。與批評事實的連絡與補充。皆感困難。——吾人可師其意。但不必如此謹嚴。大體固須有所根據。但亦未嘗不可參入一己發見的史實。而且引用古書時。儘可依做文的順序。任意連串。做成活潑飛動的文章。另外更用小字另行注明出處。或說明其所以然。就好了。此法雖然好．但亦是很難．我尙未用．因爲我懶在文章上作功夫．將來打算這樣作一篇．以爲模範．把頭緒脈絡理淸．將前人的話藏在其中．要看不出縫隙來．希望同學亦如此作去．

（2）用綱目體．最爲省事．此種體裁．以錢文子的補漢書兵志爲最先．（在知不足齋叢書內）頂格一語是正文．是斷案．不過四五百字．下加注語．爲自己所根據的史料．較正文爲多．此種方法．近代很通行．如王靜安先生的胡服考．兩漢博士考．皆是如此．我去年所作的中國文化史．亦是如此．此法很容易．很自由．提綱處寫斷案．低一格作註解．在文章上不必多下功夫．實爲簡單省事的方法．做得好．可以把自己研究的結果．暢所欲言．比前法方便多了．雖文章之美．不如前法．而伸縮自如．改動較易．又爲前法所不及．

（3）多想方法．把正文變爲圖表．對於作圖表的技術．要格外訓練．太史公作史記．常用表．「旁行斜上本于周譜」．然仍可謂爲太史公所發明．三代世表．十二諸侯年表．六國表．秦楚之際月表．功臣侯者表．百官公卿表．格式各各不同．因有此體．遂開許多法門．若無此體．就不能網羅這樣許多複雜的材料．同事實．歐美人對於此道．尤具特長．有許多很好很有用的表．我們可以仿造．但造表．眞是不容易．異樣的材料．便須異樣的圖表．纔能安插．我去年嘗作先秦學術年表一篇．屢次易稿．費十餘日之精力．始得完成．耗時用力．可謂甚大．然因此範繁賾的史事．爲整飭化．亂蕪的文章．爲簡潔．且使讀者一目瞭然．爲功亦殊不小．所以這種造表的技術．應該特別訓練．

丑　文采

次講文采．就是寫人寫事所用的字句詞章．同是記一個人．敍一件事．文采好的．寫得栩栩欲活．文采不好的．寫

得呆雞木立這不在對象的難易而在作者的優劣沒有文章素養的人實在把事情寫不好寫不活要想寫活寫好祇有常常模倣常常練習

文采的要素很多專擇最要的兩件說說

(一)簡潔　簡潔就是講翦裁的功夫前面已經講了大凡文章以說話少含意多爲最妙文章的厚薄即由此分意思少文章長爲薄篇無剩句句無剩字爲厚比如飲龍井茶茶少水多爲薄葉水相稱爲厚不爲文章之美多言無害若爲文章之美不要多說祇要能把意思表明就得做過一篇文章之後要看可刪的有多少該刪的便刪去我不主張文章作得古奧總要詞達所謂「詞達而已矣」達之外不再加多不再求深我生平說話不行而文章技術比說話强得多我所要求的是章無剩句句無剩字這件事很重要至於如何纔能做到祇有常作

(二)飛動　爲甚麼要作文章爲的是作給人看尤其是歷史的文章爲的是作給人看若不能感動人其價值就減少了作文章一面要謹嚴一面要加電力好像電影一樣活動自然如果電力不足那就死在布上了事本飛動而文章呆板人將不願看就看亦昏昏欲睡事本呆板而文章生動便字字都活躍紙上使看的人要哭便哭要笑便笑如像唱戲的人唱到深刻時可以使人感動假使想開玩笑而扳起面孔便覺得毫無趣味了不能使人感動算不得好文章旁的文章如自然科學之類尚可不必注意到這點歷史家如無此種技術那就不行了司馬光作資治通鑑畢沅作續資治通鑑同是一般體裁前者看去百讀不厭後者讀一二次就不願再讀了光書筆最飛動如赤壁之戰淝水之戰劉裕在京口起事平姚秦北齊北周沙苑之戰魏孝文

帝遷都洛陽事實不過爾爾而看去令人感動此種技術非練習不可。如何可以養成史才前人說多讀多作多改今易一字爲「多讀少作多改」多讀讀前人文章看他如何作法。過有好的資料可以自己試作與他比較精妙處不妨高聲朗誦讀文章有時非搖頭擺尾領悟不來少作作時謹愼眞是用心去作有一篇算一篇無須多貪作筆記則不厭其多天天作都好作文章時幾個月作一次亦不算少要謹愼要鄭重要多改要翻來覆去的看從組織起到文采止有不滿意處就改或刪裁或補充同一種資料須用種種方法去作每作一篇之後擱在面前細看常看旁人的常改自己的一篇文不妨改多少回十年之後還可再改這種工夫很笨然天下至巧之事一定從至笨來古人文章做得好也曾經過幾許甘苦比如梅蘭芳唱戲唱得好他不是幾天之內成功的從前有許多笨工作現在仍繼續不斷的有許多笨工作凡事都是如此。

第三章　五種專史概論

五種專史前文已經提到過第一人的專史第二事的專史第三文物的專史第四地方的專史第五時代的專史本章既然叫着概論不過提綱挈領的說一個太概其詳細情形留到分論再講。

甲　人的專史

自從太史公作史記以本紀列傳爲主要部分差不多佔全書十分之七而本紀列傳又以人爲主以後二千餘年歷代所謂正史皆踵其例老實講起來正史就是以人爲主的歷史。

專以人為主的歷史。用最新的史學眼光去觀察他。自然缺點甚多。幾乎變成專門表彰一個人的工具。許多人以爲中國史的最大缺點。就在此處。這句話我們可以相當的承認。因爲偏於個人的歷史精神。多注重彰善懲惡。差不多變成爲修身教科書。失了歷史性質了。但是近人以爲人的歷史毫無益處。那又未免太過。歷史與旁的科學不同。是專門記載人類的活動的。一個人或一羣人的偉大活動可以使歷史起很大變化。若把幾千年來中外歷史上活動力最強的人抽去。歷史倒底還是這樣與否。恐怕生問題了。譬如歐洲大戰。若無威廉第二。威爾遜。路易喬治。克里孟梭幾個人。歷史當然會另變一個樣子。歐洲大戰或者打不成。就打成也不是那樣結果。又如近三十年來的中國歷史。若把西太后。袁世凱。孫文。吳佩孚……等人——甚至於連我梁啓超——沒有了。去或把這幾個人抽出來。現代的中國是個甚麼樣子。誰也不能預料。但無論如何。和現在的狀況一定不同。這就可見個人與歷史的關係。和人的歷史不可輕視了。

一個人的性格興趣及其作事的步驟。皆與全部歷史有關。太史公作史記。最看重這點。後來的正史立傳猥雜而繁多。幾成爲家譜墓誌銘的叢編。所以受人詬病。其實史記並不如此。史記每一篇列傳。必代表某一方面的重要人物。如孔子世家。孟荀列傳。仲尼弟子列傳。代表學術思想界最要的人物。蘇秦張儀列傳代表造成戰國局面的遊說之士。田單樂毅列傳代表有名將帥。四公子平原孟嘗信陵春申列傳代表那時新貴族的勢力。貨殖列傳代表當時經濟變化。遊俠列傳刺客列傳代表當時社會上一種特殊風尚。每篇都有深意。大都從全社會着眼。用人物來做一種現象的反影。並不是專替一個人作起居注。

在現代歐美史學界。歷史與傳記分科。所有好的歷史。都是把人的動作藏在事裏頭。書中爲一人作專傳的很少但是傳記體仍不失爲歷史中很重要的部分。一人的專傳。如林肯傳格蘭斯頓傳。文章都很美麗。讀起來異常動人。多人的列傳。如布達魯奇的英雄傳專門記載希臘的偉人豪傑。在歐洲史上有不朽的價值所以傳記體以人爲主。不特中國很重視。各國亦不看輕因此我們作專史盡可以個人爲對象考察某一個人在歷史上有何等關係。凡眞能創造歷史的人。就要仔細研究他。替他作很詳盡的傳。而且不但要留心他的大事。即小事亦當注意。大事看環境社會。風俗時代。小事看性格家世。地方嗜好。平常的言語行動。乃至小端末節。概不放鬆。最要緊的是看歷史人物爲甚麼有那種力量。

每一時代中須尋出代表的人物把種種有關的事變都歸納到他身上。一方面看時勢及環境如何影響到他的行爲。一方面看他的行爲又如何使時勢及環境變化在政治上有大影響的人如此。在學術界開新發明的人亦然。先於各種學術中求出代表的人物。然後以人爲中心。把這個學問的過去未來及當時工作都歸納到本人身上。這種作法有兩種好處第一可以拿着歷史主眼。歷史不外若干偉大人物集合而成。以人作標準可以把所有的要點看得清清楚楚第二可以培養自己的人格。知道過去能造歷史的人物素養如何。可以隨他學去。使志氣日益提高所謂『奮乎百世之上百世之下聞者莫不興起也。』

乙　事的專史

歷史的事實若泛泛看去。覺得很散漫。一件件的擺着。沒有甚麼關係。但眼光銳敏的歷史家。把歷史過去的事實。看成爲史蹟的集團。彼此便互相聯絡了。好像天上的星辰。我們看去是分散的。天文家看去。可以分出十二宮。無論何種事物。必把破碎的當作集團。纔有着眼的地方。研究歷史必把一件件的史蹟看爲集團。纔有下手的地方。把史蹟看作集團研究。就是記事本末體。現代歐美史家。大體工作。全都在此。記事本末體是歷史的正宗方法。不過中國從前的記事本末。從袁樞起直到現在。我都嫌他們對於集團的分合未能十分圓滿。即如通鑑記事本末。把資治通鑑所有事實。由編年體改爲記事本末體。中間就有些地方分得太瑣碎。有些地方不免遺漏。也因爲資治通鑑本身偏於中央政治。地方政治異常簡略。政治以外的事實更不用提。所以過去的記事本末體。其共同的毛病。就是範圍太窄。我們所希望的記事本末體。要從新把每朝種種事實作爲集團搜集資料。研究清楚。大集團固然要研究。再分小點。亦可以研究。凡集團事蹟於一時代有重大影響的。須特別加以注意。

比如晚明時代的東林復社。他們的舉動。可以作爲一個集團來研究。把明朝許多事實都歸納到裏邊。一方面可以看類似政治團體的活動。以學術團體兼爲政治團體。實由東林起。至復社而色彩愈顯。這是中國史上一大事實。很値得研究。研究東林復社始末方面很多。本來是學術機關。爲甚麼又有團體的政治運動。一方面可以看出學術的淵源及學風的趨勢。另一方面可以看在野的智識階級的主張。每逢政治腐敗的時候。許多在野學者。本打算閉戶讀書。然而時勢所迫。又不能不出頭說話。這種情形。全由政治醞釀而成。非全部異常明瞭。一部很難了解。至於復社本來是一個團體的別名。同時的其他團體尙多。不過以復社爲領袖。成爲一個聯合會社的性質。我們研究創社人的姓名及各社員的籍貫。或作小傳。或作統計。可以看出復社的勢力在於何部。明亡以後。復社的活動於當時政治有何影響。滿洲入關。復社人物採取若何態度。從這些地方着手。明末清初的情形可以瞭如指掌了。

又如清世宗（雍正）的篡位前後情形，可以作爲一個集團來研究，把那時候許多事實都歸納到裏邊。這件事情比較復社始末材料難找得多，因事涉宮闈，外人很難知道，但是這件事情關係很大，是清史主要的部分。假使沒有雍正，就不會有乾隆，道咸光宣更不用說了。內容眞相若何，牽涉的方面很多，有關於外國的，如喇嘛教與天主教爭權，因爲世宗成了功，後來喇嘛教得勢，天主教衰落。有關於學術的，如西洋科學之輸入，因天主教被排斥，亦連帶的大受影響，幾乎中絕。有關於藩屬的，如清代之羈縻蒙古西藏，亦以喇嘛教爲媒介，即經營青海，還是要借重他。這種事情，蒙古西藏文中稍微有點資料，可以明瞭一部份，中國文字資料就很少。即如年羹堯的事蹟，當然和清史很有關係，我們看東華錄及雍正上諭的紀載，極其含糊，得不着一個明瞭的概念。若把所有資料完全搜出，可以牽連清朝全部歷史的關係。所以研究歷史的人，應當挑出一極大之事，作爲集團，把旁的事實，都歸納到裏面，再看他們的關係影響，研究一個集團，就專心把這個集團弄明白了，能得若干人分頭作去，把所有事的集團都弄清楚，那末全部歷史的主要脈絡，就可一目瞭然了。

丙　文物的專史

最古的文物史，要算史記的八書，史記於本紀列傳之外，另作禮樂律曆天官封禪河渠平準等書，後來班固作漢書，改稱爲志，不以人爲主，而以某制度或某事物爲主，凡所敍述，皆當代的文物典章，自太史公創此例，後後代歷史，除小者外，如二十四史皆同此例。而杜佑所作通典，純以制度爲主，上起三代，下至隋唐，一一加以考核。馬端臨仿其體裁作文獻通考，範圍更大，義蘊更博，通典所述，限於一代朝制，通考所述，則於朝制之外，兼及社會狀況，此種著作，中國從前頗爲發達，就是我們所說的文物的歷史。通典通考可謂各種制度的總史，不是各種制度的專史．在杜佑馬端臨那個時候．有通典通考一類著作．便已滿足了．此刻學問分科日趨精密．我們却要分別部居．一門一門的作去．一個人要作經濟史．同時又要作學術史．目錄學．一定做不出有價值的著述來．要作經濟史．頂好就專門研究經濟．要作學術史．頂好就專門研究學術．要治目錄學．頂好就研究藝文志經籍志等．不惟分大類而已．還要分小類．即如研究經濟史．可以看歷代食貨志．食貨中包含財政及經濟兩大部分．財政經濟又各有若干的細目．我們不妨各摘其一項．分擔研究．愈分得細愈好．既分擔這一項．便須上下千古貫徹融通．例如專研究食貨中的財政的．在財政中又專研究租稅．在租稅中又專研究關稅．那末中國外國及關於關稅的資料都要把他搜集起來．看關稅如何起源．如何變遷．如何發展．關稅不平等的原因．事實影響如何．乃至現在的關稅會議如何召集．如何進行．關稅自主的要求如何運動．一一記載．解釋明白．這種的工作．比泛泛然作通典通考．要切實得多．有意思得多．有價值得多．因爲整部的文物．很籠統．很含混．無從下手．亦不容易研究明白．所以我主張一部分一部分的研究．先分一個大綱．如經濟．文藝．學術．民族．宗教……等．一二十條．再於每條之下．分爲若干類．如經濟之分爲財政租稅．文藝之分爲文學美術．學術之分爲經史．民族之分爲原始遷徙同化．宗教之分爲道佛等．擇其最熟悉最相近者．一個時候作一類．或者一個人作一類．久而久之．集少成多．全部文物．不難完全暢曉了．

丁　地方的專史

地方的專史．就是方志的變相．最古的方志．要算華陽國志了．以後方志愈演愈多．省有省志．縣有縣志．近代大史家章實齋把方志看得極重．他的著作研究正史的與研究方志的各得其半．方志從前人不認爲史．自經章氏提倡後。地位纔逐漸增高。治中國史。分地研究。極其重要。因爲版圖太大。各地的發展。前後相差懸殊。前人作史。專以中央政府爲中心。祇有幾個分裂時代。以各國政府所在地爲中心。但中心地亦不過幾個——三國有三個。十六國有十六個。——究未能平均分配。研究中國史。實際上不應如此。普通所謂某個時代。到某個程度。乃指都會言之。全國十之七八全不是那樣一回事。我們試看分述研究的必要。比如一向稱爲本部十八省的雲南。在三國以前。與中國完全無關。自諸葛渡瀘以後。這纔發生交涉。然而雲南向來的發展。仍不與全部歷史的發展相同。唐時的南詔。宋時的大理。都是半獨立的國家。清初吳三桂據雲南。亦取半獨立的態度。三藩之亂既平。設置巡撫。始與本部關係較密。然民國十五年來。雲南直接受中央轄制者不過二三年。其餘諸年仍然各自爲政。自古及今。雲南自身如何發展。中原發達的時候。雲南又受何等影響。有何種變化。這都是應當劃分出來單獨研究的事情。又如廣東。是次偏的省分。其文化的發達。亦不與中原同。自明以前。廣東的人物及事實。不能影響到中原的歷史。亦於中原的歷史上沒有相當的地位。再如安南朝鮮。現在不屬中國。然與中國歷史關係很深。安南作中國郡縣較廣東爲早。在黎氏莫氏獨立尚未終了時。歐人東來。遂被割去。若雲南當南詔大理或吳三桂獨立未終時。外人適來。恐亦將被割去啊。所以我們對於安南朝鮮這一類地方。也應當特別研究。不能因爲現在已經失掉。而置之不理。上面所說的。還是邊遠省分。說近一點。如中原幾省。最初居住的是什麼人。河南山東如何變成爲中華民族的中心。後經匈奴東胡民族的蹂躪。又起了多大變化。這些都是應當特別研究的事情。如欲徹底的了解全國。非一地一地分開來研究不可。普通說中國如何如何。不過政治中心的狀況。不是全國一致的狀況。所以有作分地的專史之必要。廣博點分。可以分爲幾大區。每區之中看他發達的次第。

精細點分可以分省分縣分都市每縣每市看他進展的情形破下工夫仔細研究各人把鄉土的歷史風俗事故人情考察明白用力甚小而成效極大

戊　斷代的專史

在整部歷史中可以劃分爲若干時代如兩漢六朝隋唐宋元明淸每一個時代中可以又劃分爲若干部分如人的事的文物的地方的含着若干部分成爲一個時代含著若干時代成爲一部總史總史橫集前述四種材料縱集上下幾千年的時間因爲總史不易研究纔分爲若干時代時代的專史就是從前所謂斷代爲史起自班固後世因之少所更改不過舊時的斷代以一姓興亡作標準殊不合宜歷史含繼續性本不可分爲研究便利起見挑出幾樣重大的變遷作爲根據勉强分期尙還可以若不根據重大變遷而根據一姓興亡那便毫無意義了皇帝儘管常換而社會變遷甚微雖屬幾代仍當合爲一個時期皇帝儘管不換而社會變遷極烈雖屬一代仍當分爲幾個時期比如南北朝總共不過百六十七年而南朝有宋齊梁陳四代北朝有北魏北齊北周三代若以一姓興亡分應當分爲四個或三個時期了然此百六十七年間社會上實無多大變化所以我們仍當作爲一個時期研究其次述五代五代不過五十二年有梁唐晉漢周五個朝代若以一姓興亡分應當分爲五個時期然此五十二年間社會上亦沒有多大變化所以我們應當作爲一個時期研究上面是說皇帝換姓而社會不變的雖然是分應當合攏來研究又有皇帝姓氏不換而社會變遷劇烈的雖然是合應當分開來研究比如有淸一代道咸而後思想學術政治外交經濟生活無一不變不特是淸代歷史的大變遷並且是全部歷史的大變遷我們儘可以把道咸以前劃分爲一個時期道咸以後另劃爲一個時期不必拘於成例以一姓

興亡作爲標準，籠統含糊下去，果爾，一定有許多不便利的地方，歷史是不可分的，分期是勉强的，一方面不當太呆板，以一姓興亡作根據，像從前一樣，換一方面又不當太籠統，粗枝大葉的分上古中古近世三個時期，比較妥當一點的，還是劃春秋爲一個時期，戰國爲一個時期，兩漢爲一個時期（或分或合均可）三國兩晉南北朝爲一個時期，隋唐爲一個時期，宋遼金元明爲一個時期，清分爲兩個時期，這種分法，全以社會變遷作標準，在一個時期當中，可以看出思想學術政治經濟改換的大勢，比較容易下手，材料亦易搜集，不管時期的長短，橫的方面各種事實，要把它弄清楚，時代的專史爲全通史的模型，專史做得好，通史就做得好，此種專史亦可分，每人擔任一項，分別做去。

以上講五種專史的概說，以下就要講五種專史如何做法，按照現在這個次序，一種一種的講去，同學中有興趣的，或者有志作史家的，於五種之中認定一項，自己搜集，自己研究，自己著述，試試看，果能聚得三五十個同志，埋頭用功，祇須十年功夫，可以把一部頂好的中國全史做出來，人數多固然好，若不然，能得一半的同志，甚至於十個同志，亦可以把整部歷史完全做出，我擔任這門功課，就有這種野心，但是能否成功，那就看大家的努力如何了。

分論一　人的專史

第一章　人的專史總說

人的專史．是專以人物作本位所編的專史．大概可分爲五種形式．

(一)列傳

(二)年譜

(三)專傳

(四)合傳

(五)人表

(一)列傳　列傳這個名稱．係由正史中採用下來．凡是一部正史．將每時代著名人物．羅列許多人．每人給他作一篇傳．所以叫做列傳．列傳的主要目的．雖在記敍本人一生的事蹟．但是國家大事．政治狀況．社會情形．學術思想．大部分都包括在裏邊．列傳與專傳不同之點．專傳以一部書記載一個人的事蹟．列傳以一部書記載許多人的事蹟．專傳一篇．卽是全書．列傳一篇．不過全書中很小的一部分．列傳的體裁與名稱．是沿用太史公以來成例．在舊史中．極普通．極發達．列傳著法．具詳二十四史．各種體裁．應有盡有．至於其中有些特別技術的應用．下文再講．

(二)年譜　這種著作比較的起得很晚。大致在唐代末年始見發達。現在傳下來的年譜。以韓愈柳宗元二人的年譜為最古。年譜與列傳不同之點。列傳敘述一生事蹟可以不依發生的前後。但順着行文之便。或著者注重之點。提上按下排列自由。年譜敘述一生事蹟。完全依照發生前後。一年一年的寫下去。不可有絲毫的改動。章實齋說「年譜者。一人之史也。」年譜所述。不外一個人歷史的經過。這種體裁。其好處在將生平行事首尾畢見。鉅細無遺。比如一個政治家的年譜。記載他小時如何。壯年如何。環境如何。功業如何。按年先後。據事直書。一個學者的年譜。記載某年讀甚麼書。某年作甚麼文。某年從甚麼師。某年交甚麼友。思想變遷全可考見。一個發明家的年譜。記載他們如何研究。如何改良。如何萌芽。如何成熟。事功原委。一目了然。無論記載事業的成功。思想的改變。器物的發明。都要用年譜體裁。纔能詳細明白。所以年譜在人的專史中位置極為重要。

(三)專傳　專傳亦可以叫做專篇。這個名詞是我杜撰的。尙嫌他不大妥當。因為沒有好名詞。不妨暫時應用。我所謂專傳。與列傳不同。列傳分列在一部史中。專傳獨立成為專書。隋書經籍志雜傳一門。著錄二百餘部。其中屬於一人的專傳。如曹參傳一卷。東方朔傳八卷。毋丘儉記三卷之類。亦不下十餘種。可惜都不傳了。現在留傳下來的。要算慧立所著慈恩三藏法師傳（卽玄奘傳）為最古。全書有十卷之多。不過我所謂專傳。與從前的專傳。尙微有不同。隋志諸傳。已經亡失。其體裁如何。今難確指。專就現存的三藏傳而論。雖然很詳博。但仍祇能認為粗製品的史料。不能認為組織完善的專書。大概從前的專傳。不過一篇長的行狀。——近人著行狀。長至一二萬字的。往往有之。——只能供作列傳的取材。不能算理想的專傳。我的理想專傳。是以一個偉大人物對於時代有特殊關係者爲中心，將周圍關係事實歸納其中，橫的豎的，網羅無遺。比如替一個大文學家作專傳，可以把當時及前後的文學潮流分別說明。此種專傳，其對象雖止一人，而目的不在一人。擇出一時代的代表人物或一種學問一種藝術的代表人物，爲行文方便起見，用作中心。此種專傳，從前很少，新近有這種專傳出現，大致是受外國傳記的影響，可惜有精采的作品還不多。列傳在歷史中雖不能說全以人物爲主，但有關係的事實很難全納在列傳中。即如做諸葛亮專傳與做諸葛亮列傳便不同，做列傳就得把與旁人有關係的事實分割在旁人的傳中講，所以魯肅傳劉表傳劉璋傳曹操傳張飛傳都有諸葛亮的事，不能把所有關係的事都放在諸葛亮列傳中。若做專傳，那是完全另是一回事。凡有直接關係的，都以諸葛亮爲中心，全數搜集齊來，甚至有間接關係的，如曹操劉備呂布的行爲舉止，都要講清楚，然後諸葛亮的一生纔能完全明白。做專傳又與做年譜不同，年譜很呆板，一人的事蹟，全以發生的先後爲敍，不能提前抑後，許多批評的議論，亦難插入，一件事直接或間接的關係，更不能盡量納在年譜中。若做專傳，不必依年代的先後，可全以輕重爲標準，改換異常自由，內容所包，亦比年譜豐富，無論直接間接，無論議論敍事，都可網羅無剩。我們可以說，人的專史，以專傳爲最重要。

(四)合傳　合傳這種體裁，創自太史公，太史公的合傳，共有三種。

(1)兩人以上，平等敍列，如管晏列傳，屈賈列傳，無所謂輕重，亦無所謂主從。

(2)一人爲主，旁人附錄，如孟荀列傳，標題爲孟子荀卿，而內容所講的有三騶子田駢愼到環淵接子墨子淳于髡公孫龍劇子李悝尸子長盧吁子等一二十人，各人詳略不同，此種專以一二人較偉大的人物為主。此外都是附錄。

（3）許多人平列。無主無從。如仲尼弟子列傳。七十餘人。差不多都有敍述。如儒林列傳。西漢傳經的人。亦差不多都有敍述。

在史記中。合傳的體裁。有上列三種。後代的正史。合傳體裁。更為複雜。如漢書楚元王傳有兩卷之多。楚元王交的傳。何以會有那樣長。因為劉向劉歆都是楚元王幾代的子孫。本身的事情雖少。劉向劉歆的事情就很多。這種體裁。後來南北史運用得極廣。因為南北朝最講門第。卽如江右王謝。歷朝皆握政權。皇帝儘管掉換。而世家緜延不絕。諸王諸謝。父子祖孫。合為一傳。變成家譜的性質。一家一族的歷史。可以由其中看出。此種合傳的方法。為著歷史的開了許多方便。許多人附見在一個人傳中。因一個重要的。而其餘次要的都可記載下去。如孟荀列傳。若不載許多人。那我們頂多只知道孟荀。至於鄒衍的終始五德之說。我們就不曉得了。合傳體裁的長處。就是能夠包括許多夠不上作專傳。而有相當的貢獻。可以附見於合傳中的人。其作用不單為人。而且可以看當時狀況。如孟荀列傳。就可以看出戰國時學術思想的複雜情形。此種體裁。章實齋最恭維。可合的人。就把他們合在一起。章氏並主張另用一種「人名別錄」。他所著湖北通志。屢用此法。敍某一件重要事情。把有關係的人。通作一個別錄。比如嘉定守城傳。把守城時何人任何職分。陣亡的多少。立功的多少。通統列在別錄上。這種可為合傳體運用得最廣最大的一個例子。又如復社名士傳。先講復社的來源。次講如何始入湖北。又次調查湖北人列名復社者多少。以縣分之。最後又考明亡以後。殉難者多少。當遺老者多少。出仕清朝者多少。這種亦可為合傳體運用得最廣最大的一個例子。人物專史應當常用這種體裁。

（五）人表　人表的體裁。始創於漢書古今人表。他把古今人物分爲九等。卽上上。中上。下上。上中。中中。下中。上下。中下。下下。所分的人並不是漢人。乃漢以前的人。與全書體例不合。這九等的分法。無甚標準。好像學校中考試的成績表一樣。無聊。後來史家非難的很多。章實齋則特別的恭維。以爲篇幅極少而應具應見的人皆可詳列無遺。我們看來。單研究漢朝的事蹟。此表固無用處。但若援引其例。作爲種種人表。就方便得多。後來唐書方鎮表宰相世系表。其做法亦很無聊。攻擊的人亦極多。一般讀唐書的人。看表看得頭痛。但是某人某事。旁的地方看不見的。可在方鎮世系表中查出。我們認爲是很大的寶貝。章實齋主張擴充漢書古今人表。唐書宰相世系表的用意。作爲種種表。凡人名够不上見於列傳的。可用表的形式列出。「人名別錄」亦卽可爲其中的一種。章氏所著幾部志書。人表的運用都很廣。所以人的專史。人表一體。亦很重要。卽如講復社始末。材料雖多。用表的方法還少有人做過。若有復社人名表。則於歷史研究上。方便了許多。又如講晚明流寇。材料亦不少。若有一張流寇人名表。把所有流寇姓名。擾亂所及的地方。被剿滅的次第……等等。全用表格列出。豈不大省事。而極明白嗎。又如將各史儒林傳。改成儒林人名表。或以所治之經分列。或以傳授系統分列。便可以用較少的篇幅。記載較多之事實。又如唐代藩鎮之分合興亡。紛亂複雜。讀史雖極勤苦。瞭解不易。若製成簡明的人表。便一目了然。諸如此類。應用可以甚廣。

第二章　人的專史的對相

所謂人的專史的對相。就是講那類的人。我們應該爲他作專史。當然。人物要偉大。作起來。纔有精采。所以偉大人物是作專史的主要對相．但所謂偉大者．不單指人格的偉大．連關係的偉大．也包在裏頭．例如袁世凱西太后人格雖無可取．但不能不算是有做專史價值的一個人物．有許多偉大人物．可以做某個時代的政治中心．有許多偉大人物可以作某種學問的思想中心．這類人最宜於做大規模的專傳或年譜．把那個時代或那種學術都歸納到他們身上來講．五種人的專史中人表的對相不成問題．可以隨便點．其餘四種都最重要．大概說來應該作專傳或補作列傳的人物．約有七種．

(一)思想及行爲的關係方面很多．可以作時代或學問中心的．我們應該爲他們作專傳．有些人偉大儘管偉大．不過關係方面太少．不能作時代或學問的中心．若替他作專傳．就很難作好．譬如文學家的李白杜甫都很偉大．把杜甫作中心．將唐玄宗肅宗時代的事實歸納到他身上．這樣的傳．可以作得精采．若把李白作爲中心．要作幾萬字的長傳．要包涵許多事實．就很困難．論作品是一回事．論影響又是一回事．杜詩時代關係多．李詩時代關係少．敍述天寶亂離的情形．在杜傳中是正當的背景．在李傳中則成爲多餘的廢話．兩人在詩界地位相等．而影響大小不同．杜詩有途徑可循．後來學杜的人多．由學杜而分出來的派別亦多．李詩不可捉摸．學李的人少．由學李而分出來的派別更少．所以李白的影響淺．杜甫的影響深．二人同爲偉大．而作傳方法不同．爲李白作列傳．已經不易．爲李白作年譜或專傳．更不可能．反之．爲杜甫作年譜作專傳．材料比較豐富多了．所以作專傳．一面要找偉大人物．一面在偉大人物中．還要看他的性質關係如何．來決定我們做傳的方法．

(二)一件事情或一生性格有奇特處．可以影響當時與後來．或影響不大而值得表彰的．我們應該爲他們作專傳。譬如史記有魯仲連傳。不過因爲魯仲連曾解邯鄲之圍。誠然。以當時時局而論。魯仲連義不帝秦。解圍救趙。不爲無關。但是還沒有多大重要。太史公所以爲他作傳。放在將相文士之間。完全因他的性格俊拔。獨往獨來。談笑卻秦軍。功成不受賞。像這樣特別的性格。特別的行爲。很可以令人佩服感動。又如後漢書有臧洪傳。不過因爲他能爲故友死義。洪與張超。但屬成友。初非君臣。張超爲曹操所滅。洪怨袁紹坐視不救。擁兵抗紹。爲紹所殺。袁紹張超臧洪。在歷史上俱無重大關係。不過臧洪感恩知己。以身殉難。那種慷慨凜冽的性格。確是有可以令人佩服的地方。再如漢書楊王孫傳。不記楊王孫旁的事情。專記他臨死的時候。主張裸葬。衣衾棺槨。一概不要。還說了許多理由。後來他的兒子覺得父命難從。卻拗不過親友的督責。只得勉强遵辦。他的思想。雖沒有墨子那樣大。然比墨子還走極端。連桐棺三寸都不要。不管旁人聽否。自己首先實行。很可以表示特別思想。特別性格。幾部有名的史書。對於這類特別人。大都非常注意。我們作史。亦應如此。偉大人物之中。加幾個特別人物。好像燕窩魚翅的酒席。須得有些小菜點綴。纔行。

(三)在舊史中沒有記載。或有記載而太過簡略的。我們應當爲他作專傳。這種人偉大的亦有。不偉大的亦有。偉大的旁人知道。他正史上亦曾提到過。但不詳細。我們應當爲他作傳。譬如墨翟是偉大人物。史記中沒有他的列傳。僅附見於孟荀列傳。不過二十幾個字。近人孫仲容根據墨子本書及其他先秦古籍。作墨子列傳及年表。這就是一個很好的例。又如荀子是偉大人物。雖有孟荀列傳。但是太過簡略。清人汪中替他作荀子年表。胡元儀作荀卿子列傳。這亦是很好一個例。皆因從前沒有列傳。後人爲他補充。或者從前的傳太簡略。後人爲他改作。這類應該補作或改作之傳。以思想家文學家等爲最多。例如王充劉知幾鄭樵……等在他們現存的著作中。便有很豐富的資料。足供我們作成極體面的專傳。另有許多人。雖沒有甚麼特別偉大。但事蹟隱沒太甚。不曾有人注意。也該專為他作傳表彰。例如唐末守瓜州的義潮。賴有近人羅振玉替他作一篇傳。我們纔知道有這麼一位義士名將。又如作儒林外史的吳敬梓。前人根本不承認這本書有價值。書的作者更不用說了。近人胡適之纔替他作一篇傳出來。我們纔認識這個人的文學地位。這些都是很好的例。總之。許多有相當身分的人。不管他著名不著名。不管正史上沒有傳或有傳而太過簡略。我們都應該整篇的補充或一部分的改作。

(四)從前史家有時因為偏見。或者因為挾嫌。對於一個人的記載。完全不是事實。我們對於此種被誣的人。應該用辯護的性質。替他重新作傳。歷史上這類人物很多。粗略說起來。可以分下列三種。

(1)完全挾嫌造事誣衊。這類事實。史上很多。應該設法辯護。譬如作後漢書的范曄。以叛逆罪見殺。在宋書及南史上的范曄本傳中。句句都是構成他的眞罪狀。後人讀起來。都覺得曄有應死之罪。雖然作得這麼好的一部後漢書。可惜文人無行了。這種感想。千餘年來。深入人心。直到近代陳澧(蘭甫)在他的東塾集裏面作了一篇申范。大家纔知完全沒有這回事。當時造此寃獄。不過由幾位小人搆煽。而後此含寃莫雪。則由沈約一流的史家挾嫌爭名。故為曲筆。陳蘭甫替他作律師。即在本傳中將前後矛盾的語言及各方可靠的證據。一一陳列起來。證明他絕無謀反之事。讀了這篇之後。纔知道不特范曄的著作令人十分讚美。就是范曄的人格也足令人十分欽佩。又如宋代第一個女文學家塡詞最有名的李清照(易安)在中國史上。找這樣的女文學家。眞不易得。她塡詞的藝術。可以說壓倒一切男子。就讓一步講。亦在當時詞家中算前幾名。她本來始終是金石錄的作者趙明誠的夫人。並未改嫁但因雲麓漫鈔載其謝綦崇禮啓。濫採僞文說她改嫁張汝舟與張汝舟不和打官司。有「猥以桑榆之末影配茲駔儈之下才」等語宋代筆記遂紛紛記載此事後人對於李易安雖然很稱讚她的詞章但瞧不起她的品格到近代俞正燮在他的癸巳類稿中有一篇易安居士事輯將她所有的著作皆按年月列出證明她絕無改嫁之事又搜羅各方證據指出改嫁謠言的來歷我們讀了這篇以後纔知道不特易安的詞章優美就是她的品節亦沒有可譏的地方這類著述主要工作全在辨別史料之眞僞而加以精確的判斷陳俞二氏所著便是極好模範歷史上人物應該替他們做洗寃錄的實在不少我們都可以用這種方法做去

（2）前代史家或不認識他的價值或把他的動機看錯了內此所記的事蹟便有偏頗不能得其眞相這類事實史上亦很多應該替他改正譬如提倡新法的王安石明朝以前的人都把他認爲極惡大罪幾欲放在奸臣傳內與蔡京童貫同列宋史本傳雖沒有編入奸臣一類但是天下之惡皆歸把金人破宋的罪名亦放在安石頭上這不是托克托存意誣衊他乃是托克托修宋史的時候不滿意安石的議論在社會上已很普遍了不必再加議論所載事蹟已多不利於安石讀者自然覺其可惡但是我們要知道王安石絕對不是壞人至少應當如陸象山王荊公祠堂記所批評說他的新法前人目其孳孳爲利但此種經濟之學在當時實爲要圖朱子亦說他「剛愎誠然有之事情應該作的」他們對於安石的人格大體上表示崇敬但是宋史本傳那就完全不同了所以我們認爲有改作的必要乾嘉時候蔡元鳳（上翔）作王荊公年譜專門做這種工作體裁雖不大對文章技術亦差惟極力爲荊公主張公道這點精神卻很可取

又如秦代開國功臣的李斯。為二世所殺。斯死不久。秦國亦亡。漢人對於秦人因為有取而代之的關係。當然不會說他好。史記的李斯傳令人讀之不生好感。李斯旁的文章很多。一概不登。只登他的諫逐客書及對二世書。總不免有點史家上下其手的色彩。他的學問很好。曾經作過戰國時候第一流學者荀卿的學生。他的功業很大。創定秦代的開國規模。間接又是後代的矩範。漢代開國元勳如蕭何曹參都不過是些刀筆小吏。因緣時會。說不上學問。更說不上建設。漢代制度十之八九從秦代學來。後代制度又大部分從漢代學來。所以李斯是一個大學者。又是頭一個統一時代的宰相。還他的學問和事功都算得歷史上的偉大人物。很值得表彰一下。不過遲至現在。史料大都湮沒。祇好將舊有資料補充補充。看漢人引用秦人制度的地方有多少。也許可以看出李斯的遺型。總之李斯的價值要從新規定一番。是無疑的。

(3)為一種陳舊觀念所束縛。帶起着色眼鏡看人。把從前人的地位身分全看錯了。這類事實。史上很多。應該努力洗刷。例如曹操代漢。在歷史上看來。這是力征經營當然的結果。和漢高祖唐太宗們之得天下實在沒有甚麼分別。自從三國演義通行後。一般人都當他作奸臣。與王莽司馬懿同等厭惡。平心而論。曹操與王莽司馬懿絕然不同。王莽靠外戚的關係。騙得政權。卽位之後。百事皆廢。司馬懿為曹氏顧命大臣。欺人孤兒寡婦。狐媚以取天下。這兩人心地的殘酷。人格的卑汚。那裏夠得上和曹孟德相提並論。當黃巾董卓李傕郭汜多次大亂之後。漢室快要亡掉。曹孟德最初以忠義討賊。削平羣雄。假使爽爽快快作一個開國之君。誰能議其後。祇因玩一回挾天子以令諸侯的把戲。竟被後人搽上花臉。換個方面看待。同時的劉備孫權。事業固然比不上曹操的偉大。人格又何嘗能比曹操高尚。然而曹操竟會變成天下之惡皆歸。

豈非朱子綱目以後的史家任情褒貶。漸失其實嗎。又如劉裕代晉。其撥亂反正之功。亦不下於曹操。看他以十幾個同志。在京口起義。何等壯烈。滅南燕。滅姚秦。把五胡亂華以後的中原。幾乎全部恢復。功業何等雄偉。把他列在司馬懿蕭道成中間。看做一丘之貉。能算公平嗎。宋以後的士大夫。對於曹操劉裕一類人物。特別給他們不好的批評。一面是爲極狹隘極冷酷的君臣之義所束縛。以一節之短處。抹殺全部的長處。一面因爲崇尚玄虛。鄙棄事功。成爲牢不可破的謬見。對於這類思想的矯正。固然是史評家的責任最大。但敍述的史家。亦不能不分擔其責。總而言之。凡舊史對於古人價值認識錯誤者。我們都該下番工夫去改正他。

(五)皇帝的本紀及政治家的列傳。有許多過於簡略。應當從新作過。因爲所有本紀。在全部二十四史中。都是編年體。作爲提綱挈領的線索。盡是些官樣文章。上面所載的。都不過上諭日蝕饑荒進貢任官一類事情。所以讀二十四史的人。對於名臣碩儒。讀他們的列傳。還可以看出一個大概。對於皇帝。讀他們的本紀。反爲看不清楚。皇帝的事。往往散見在旁的列傳中。自然不容易得整個的概念了。皇帝中亦有偉大人物。於國體政體上別開一個生面。如像秦始皇漢高祖漢武帝漢光武魏武帝漢昭烈帝吳大帝北魏孝文帝北周武帝唐太宗宋太祖元世祖明太祖清聖祖清世宗清高宗。何止一二十個人。都於一時代有極大的關係。可惜他們的本紀。作得模糊影響。整個的人格和氣象。完全看不出來。此外有許多大政治家亦然。雖比皇帝的本紀略爲好些。但因爲作的是列傳。許多有關係的事實。不能不割裂到其他有關係的人物的傳中去。即如諸葛武侯的事蹟。單看三國志的諸葛亮列傳。看不出他的偉大處來。須得把蜀志甚至於全部三國志都要讀完。

考察他如何行政。如何用人。如何聯吳。如何伐魏。纔能了解他的才能和人格。這種政治上偉大人物。無論爲君爲相。很可以從各列傳中把材料鈎稽出來。從新給他們一人作一個專傳。

(六)有許多外國人。不管他到過中國與否。祇要與中國文化上政治上有密切關係。都應當替他們作專傳。譬如釋迦牟尼。他雖然不是中國人。亦沒有到過中國。但是他所創立的佛敎在中國思想界佔極重要的一部分。爲自己研究的便利起見。爲世界文化的貢獻起見。都有爲他作專傳的必要。又如成吉斯汗。他是元代的祖宗。但是元代未有中國以前的人物。其事實不在中國本部。可以當作外國人看待。他的動作關係全世界。很值得特別研究。可惜元史的記載太簡略了。描寫不出他偉大的人格與事功。所以我們對於成吉斯汗。可以說有爲他作專傳的義務。此外。如馬可孛羅。意大利人。他的生活大部分在中國。曾作元朝的客卿。他是第一個著書把中國介紹到歐洲去的人。在東西交通史佔得重要的位置。我們中國人不能不了解他。又如利馬竇南懷仁湯若望龐迪我……諸人。他們在明末淸初的時候。到中國來。一面輸入天主敎。一面又輸入淺近的科學。歐洲方面。除敎會外。很少人注意他們。中國方面。因爲他們在文化上有極大的貢獻。我們就不得不特別重視了。又如大畫家的郎世寧。他的生活大部分在中國。於輸入西洋美術上功勞很大。他在歐洲美術界。只能算第二三等脚色。在中國美術界。就要算西洋畫的開山祖師。歐洲人可以不注重。我們不能不表彰。更如創辦海軍的琅威爾。作中國的官。替中國出力。淸季初期海軍由他一手練出。雖然是外國人。功在中國。關於他的資料。亦以中國爲多。西文中尋不出甚麼來。這類人物。大大小小。不下一二十個。在外國不重要。沒有作專傳的必要。在中國很重要。非作專傳不可。有現成資料。固然很好。就是難找資料。亦得設法找去。

(七)近代的人學術事功比較偉大的。應當爲他們作專傳。明以前的人物。因爲有二十四史。材料還較易找。近代的人物。因爲清史未出。找材料反覺困難。現在要爲清朝人作傳。自然要靠家傳行狀和墓誌之類。搜羅此種史料最豐富的要算碑傳集同國朝耆獻類徵二書。其中有許多偉大人物資料豐富。不過仍須經一番別擇的手續。但是有許多偉大人物並此種史料而無之。例如年羹堯我們雖知他曾作大將軍。但爲雍正所殺。害的情形和原因卻很難確實知道。雖爲一時代的重要人物。而事蹟渺茫若此。豈不可惜。又如章學誠算得一個大學者了。但是耆獻類徵記載他的事。只有兩行。並且把章字誤作張字。像他這樣重要的人物。將來清史修成。不見得會有他的列傳。縱有列傳。也許把章字誤成張字。亦未可知。或者附在文苑傳內。簡單的說一兩行也說不定。研究近代的歷史人物。我們很感苦痛。本來應該多知道一點。而資料反而異常缺乏。我們應該盡我們的力量。搜集資料。作一篇算一篇。尤其是最近的人。一經死去。蓋棺論定。應有好傳述其生平。即如西太后袁世凱蔡鍔孫文。都是清末民初極有關係的人。可惜都沒有好傳。此時不作。將來更感困難。此時作。雖不免雜點偏見。然多少尙有眞實資料可憑。此時不作。往後連這一點資料都沒有了。

如上所述。關係重要的。性情奇怪的。舊史不載的。挾嫌誣衊的。本紀簡略的。外國的。近代的。人物都有替他作專傳的必要。人物專史的對象。大概有此七種。

說到這兒還要補充幾句。有許多人。雖然偉大奇特。絕對不應作傳。這種人約有兩種。

(一)帶有神話性的。縱然偉大。不應作傳。譬如黃帝很偉大。但不見得眞有其人。太史公作五帝本紀。亦作得恍惚迷離。不過說他「生而神明。弱而能言。幼而徇齊。長而敦敏。成而聰明。」這些話很像詞章家的點綴堆砌。一點不踏實。其餘的傳說。資料儘管豐富。但絕對靠不住。縱不抹殺。亦應懷疑。這種神話人物。不必上古。就是近古也有。譬如達摩。佛教的禪宗奉他爲開山之祖。但是這個人的有無。還是問題。縱有這個人。他的事業究竟到甚麼程度。亦令人茫然。難以捉摸。無論古人近人。祇要帶有神話性。都不應替他作傳。作起來亦是渺渺茫茫。無從索解。

(二)資料太缺乏的人。雖然偉大奇特。亦不應當作傳。比如屈原。人格偉大。但是資料枯窘得很。太史公作屈原列傳。完全由淮南王安的離騷序裏面抄出一部分來。傳是應該作的。可惜可信的事蹟太少了。戰國時代的資料本來缺乏。又是文學家。旁的書籍記載很少。本身著作。可以見生平事蹟的亦不多。對這類人。在文學史上講他的地位。是應該的。不過只可作很短的小傳。把史傳未載的。付之闕如。有可疑的作爲筆記。以待商榷。若勉強作篇詳傳。不是徒充篇幅。就是涉及武斷。反而失卻作傳的本意了。又如大畫家吳道子。大詩家韋蘇州。人物都很偉大。史上無傳。按理應該補作。無如吳道子事蹟稀少。傳說概不足信。韋蘇州雖有一時豪俠。飲酒殺人的話。不過詩人口脗。有多方面的解釋。這類不作傳似乎不好。勉強作傳。又把史學家忠實性失掉了。去這兩種人。有的令人崇拜。有的令人讚賞。有的令人惋惜。本來應該作傳。可惜沒有資料。假使另有新資料發見。那時又當別論。在史料枯窘狀況之下。不能作。亦不應作。祇好暫時擱下吧。

應該作專傳和不應該作專傳的人。上面既已說了個標準。其餘三種人的專史——年譜。列傳。合傳——也可就此類推。現在不必詳說了。

第三章　做傳的方法

今天所講的作傳方法。偏重列傳方面。但專傳亦可應用。列傳要如何作。我現在沒有想得周到。不能夠提出多少原則來。我是一面養病。一面講演。祇能就感想所及。隨便談談。連自己亦不滿意。將來有機會可再把新想到的原則。隨時添上去。

爲一個人作傳。先要看爲甚麼給他做。他值得作傳的價值在那幾點。想清楚後。再行動筆。若其人方面很少。可只就他的一方面極力描寫。爲政治家作傳。全部精神偏在政治。爲文學家作傳。全部精神偏在文學。若是方面多。就要分別輕重。重的寫得多。輕的寫得少。輕重相等。則平均敘述。兩人同作一事。應該合傳的。不必强分。應該分傳的。要看分在何人名下。最爲適當。

(一)爲文學家作傳的方法。　作文學家的傳。第一。要轉錄他本人的代表作品。我們看史記漢書各文人傳中。往往記載很長的文章。例如史記的司馬相如列傳。就把幾篇賦全給他登上。爲甚麼要費去這麼多的篇幅去登作品。何不單稱他的賦作得好。並列舉各賦的篇名。因爲司馬相如所以配稱爲大文學家。就是因那幾篇賦有價值。那幾篇賦。現在文選上有。各種選本上亦有。覺得很普遍。並不難得。但是要知道。如果當初正史上沒有記載。也許失去了。我們何從知道他的價值呢。第二。若是不登本人著作。則可轉載旁人對於他的批評。但必擇純客觀的論文。能夠活現其人的全體。而非評騭枝節的。譬如舊唐書的杜甫傳。把元微之一篇比較李杜優劣的文章。完全登在上面。這是很對的。那篇文章從詩經說起。歷漢魏六朝說到唐。把幾千餘年來詩的變遷。以及杜甫在詩界的地位。都寫得異常明白。新唐書把那篇文章刪去。（旁的還刪了許多零碎事情。）自謂事多於前。文省於舊。其實不然。經這一刪。反爲減色。假使沒有杜工部集行世。單讀新唐書杜甫傳。我們絕不會知他是這樣偉大的人物。爲文學家作傳的正當法子。應當像太史公一樣。把作品放在本傳中。章學誠就是這樣的主張。這種方法雖然很難。但是事實上應該如此。爲甚麼要給司馬相如杜甫作傳。就是因爲他們的文學好。不載文章。眞沒有作傳的必要。最好能像史記司馬相如列傳登上幾篇好賦。否則須像舊唐書杜甫傳登上旁人的批評。縱然杜工部集失掉了去。我們還可以想見他的作風同他的地位。舊唐書登上元微之那篇論文。就是史才超越的地方。新唐書把它刪去。就是史識不到的地方。

(二)爲政治家作傳的方法　作政治家的傳。第一要登載他的奏議同他的著作。若是不登這種文章。我們看不出他的主義。後漢書的王充仲長統王符合傳。就把他們三人的政論完全給他登上。爲甚麼三人要合傳。爲的是學說自成一家。思想頗多脗合。爲甚麼要爲他們登載政論。因爲他們三人除了政論以外。旁的沒有甚麼可記。范蔚宗認爲論衡昌言潛夫論可以代表三家的學說。所以全登上了。論衡今尚行世。讀原書。然後知道蔚宗所錄尚不完全。但是昌言同潛夫論或已喪失。或已殘闕。若無後漢書這篇傳。我們就沒有法子知道仲長統和王符有這樣可貴的政見。第二若是政論家同時又是文學家。而政論比文學重要。與其登他的文章。不如登他的政論。史記的屈原賈生列傳。對於屈原方面事跡模糊。空論太多。這種借酒杯澆塊壘的文章。實在作的不好。這且勿論。對於賈生方面。專載他的鵩鳥賦弔屈原賦。完全當作一個文學家看待。沒有注意他的政見。未免太粗心了。漢書的賈生列傳。就比史記做得好。我們看那轉錄的陳政事書。就可以看出整個的賈誼。像賈誼這樣人。在政治上眼光很大。對封建。對匈奴。對風俗。都有精深的見解。他的陳政事書。到現在還有價值。太史公沒有替他登出。不是祇顧發牢騷。就是見識不到。完全不是作史的體裁。

(三)為方面多的政治家作傳的方法　有許多人方面很多。是大政治家。又是大學者。這種人應當平均敍述。我們平常讀明史的王守仁傳。總覺得不十分好。再與旁人所作王守仁傳比較一下。就知道明史太偏重一方了。明史敍陽明的功業。說他偉大誠然可以當之無愧。但是陽明之所以不朽。尤其因他的學說。萬季野的明史原稿不知道怎麼樣。後來張廷玉陸隴其一般人以門戶之見。根本反對陽明思想。所以我們單讀明史本傳看不出他在學術界的地位。最好同邵念魯的思復堂文集。明儒學案的姚江學案對照著讀。就可以知道孰優孰劣。明儒學案偏重學術。少講政治。固然可以說學案體裁。不得不爾。但是梨洲於旁人的事蹟錄得很多。而於陽明特簡。這是他的不好處。因為陽明方面太多。學問事功都有記載的價值。學案把事功太拋棄。差不多成為一個純粹的學者了。明史本傳全講事業。而於學問方面極其簡略。而且有許多不好的暗示。其實失策。若先載陽明學說。然後加以批評。亦未為不可。但明史一筆抹殺。敍學術的話不過全部百分之二三。讓人看去反不滿意。現存的王陽明傳。要算邵念魯作得頂好。平均起來。學問佔三分之二。功業佔三分之一。述學問的地方。亦能擷出要點。從宋學勃興。後學術的變遷。陽明本身的特點。在當時學界的地位。以及末流的傳授。都能寫得出來。最後又用舊唐書的方法。錄二篇文章。一篇是申時行請以陽明配祀孔廟的奏摺。一篇是湯斌答陸隴其的一封信。他不必為陽明辯護。而宗旨自然明白。述功業的地方。比明史簡切得多。眞可謂事多於前。文省於舊。尤為精采的。是能寫得出功業成就的原因。及功業關係的重大。又概括。又明瞭。在未敍剿平南贛匪亂之先。先說明用兵以前的形勢。推論當時假使沒有陽明。恐怕晚明流寇早已起來。等不到泰昌天啓的時候了。次敍陽明同王瓊（最先賞識陽明的人）的談話。斷定舊兵不能用非練新兵不可。新兵又要如何的練法。平賊以前有這兩段話。可以看出事業的關係。及其成功的原因。這種消息在明史本傳一點沒有痕跡。不過說天天打勝仗而已。又陽明平賊以後如何撫循地方維持秩序以減少作亂的機會。一面用兵。一面講學。此等要事亦惟邵書有之。而明史則無。關於平定宸濠一事。雖沒有多大比較。但明史繁而無當。不如邵書簡切。這都可以看出史才史識的高低。

(四)爲方面多的學者作傳的方法　許多大學者有好幾方面。而且各方面都很重要。對於這種人。亦應當平均敍述。譬如清儒記載戴東原的很多。段玉裁作年譜。洪榜作行狀。王昶作墓誌銘。錢大昕作墓誌銘。阮元作儒林傳稿。凌廷堪作行狀。這些都是很了不得的人。我們把他們的作品來比較。可以看出那一個作得好。如何纔能把戴東原整個人格完全寫出。我們看段玉裁雖是親門生。但東原年譜是晚年所作。許多事跡記不清楚。王錢阮凌諸人。或者關係很淺。或者相知不深。大半是模糊影響的話。惟有洪榜的行狀。作得很好。但現在所存的。已經不是原文。被人刪去不少。原文全錄東原答彭進士允初書。時人皆不謂然。朱筠且力主刪去。東原家人祇好刪去了。其實此書自述著孟子字義疏證之意。在建設一己哲學的基礎。關係極其重要。洪榜能賞識而餘人不能。這不是藝術的關係。乃是見識的關係。其餘幾家祇在聲音訓詁天文算術方面着眼。以爲是東原的絕學。東原的哲學的見解。足以自樹一幟。他們却不認識。並且認爲東原的弱點。比較上凌廷堪還稍微說了幾句。旁的人一句亦不講。假使東原原文喪失。我們專看王錢段阮諸人著作。根本上就不能了解東原了。所以列傳眞不易作。一方面要史識。一方面要史才。欲得篇篇都好。除非個個了解。但是無論何人。不能如此淵博。要我在清史中作戴東原傳。把他所有著作看完。尚可作得清楚。要我作惲南田(大畫家)傳。我簡直沒有法子。因爲我對於繪畫一道。完全是外行。想把惲傳作好。至少能夠了解南田如像了解東原一樣。所以作列傳不可野心太大。篇篇都想作得好。頂好專作一門。學文學的人作文學家的列傳。學哲學的人作哲學家的列傳。再把前人作的拿來比較一下。可以知道爲某種人作傳。應該注重那幾點。作時就不會太偏了。即如戴東原傳。前兩年北京開戴氏百年紀念會。我曾作過一篇。因爲很匆忙。不算作得好。但可以作爲研究的模範。我那篇傳。就是根據段洪王錢阮凌幾家的作品。因爲敍述平均。至少可以看出東原的眞相以及他在學術界的地位。後來居上。自然比洪榜的行狀還好一點。不過洪作雖非全璧。亦能看出東原一部分眞相來。已經就很難了。作傳要認清注重之點。不錯。戴東原是一個學者。但是在學問方面。是他的聲音訓詁好呢。還是他的義理之學好。沒有眼光的人。一定分辨不出來。我以爲東原方面雖多。義理之學是他的菁華。不可不講。王錢諸人的著作。沒有提到。這是他們失察的地方。

(五)爲有關係的兩人作傳的方法　兩個人同作一件事。一個是主角。一個是配角。應當合傳。不必强分前面講賈生列傳。漢書比史記好。但是韓信列傳。漢書實在不高明。班孟堅另外立一個蒯通傳。把他遊說韓信的話。放在裏邊。蒯通本來只是配角。韓信纔是主角。韓信的傳。除了蒯通的話。旁的不見精采。蒯通的傳。除了韓信的話。旁的更無可說。漢書勉强把他二人分開。配角固然無所附麗。主角亦顯得單調孤獨了。這種眼光孟堅未始不曾見到。或者因爲他先作韓信傳。後來纔作蒯通傳。既作蒯通傳。不得不割裂韓信傳。這樣一來。

便弄得兩面不討好了。兩個人同作一件事。兩人又都有獨立作傳的價值。這種地方就要看分在何人名下最爲適當。明史左光斗同史可法兩個人都有列傳。兩人都有價值。史是左的門生。年輕時很受他的賞識。後來左光斗被魏忠賢所陷。繫在獄中。史可法冒險去看他。他臨死時又再去收他的屍。明史把這件事錄在史可法傳中。戴南山又把這件事錄在左光斗傳中。分在兩書。並錄無妨。同在一書。不應重見。比較起來。以錄在左傳中爲是。史可法人格偉大。不因爲這件事情而加重。左光斗關係較輕。如無此事。不足以見其知人之明。所以在史傳中。無大關係。在左傳中。可以增加許多光彩。

(六)爲許多人作傳的方法　上次講作專傳以一個偉大人物作中心。許多有關係的人附屬在裏面。不必專傳如此。列傳亦可因一個主要的。可以見許多次要的。這種作法。史記漢書都很多。作正史上的列傳。篇數愈少愈好。可以歸納的最好就歸納起來。史記的項羽本紀。前半篇講的項梁。中間講的范增。後半篇纔講項羽自己。若是文章技術劣點。分爲三篇傳。三篇都作不好。太史公把他們混合起來。祇作一篇。文章又省。事情又很清楚。這種地方很可取法。還有許多人不可以不見。可是又沒有獨立作傳的價值。就可以附錄在有關係的大人物傳中。因爲他們本來是配角。但是很可以陪襯主角。沒有配角。形容不出主角。寫配角正是寫主角。這種技術。史記最是擅長。例如信陵君這樣一個人。胸襟很大。聲名很遠。從正面寫。未嘗不可以。總覺得費力。而且不易出色。太史公就用旁敲側擊的方法。用力寫侯生。寫毛公薛公。都在這些小人物身上着筆。本人反爲很少。因爲如此。信陵君的爲人格外顯得偉大。格外顯得奇特。這種寫法。不錄文章。不寫功業。專從小處落墨。把大處烘托出來。除卻太史公以外。別的人能夠做到的很少。

第四章　合傳及其做法

合傳這種體裁．在傳記中最爲良好．因爲他是把歷史性質相同的人物．或者互有關係的人物．聚在一處．加以說明比較．單獨敍述一人．更能表示歷史眞相．歐洲方面最有名最古的這類著作．要算布魯達奇的英雄傳了．全書都是兩人合傳．每傳以一個希臘人與一個羅馬人對照．彼此各得其半．這部書的組織．雖然有些地方勉強比對．不免呆板．但以比對論列之故．一面可以發揮本國人的長處．亦可以鍼砭本國人的短處．兩兩對照．無主無賓．因此敍述上批評上亦比較公平．中國方面．史記中就有許多合傳．翻開目錄．細看可以看出不少的特別意味．史記以後．各史中雖亦多有合傳．究竟嫌獨立的傳太多了．若認眞歸併起來．可以將篇目減少一半或三分之一．果然如此．一定更容易讀．更能喚起興味．合傳這種方法．應用得再進步的．要算淸代下列的幾家．

(一)邵廷采（念魯）邵氏的思復堂文集．雖以文集名書．然其中十之七八．都是歷史著作．論其篇幅．並不算多．但每篇可以代表一種意義．其中合傳自然不止一人．專傳亦包括許多人物．如王門弟子傳．劉門弟子傳．姚江書院傳．明遺民所知傳等篇．體裁均極其優美．全書雖屬散篇．然隱約中自有組織．而且一篇篇都作得很精鍊．可以作我們的模範．

(二)章學誠（實齋）章氏的湖北通志檢存稿．三十餘篇傳．都是合傳．每傳人數自二人以至百餘人不等．皆以其人性質的異同爲分合的標準．皆以一個事蹟的集團爲敍述的中心．讀其傳者．同時可知各個人的歷史．及一事件的始末．有如同時讀了紀傳體．及紀事本末體．雖其所敍祇湖北一省的事情．而且祇記湖北在正史中無傳的人物範圍誠然很窄但是此種體裁可以應用到一時代的歷史上去亦可應用到全國的歷史上去。

(三)魏源(默深)魏氏的元史新編十幾年前纔刻出來這部書是對於二十四史的元史不滿意而作二十四史中元史最壞想改作的人很多已成書的柯劭忞的新元史屠寄的蒙兀兒史記與魏書合而爲三魏書和柯書屠書比較內容優劣如何我不是元史學專家不敢妄下斷語但其體裁實不失爲革命的書中列傳標目很少在武臣方面合平西域功臣爲一篇平宋功臣爲第二篇……又把武功分爲幾個段落同在某段落立功者合爲一傳文臣方面合開國宰相一篇中葉宰相一篇末葉宰相一篇某時代的諫官一篇歷法同治河的官又是一篇又把文治分爲幾個時代或幾個種類同在某時代服官者或同對於某樣事業有貢獻者各各合爲一傳全書列傳不過二三十篇皆以事的性質歸類每篇之首都有總序與平常作傳先說名號籍貫者不同我們但看總序不待細讀全篇先已得個大概例如每個大戰役內中有多少次小戰每戰形勢如何誰爲其中主人開頭便講然後分別說到各人名下像這種作法雖是紀傳體的編製却兼有紀事本末體的精神所傳的人的位置及價值亦都容易看出。

我們常說二十四史有改造的必要如果眞要改造據我看來最好用合傳的體裁而且用魏源的元史新編那體裁當初鄭樵作通志的時候原想改造十七史這種勇氣很好即以內容而論志的部分亦都作得不錯可惜傳的部分實在作得不高明不過把正史列傳各抄一過而已讀通志的人大都不看傳因爲通志的傳根本就和各史原文沒有甚麼異同改造二十四史別的方法固然很多在列傳方面祇須用魏書體裁就可耳目一新。

看的時候。清楚許多。激發許多。讓一步講。我們縱不說改造二十四史的話。即是做人物的專史。終不能不作傳。做單傳固然可以。不過可合則合。效果更大。

合傳的性質。各人的分類不同。依我看來。可以分爲兩大類。第一類。超羣絕倫的偉大人物。兩下有比較者。可作合傳。第二類。代表社會一部分現象的普通人物。許多人性質相近者。可作合傳。以下根據這兩類分別細講。

(一)人物或二人或二人以上。可以作篇合傳。又可分爲四小類。

(1)同時的人。事業性質相同或相反。可合者合之。例如王安石與司馬光。時代相同。事業相同。兩人代表兩派。凡讀王安石傳時。不能不參考司馬光傳。與其分爲兩篇。對於時代的背景。要重複的講了又講。對於政治的主張。有時又不免有所軒輕。何如合爲一篇。可以省事。而且搜求事跡。亦較公平。再如朱熹與陸九淵。時代相同。性質不同。代表的方面亦相反。作了朱傳再作陸傳。一定要犯上面所說的重複和偏見兩種毛病。合在一起。就不至於。恭維這個。瞧不起那個了。又如曾國藩與胡林翼。時代相同。事實亦始終合作。單作曾傳。非講胡不可。單做胡傳。非講曾不可。兩人地位相等。不能以曾附胡。亦不能以胡附曾。應該合爲一傳。平均敍述。更如李白與杜甫。雖未合作。亦非相反。然同時代。可以代表唐時文學的主要部分。講李時連帶說杜。講杜時連帶說李。兩下陪襯起來。格外的圓滿周到。假使把他們分開。就不免有拖沓割裂的痕跡了。

(2)不同時代的人。事業相同。性質相同。應該合傳。例如漢武帝與唐太宗。時代不同。而所作的多是對外事業。漢族威德的發揚光大。兩人都有功勞。合爲一傳。可以得比較其在中國文化上的位置及價值。愈見明瞭。再如曹操與劉裕。時代不同。性質大部分相同。都在大亂之後。崛起草澤。惟皆未能統一中國。遂令後世史家予以不好的批評。若把他們兩人合在一起。可以省許多筆墨。而行文自見精采。加判斷的時候亦比較的容易公平。又如項羽李密陳友諒。時代不同。事業大致相同。都是遭遇強敵。遂致失敗。這種失敗的英雄。可以供我們憑弔的地方很多。合在一塊作傳。情形倍覺可憐。更如苻堅北魏孝文帝北周武帝金世宗清聖祖。時代不同。事業相同。都是以外國入主中國。努力設法與漢人同化。合爲一傳。可以看出這種新民族同化到中國的情形。全部歷史上因爲有這幾個人。變遷很大。

(3)專在局部方面。或同時。或先後同作一種工作。這類人應當合傳。例如劉知幾鄭樵章學誠。都在中國歷史哲學上有極大的貢獻。史學觀念的變遷和發明。皆與他們有密切關係。三人合在一塊作傳。可以看出淵源的脈絡。前人的意見。後人如何發揮。前人的錯誤。後人如何改正。中國歷史哲學就容易敍述清楚了。又如鳩摩羅什與玄奘。都是翻譯佛經事業的偉大相若。兩個人代表兩大宗派。一個是三論宗的健將。一個是法相宗的嫡傳。做他們兩人的合傳。可以說明印度佛教宗派的大勢力。中國譯經事業的情形。又如公孫述劉備李雄王建孟知祥。都在四川割據稱雄。祇能保守不能進取。把他們幾人合傳。可以看出四川在中國的地位。前人常說。「天下未亂蜀先亂。天下已治蜀未治。」這個原則。古代如此。直至民國仍然沒有打破。更如陳東與張溥。都是代表一種團體活動的人。兩人性質相同。陳爲大學生。張爲秀才。一個連合學生干政。一個運動組織民黨。把他們兩人合傳。可以看出地位不高而事業偉大的中國青年。在歷史活動的成績及所以活動的原因。

(4)本國人與外國人性質相同事業相同可以作合傳要作這種傳不單要研究國學外史知識亦須豐富兩兩比較可以發揮長處補助短處例如孔子與蘇格拉底兩個都是哲學家一個是中國的聖人一個是希臘的聖人都講人倫道德兩人合爲一傳可以比較出歐亞對於人生問題的異同及解決這類問題的方法再如墨翟與耶穌兩個都是宗教家一個生當戰國一個生於猶太都講博愛和平崇儉信天合在一塊作傳可以看出耶墨兩家異同並可以研究一盛一衰的原故又如屈原和荷馬兩個都是文學家一個是東方的文豪一個是西方的詩聖事蹟都不十分明瞭各人都有幾種傳說把他們合在一起可以看出古代文學發達的次序及許多作品附會到一人名下的情形更如清聖祖俄大彼得法路易十四都是大政治家三人時代相同性質相同彼此都有交涉彼得路易的國書清故宮尙有保存替他們合作一傳可以代表當時全世界的政治狀況並可以看出這種雄才大略的君主對內對外的方略

(二)代表社會一部分現象的普通人物　和第一類相反前者是英俊挺拔的個人後者是羣龍無首的許多人正史中的儒林文苑遊俠刺客循吏獨行等列傳就爲他們而立他們在歷史上關係的重要不下於偉大人物作這種合傳是專寫某團體或某階級的情狀其所注意之點不在個人的事業而在社會的趨勢需要立傳與否因時代而不同史記有遊俠傳因爲秦漢之交朱家郭解一流人物在社會上有相當的勢力不可忽視後漢書有黨錮傳因爲東漢時候黨錮爲含有社會性的活動直接影響到政治後漢書又有獨行傳因爲當時個人的高世傑出之行社會上極其佩服養成一種風氣宋史有道學傳因爲宋代理學發達爲當時一種特殊現象於社會方面影響極大這類人物含有社會性其中亦有領袖行爲舉止頗多値得注意的

地方。然不及全部活動之重要。單注意領袖。不注意二三等脚色。看不出力量。看不出關係。非有羣龍無首的合傳不可。我們萬勿以人物不大事情不多。一個個分開看。無足輕重。便認定其活動爲無意義。便不得佔篇幅。須知一個人雖無意義。人多則意義自出。少數的活動效果雖微。全體的活動效果極大。譬如後漢書黨錮傳。要把個人的動作聚合加上。然後全部精神可以表出。單看范滂張儉所爭。都是碰碰小節。然黨錮共同精神。就在這碰碰小節裏邊。我們若祇是發空論唱高調。一定表現此中眞相不出來的。眞講究作文化史。這類普通人物的事實。比偉大人物的動作意味還要深長。二十四史中這類合傳尙嫌其少。應當加以擴充。又可分爲五項。

(1)凡學術上。宗敎上。藝術上。成一宗派者。應當作爲合傳。例如姚江王門弟子傳。蕺山劉門弟子傳。邵念魯所著。作得很好。兩家學風可以看出。宋元學案。明儒學案。亦皆如此。前者分派多。歸併少。後者反是。比較起來。還是明儒學案好些。(因一是單篇一是專著之故)李穆堂的陸子學譜。亦用合傳體裁。陸門一傳再傳弟子的關係。都在裏面。看得很瞭然。研究亦很方便。再如法相宗。天台宗。禪宗。在佛敎史中不必多作。祇要幾篇好的合傳便就够了。又如南宗畫派。院體畫派。自明以來。分據畫界領域。把一派中重要人物聚集起來。爲作一篇合傳。並不費事。而研究近代繪畫的人。很容易得一種概念。

(2)凡一種團體。於時代有極大關係者。應當爲作合傳。例如宋代的元祐慶元黨案。不管他有無具體組織。亦不管他是好是壞。但是當時士大夫都歡喜標立門戶。互相排擠。至其甚則造作黨籍以相陷。但凡他們氣味相投的。都可以作爲合傳。以觀其是非得失。再如明代的東林復社崑宣閹黨。有的係自立名號。有的敵黨所加。各因其類。結爲團體。以相攻擊。於是宇內騷然。大獄慘動。最好一黨作篇合傳。以觀其政治上影響。並可以考見明亡的原因。又如近代的戊戌維新黨。國民黨。共產黨。其發生雖或先或後。歷史雖或久或暫。組織雖或疎或密。然對於政治方面各有主張。各有活動。應該把他們的分子作幾篇合傳。以說明他們的眞相。判斷他們的功罪。推求他們在政治上社會上的影響。

（3）不標名號。不見組織。純爲當時風氣所鼓盪。無形之中演成一種團體活動。這類人亦應當爲作合傳。例如晉代的清談。沒有黨。沒有系。更沒有本部支部。但是風氣所尙。都喜歡搖麈尾。發儁語。爲他們作一篇合傳。不特可以看出當時思想的趨勢。並可以看出社會一般的情形。再如宋代的道學。雖沒有標出任何團體。然而派別很多。人人都喜歡講點理氣性命的話。合起來作篇傳。比宋元學案稍略。比宋史道學傳稍詳。以看他們的主張及傳授。那就好了。又如明末遺民反抗滿洲。雖沒有團體。但確爲時代精神所寄。單看張煌言顧炎武等。還看不出全部的民族思想。社會潮流。把大大小小許多人都合起來作傳。他們這種活動的意義及價值。立刻就可以看出來了。

（4）某種階級或某種閥閱。在社會上極佔勢力者。應當爲作合傳。例如六朝的門第。儼然是一種階級。南朝的王謝郗庾。北朝的崔盧李鄭。代代俱掌握政權。若從南北史中把他們這幾人各作一篇合傳。可知其勢力之偉大。所有重要活動。全是這幾人作的。但是單看王導傳謝安傳。很不容易看出來。再如唐朝的藩鎮。爲一代盛衰的根源。單看安祿山史思明的列傳。看不出有多少關係。若把大大小小的藩鎮都合起來。說明他們的興亡始末。可以看出在當時專橫的情形。於後世影響的重大。又如晚明流寇騷動全國。明朝天下就斷送在他們手裏。單看張獻忠李自成的列傳。還未能看出民間慘苦的全部。把所有流寇都聚集起來。就可以看出他們的凶暴刻毒。並可以看出社會上所受他們的摧殘蹂躪。有些地方眞能夠使我們看了流淚。

(5)社會上一部分人的生活。如有資料。應當搜集起來。爲作合傳。例如藏書家及印書家。單指一人。不能說有多少影響。若把一代(如清代)的藏書家印書家作合傳。可以知道當時書籍的聚散離合。一代文化的發達與衰謝。亦可以看出一斑。這和學術上的關係極爲重大。再如淮揚鹽商廣東十三行。都是一時的商業中心。可惜資料不易得了。若由口碑及筆記搜集起來。作爲合傳。可以看出這部分的經濟狀況及國內外商業的變遷。又如妓女及戲子。向來人看不起。但是他們與政治上社會上。俱有很大的關係。明末妓女中的柳如是陳圓圓顧橫波。都是歷史上極好的配角。清末戲子中的程長庚譚鑫培梅蘭芳。都很受社會的歡迎。爲他們作篇合傳。不特值得。而且應該。有許多地方。須靠他們來點綴說明。

上面第一第二兩類人物。一類之中。分爲幾個小類。每一小類。舉三四個例來。取便說明。並不是說應該作傳的人物。完全在此。我的意思。是說偉大人物單獨作傳。固然可以。但不如兩兩比較。容易公平。而且效果更大。要說明位置價值及關係。亦較簡切省事。至於普通人物。多數的活動。其意味極其深長。有時比偉大還重要些。千萬不要看輕他們。沒有他們。我們看不出社會的眞相。看不出風俗的由來。合傳這種體裁。大概情形如此。

第五章　年譜及其作法

年譜這種著述，比較的起得很遲。最古的年譜，當推宋元豐七年，呂大防做的韓文年譜杜詩年譜。做年譜的動機，是讀者覺得那些文詩感觸時事的地方太多，作者和社會的背景關係很切，不知時事，不明背景，冒昧去讀詩文，是領會不到作者的精神的，爲自己用功起見，所以做年譜來彌補這種遺憾。不過初次草創的年譜，組織自然不完密，篇幅也非常簡單，拿現在的眼光去看，眞是簡陋的很。

但是自從呂大防那兩部年譜出世以後，南宋學者做年譜的就漸漸加多了，到明清兩代，簡直「附庸蔚爲大國」，在史學界佔重要位置。起初不過是學者的專利品，後來各種人物都適用了。起初不過一卷二卷，後來卻增至數十卷了。就中如阿文成公年譜有三十四卷，比較呂大防的作品，相差就很遠。做年譜的方法經過許多學者的試驗發明，也一天比一天精密。自從初發生到現在，進步的迅速，不能不使我們驚異。

甲　年譜的種類

年譜的種類，可從多方面去分。

（一）自傳的或他傳的

本人做自傳，歐洲美洲很多，中國比較的少，但中國也不過近代纔不多，古代卻不少。太史公自序便是司馬遷的自傳，漢書敍傳便是班固的自傳，論衡自紀，史通自敍，便是王充劉知幾的自傳。漢書司馬相如傳揚雄傳所採的本文，便是司馬相如揚雄的自傳。這可見自傳在中國古代已很發達了。

由自傳到自傳的年譜，勢子自然很順，但自傳的年譜起得很晚。清康熙時孫奇逢，恐怕是最早的一個。孫奇逢做得很簡單，只有些大綱領，後來由他的弟子補注，纔完成了一部書。同時稍後，黃宗羲也自做一部年譜，可惜燬了。不知內容怎樣。

此外馮辰做的李塨谷年譜前四卷實際上等於李塨自己做的。也可歸入自傳年譜一類。我們知道李塨是一個躬行實踐的人。對於自己的生活是毫不放鬆的。他平時把他的事蹟思想記在他的日譜上面。用來做學問的功夫。和旁人的日記不同。這種日譜不但可以供後人做效。不但很有趣味。而且可使後人知道作者思想的進步事蹟的變遷。毫無遺憾。所以馮辰編李塨谷年譜。單把李塨日譜删繁存要。便成功了。這年譜完全保存了日譜的眞相。而且經過李塨的手定。簡直是李塨自著似的。（但第五卷是劉調贊續纂的。不是根據李塨的日譜。所以又當別論。）

爲研究歷史的方便起見。希望歷史的偉大人物。都能自做日譜。讓後人替他做年譜時。可省許多考證的工夫。然而這種希望何時達到呢。在這上。他傳的年譜便越發需要了。

他傳的年譜又可分同時人做的。和異時人做的。二種。

（1）同時人當然是和譜主有關係的人。或兒子。或門人。或朋友親故。這類人做的年譜和自傳的年譜價値相等。其中最有名的要推王陽明年譜。那是許多門人蒐輯資料。由錢德洪編著的。他們把王守仁一生。分作數段。一個人擔任蒐輯某年到某年的事蹟。經過了許多人的努力。很長久的時間。後來有幾個人死了。幸虧王畿羅洪先幫助錢德洪。纔做成。這部年譜總算空前的佳著。但後來又經李贄的删改。添上了許多神話。便不能得王守仁的眞相了。前者在王文成公全書內。後者在四部叢刊內。我們須分別看待。

此外。劉蕺山年譜最值得我們稱贊。因爲是蕺山的兒子劉汋（伯繩）做的。邵廷采（念魯）謂可以離集

別行不看本集單看年譜已能知譜主身世和學問的大概這類有價值的很多如李塨的顏習齋年譜李瀚章的曾文正公年譜

（2）異時人做的年譜真多極了他們著書的原因大概因景仰先哲想徹底了解其人的身世學問所以在千百年後做這種工作這裏邊最好的要算王懋竑的朱子年譜和同時人做的有相等的價值固然有許多事情同時人能看見而異時人不能看見却也有許多事情異時人可考辨得很清楚而同時人反爲茫昧的所以一個人若有幾部年譜後出的常常勝過先出的現在姑且不講留在下節討論

(二)創作的或改作的

同時人所做的年譜固然是創作異時人所做的年譜若是從前沒有人做過便也是創作創作的年譜經過了些時常有人覺得不滿意重新改做一部這便是改作的年譜改作的大概比創作的好些只有李贄的王陽明年譜是例外但我們要知道改作是一件不得已的事情如果沒有特別見地自然可以不用改作改作了也不可埋沒作者的艱苦因爲創作者已做好了大間架改作者不過加以小部分的增訂删改而已無論什麼歷史我們固然不能說只可有創作不可有改作但也不能因有了改作的以後就把創作者的功勞沒了去有些人不止一部年譜甲改做了乙又改做如朱子年譜有李方子李默洪去蕪王懋竑四種顧亭林年譜有顧衍生吳映奎徐松胡虔張穆五種元遺山年譜有翁方綱凌廷堪張穆三種陶淵明年譜有吳仁傑王質丁晏和我做的四種大概越發晚出越發好些

(三)附見的或獨立的

我們如果想做一部某人的年譜，先須打定主意，到底是附在那人文集後面呢，還是離集而獨立，附見的要使讀本集的人得著一種方便，獨立的須要使不讀本集的人能夠知道那人身世和學問或事業的大概，主意定了，纔可以著手去做。

本來年譜這種書，除了自傳的或同時人做的以外，若在後世而想替前人做，非那人有著述遺下不可，沒有著述或著述不傳的人的年譜，是沒有法子可以做的，除非別人的著述對於那人的事蹟記載十分詳明，纔行，所以年譜的體裁，不能不有附見和獨立二種。

這二種的異點，只在詳略之間，附見的年譜應該以簡單為主，注重譜主事蹟，少引譜主文章，因為讀者要想詳細知道譜主的見解和主張，儘可自己向本集去尋找，專傳後面有時也可附錄年譜或年表，那種年譜也和附見本集的一樣，越簡越好，獨立的年譜卻恰不同，越簡越不好，他的起原，只因本集太繁重或太珍貴了，不是人人所能得見所能畢讀的，為免讀者的遺憾起見，把全集的重要見解和主張和譜主的事蹟，摘要編年，使人一目瞭然，這種全在去取得宜，而且還要在集外廣搜有關係的資料，纔可滿足讀者的希望，合起二種來比較，獨立的恰似專傳，附見的恰似列傳，列傳與附見的年譜須簡切，專傳與獨立的年譜須宏博。

（四）平敍的或考訂的

倘使譜主的事蹟，沒有複雜糾紛的問題，又沒有離奇矛盾的傳說，歷來對於譜主事蹟，也沒有起個什麼爭辯，那麼，簡直可以不要費考訂的筆墨，縱使年代的先後，不免要費考訂的功夫，但也在未落筆墨之前，不必寫在紙上，這種叫做平敍的年譜，他的重要工作，全在搜羅的豐富，去取的精嚴，敍述的翔實，王陽明年譜，曾文正公年譜便屬這種。創作的固然可以平敍。改作的也未嘗不可。

翻回來說要考訂的年譜正多著呢。約計起來共有三種。

(1)譜主事蹟太少要從各處鉤稽的　例如王國維作太史公繫年考略。因為太史公的事蹟在史記漢書都不能有系統的詳細的記載。所以很費了一番考訂工夫。而且逐件記出考訂的經過記載的理由來。這是很應該的因為不說個清楚。讀者不知某事何以記在某年。便有疑惑了。倘若要做孟子墨子一般人的年譜。這是很好的模範。但做起來却不容易。孟子在史記雖有傳。卻有許多不易解決的問題。如先到齊抑先到梁。主張伐燕在齊宣王時代抑在齊湣王時代。都是要費力考訂的。墨子的事蹟更簡。史記只有十餘字。我們應該怎樣去鉤稽考訂敍述呢。總說一句。年代久遠。事蹟湮沒的人。我們想替他做年譜或年表。是不能不考訂的。

(2)舊有的記載把年代全記錯了的　例如陶淵明。宋史昭明太子晉書各傳都說他年六十三。生於晉興寧三年。其實都錯了。我替他做年譜。從他的詩句裏找出好些證據。斷定他年只五十六。生於晉咸安二年。這麼一來。和舊有的年譜全體不同了。舊譜前數年的事。我都移後數年。這種工作、和太史公繫年考略稍異。他用的是鉤沈的工夫。我用的是訂譌的工夫。前人做了不少的陶淵明年譜。都不曾注意到此。其實無論那個譜主的生年數一錯。全部年譜都跟著錯了。此外如譜主的行事著作的先後次序。前人的記載也不免常有錯誤。都值得後人考訂。例如王陽明編朱子晚年定論。說那些文章是朱子晚年做的。其後有許多人說他造謠。這實是一大問題。假使朱子的行事及著作的先後。早有好年譜考定了。便不致引起後人的爭辯。專傳列傳都不能做詳略考訂工作年譜的責任便更重大了。

(3)舊有的記載故意誣衊或觀察錯誤的　如宋史王安石傳對於王安石的好處一點不說專記壞處有些不是他的罪惡也歸在他身上了因爲做宋史的人根本認他是小人後來蔡上翔做王荊公年譜把王荊公文集和北宋各書關於譜主的資料都蒐輯下來嚴密的考訂一番詳細的記述成書我們看了纔知道做宋史的人太偏袒王安石的敵黨了把王安石許多重要的事蹟都删削了單看見他的片面而且還不免有故入人罪的地方像這種年譜實有賴於考訂倘無考訂的工夫冒昧的依從舊有的記載那麼古人含寃莫白的不知有多少了但蔡上翔的王荊公年譜似乎不免超過了考訂的範圍有許多替王安石辨護的話同時寫在考訂的話之後辨護雖很不錯卻和考訂的性質有點不同了。

總結上面四種年譜種類說幾句話就是我們要想做年譜先要打定主意想做的是那一種是創作的呢還是改作的是獨立的呢還是附見的是平敍的呢還是考訂的主意定了纔可以動手。

乙　年譜的體例

接著的便是年譜的體例問題我們須得講個清楚使學者知道年譜怎樣做法。

(一)關於紀載時事——譜主的背景

世上沒有遺世獨立的人也就沒有不記時事的年譜偉大的人常常創造大事業事業影響到當時人生當然不能不記在那人的年譜上就是活動力很小的人不能創造大事業而別人新創造的事業常常影響到他身上那麼時事也應佔他年譜的一部分不過譜主的趨向既各不同年譜紀載時事自然也跟著有詳有簡詳簡

的標準。我們須得說一說。

譬如陳白沙是荒僻小縣的學者。（我的鄉先輩）不曾做過教學以外的事業。生平足跡。只到過廣州一次。北京兩次。生的時世又很太平。簡直可以說他和時事沒有直接的關係。倘使替他做年譜。時事當然少記。又如錢竹汀的科名雖然不小。但只做了幾年閒散的京官。並沒有建設什麼功業。到了中年便致仕回里。教書至死。生的時世也很太平。我們要想把時事多記些上他的年譜。也苦於無法安插。又如白香山的詩雖很有些記載社會狀況的。生的時世雖很紛亂。但他不曾跑進政局。和時事還沒有直接關係。不過總算受了時事的影響。倘使我們替他做年譜。時事自然可以記載些。像這類純粹的學者文人。和時代的關係比較的少。替他們做年譜。要紀載時事。應該很簡切。假使看見旁人的年譜記時事很詳。也跟樣。那可錯了。

反面說。學者文人也有根本拿時代做立脚點的。例如顧亭林雖然少做政治活動。而他的生涯完全受政治的影響。他的一言一動。幾乎都和時代有關係。假使他的年譜不記時事。不但不能了解他的全人格和學問。而且不能知道他說的話是什麼意義。從晚明流寇紛起。滿洲人入關得國。到明六王次第滅亡。事事都激動他的心靈。終究成就了他的學問。像這類人雖然沒有做政治活動。他的年譜也應該記載時事。而且須記詳細些。若譜主正是政治家。當軸者。那更不用說。無論是由他創造的事業。或是有影響於他身上的時事。都應該很詳細的記入他的年譜。

有一種文人和當時的政事有密切關係。假使他的年譜不記時事。我們竟無法看懂他的著作。認識他的價值。而時事亦即因此湮沒不少。例如一般人稱杜甫的詩爲詩史。常常以史註詩。而不知詩裏便有許多史冊未記的事。又如顧亭林的詩，影射時事的也不少，其中有一首，記鄭成功張煌言北伐至南京的一事，說張煌言曾與李定國定期出兵，因路遠失期，以致敗走。假使顧亭林年譜不記時事，怎麼知道這詩所說何事，即使知道了鄭張北伐的事，不端詳詩句的隱義，也會湮沒了張李相約的軼聞。所以譜主的著作和年譜對看，常有相資相益之處。而年譜記載時事，也因此益覺重要。

大概替一人做年譜，先須細察其人受了時事的影響多大，其人創造或參與的時事有幾，標準定了，然後記載纔可適宜。

曾國藩是咸豐同治間政局唯一的中心人物，他的年譜記載時事應該很詳細。除了譜主直接做的事情以外，清廷的措施，偏將的勝負，敵方的因應，民心的向背，在在都和譜主有密切的關係，如不一一搜羅敘述，何以見得譜主立功的困難和原因，我們看李瀚章做的曾文正公年譜，實在不能滿足我們這種欲望。因爲他只敘譜主本身的命令舉動，只敘清廷指揮擢黜諭旨，其餘一切，只有帶敘，從不專提，使得我們看了，好像從牆隙中觀牆外的爭鬬，不知他們爲什麼有勝有負，雖然篇幅有十二卷之多，實際上還不够用。倘然有人高興改做，倒是很好的事情，但千萬別忘記舊譜的短處，最要詳盡的搜輯太平天國的一切大事，同時要人的相互關係，把當時的背景寫個明白，纔了解曾國藩的全體如何。

假如要做李鴻章的年譜，尤其要緊的是要把背景的範圍擴大到世界各強國，因爲李鴻章最初立功，就因利用外交，得了外國的幫助，纔和曾國藩打平太平天國。假使不明白各國對太平天國的態度，如何知道他們成功的原因，後來他當了外交的要衝，經過幾次的國際戰爭，締結幾次的國際條約，聲名達於世界，他誠然不善於外交。喪失了國家許多權利。但我們要了解他爲什麼失敗。爲什麼事事受制於人。除了明白中國的積弱情形以外。尤其需要明白世界的大勢。因爲十九世紀之末。自然科學發達的結果。生產過剩。歐洲各國都拚命往東方找殖民地和市場。非澳二洲和亞洲南西北三部。都入了白人的掌握。所以各國的眼光都集中到中國。那時世界又剛好出了幾個怪傑。德國的俾斯麥。俄國的亞歷山大。日本的明治帝。一個個都運用他們的巨腕。和中國交涉。而首當其衝者是李鴻章。假使世界大勢不是如此。李鴻章也許可以做個安分守己的大臣。所以我們要了解李鴻章的全體。非明白他的背景不可。而且背景非擴充到世界不可。這種責任。不是專傳的責任。非年譜出來擔負不可。

實際的政治家在政治上做了許多事業。是功是罪。後人自有種種不同的批評。我們史家不必問他的功罪。只須把他活動的經歷。設施的實況。很詳細而具體的記載下來。便已是盡了我們的責任。譬如王安石變法。同時許多人都攻他的新法。要不得。我們不必問誰是誰非。但把新法的內容和行新法以後的影響。並把王安石用意的誠摯和用人的茫昧。一一翔實的敍述。讀者自然能明白王安石和新法的好壞。不致附和別人的批評。最可笑的是宋史王安石傳。他不能寫出王安石和新法的眞相。只記述些新法的惡果和反對的呼聲。使得後人個個都說王安石的不好。最可嘉的是蔡上翔王荆公年譜。他雖然爲的是要替王安石辯護。卻不是專拿空話奉承王安石。他只把從前舊法的種種條文。新法的種種條文。一款一款的分列。使得讀者有個比較。他只把王安石所用的人的行爲。攻擊王安石的人的言論。一件一件的分列。使得讀者明白不是變法的不好。乃是用人的不好。像這樣纔是史家的態度。做政治家的年譜。對於時事的敍述。便應該這樣纔對。

上面幾段講的是純粹政治家的年譜做法。此外還有一種政治兼學問學問兼政治的人。我們若替他做年譜。對於時事的記載或許可以簡略點。但須斟酌。譬如王陽明是一個大學者。和時事的關係也不淺。但因爲他的學問的光芒太大。直把功業蓋住了。所以時事較不爲做他的年譜者所重。其實我們爲了解他成功的原因起見。固然不能不說明白他的學問。爲了解他治學的方法起見。也不能不記清楚他的功業。因爲他的學問就是從功業中得來。而他的功業也從他的學問做出。二者有相互的關係。所以他的年譜。對於當時大事和他自己做出的事業。都得斟酌著錄。

錢竹汀年譜。頗能令人滿意。因爲錢竹汀和時事沒有多大關係。所以年譜記時事很簡。自然沒有什麼不對。王懋竑的朱子年譜。記時事卻太詳細了。朱子雖然做了許多官。但除了彈劾韓侂胄一事之外。沒有做出什麼大事。也沒有受時事的大影響。所以有許多奏疏。也實在不必枉費筆墨記載上去。因爲大半是照例。和時局無關係。這種介在可詳可略之間。最須費斟酌。稍爲失中便不對。

文學家和時勢的關係有濃有淡。須要依照濃淡來定記時事的詳略。這是年譜學的原則。但有時不依原則。也有別的用處。譬如凌廷堪張穆的元遺山年譜。記載時事很詳。其實元遺山和時事並沒有多大關係。本來不必這樣詳。凌張以爲讀元遺山的詩和讀杜甫的詩一樣。非了解時事。則不能了解詩。其實錯了。但從別一方面看。金元之間。正史簡陋的很。林張以元遺山做中心。從詩句裏鈎出許多湮沈的史料。放在年譜內。雖然不合原則。倒也有一種好處。

不善體會上面說的詳略原則。有時會生出過詳過略的毛病。譬如張爾田的玉谿生年譜箋註記載時事極爲詳盡．只因他的看法不同．他以為李義山做詩全有寄託．都不是無所為而為．這實不能得我們的贊成．誠然．人們生於亂世．免不了有些身世之感．張氏的看法．也有相當的價值．但是我們細看李義山的詩．實在有許多是純文學的作品．並非所有感觸．所有寄託．張氏的箋註時事．不免有許多穿鑿附會的地方．

我們應該觀察譜主是怎樣的人．和時事有何等的關係．纔可以定年譜裏時事的成分和種類．不但須注意多少詳略的調劑．而且須注意大小輕重的敍述．總期恰乎其當．使讀者不嫌繁贅．而又無遺憾．那就好了．

(二)關於記載當時的人

個人是全社會的一員．個人的行動．不能離社會而獨立．我們要看一個人的價值．不能不注意和他有關係的人．年譜由家譜變成．一般人做年譜．也很注意譜主的家族．家族以外．師友生徒親故．都不為做年譜的人所注意．這實在是一般年譜的缺點．比較最好的．是馮辰的李恕谷年譜．因為他根據的是李恕谷的日譜．所以對於李恕谷所交往的人．都有紀載．我們看了．一面可以知道李恕谷成就學問的原因．一面可以知道顏李學派發展的狀況．實在令人滿意．曾文正公年譜可不行．因為曾國藩的關係人太多．作者的眼光只知集中到直接有關係的人．自然不足以見曾國藩的偉大．

翻回來再看王陽明年譜．我們因為王陽明的學問和他的朋友門生有分不開的關係．所以很想知道那些朋友門生某年生．某年纔見王陽明．往後成就如何．錢德洪等做年譜．只把所聞所知的記了一點．卻忽略了大多數．實在令我們失望．王懋竑的朱子年譜也是一樣．朱熹到底有多少門生．他所造就的人才後來如何．我們全在不能在上面知道．像朱王這類以造就人才為事業的人．我們替他們做年譜．對於他們的門生屬吏友朋親故。應該特別注意。記載那些人的事蹟。愈詳愈好。

尋常的年譜。紀載別人的事蹟。總是以其與譜主有直接的關係爲主。（如詩文的贈答。會面的酬酢。）若無直接的關係。人事雖大也不入格。其實不對。例如朱子年譜記了呂伯恭張南軒陸梭山的死。只因朱子做了祭文祭他們。陸象山死在何年。上面便查不出。只因朱子不曾做祭文祭他。作者的觀念以爲和譜主沒有直接的關係。便不應該記。其實年譜的體裁並不應該這樣拘束。張呂二陸都是當時講學的大師。說起和朱子的關係最密切的還是陸象山。但我們竟不能在朱子年譜看到陸象山的死年。這是何等的遺憾。

從年譜的歷史看。明朝以前。記時人較略。清中葉以後漸漸較詳了。張穆的顧亭林年譜便是一個例證。王文誥的蘇東坡年譜又更好一點。凡蘇詩蘇文所提到的人都有。而且略有考證。近時胡適的章實齋年譜。記事固然有些錯誤。記人卻還好。他除了零碎的記了譜主師友的事蹟以外。單提出戴震袁枚汪中三個可以代表當時思想家的人來和譜主比較。就在各人卒年摘述譜主批評各人的話。而再加以批評。批評雖不是年譜的正軌。但可旁襯出譜主在當時的地位。總算年譜的新法門。

老實說。從前做年譜太過拘束了。譜主文集沒有提起的人。雖曾和譜主交往而不知年分的人。都不曾佔得年譜的篇幅。我們現在儘可用三種體裁來調劑。和譜主關係最密切的。可以替他做一篇小傳。和譜主有關係而事蹟不多的。可各隨他的性質彙集分類。做一種人名別錄。姓名可考。事蹟無聞。而曾和譜主交際的。可以分別做人名索引。凡是替大學者大政治家做年譜。非有這三種體裁附在後面不可。

好像史記做了孔子世家之後又做仲尼弟子列傳。列傳後面有許多人都只有姓名而無事蹟。但司馬遷不因他們無事蹟而滅其姓名。朱熹王守仁的弟子可考的尚不少。我們從各文集和史書學案裏常常有所發現。若抄輯下來。用上面三種體裁做好。附在他們年譜後面。也可以彌補缺憾不少。

我自己做朱舜水年譜。把和朱舜水交往的人都記得很詳細。那些人名。日本人聽得爛熟。中國卻很面生。因爲朱舜水是開創日本近二百年文化的人。當時就已造就人才不少。我們要了解他的影響的大。須看他的朋友弟子跟著他活動的情形。雖然那些人的史料很缺乏。但我仍很想努力搜求。預備替他們做些小傳。像朱舜水一類的人。專以造就人才爲目的。雖然所造就的是外國人。但和我們仍有密切的關係。在他年譜記當時人。當然愈詳愈好。

(三)關於紀載文章

紀載譜主文章的標準。要看年譜體裁是獨立的。還是附見的。附見文集的年譜。不應載文章。獨立成書的年譜。非載重要的文章不可。重要不重要之間。又很成問題。

王陽明年譜關於這點。比較的令人滿意。因爲他雖在文集中。而已預備獨立。有關功業的奏疏。發揮學術的信札。很扼要的採入各年。獨立的年譜很可拿此譜做記載文章的標準。

王懋竑的朱子年譜。不錄正式的著作。而錄了許多奏疏序跋書札。政治非朱子所長。政治的文章卻太多。學術是朱子所重。學術的文章卻太少。在王懋竑的意思。以爲把學術的文章放在年譜後的論學切要語中便已夠了。不必多錄。論學切要語的編法。固然不錯。但沒有注清楚做文的年分。使得讀者不知孰先孰後。看不出思想遷流的狀態。不如把論學的文章放入年譜。還更好。性理大全朱子全集都依文章的性質分類。沒有先後的次序。王陽明編朱子晚年定論。說朱子晚年的見解和陸子一致。已開出以年分的先後看思想的遷流一條大路來。雖然王陽明所認爲朱子晚年的作品也有些不是晚年的。但大致尙不差。王懋竑攻擊王陽明的不是。卻不曾拿出健全的反證來。朱子年譜載的文章雖不少。但還不能詳盡。總算一件缺憾。

記載文章的體例。顧亭林年譜最好。整篇的文章並沒有採錄多少。卻在每年敍事既完之後。附載那年所做詩文的篇目。文集沒有別處已見的遺篇逸文。知道是那一年的。也記錄出來。文體既很簡潔。又使讀者得依目錄而知文章的先後。看文集時。有莫大的方便。這種方法很可仿用。篇目太多。不能分列各年之下。可另作一表附在年譜後。

文學家的方面不止一種。作品也不一律。替文學家做年譜的人。不應偏取一方面的作品。像蘇東坡年譜只載詩文的篇目。沒有一語提到詞。便是不對。作者以爲詞是小道。不應入年譜。其實蘇東坡的作品。詞佔第一位。詩文還比不上。卽使說詞不如詩文。也應該平等的紀載篇目。或摘錄佳篇。現行的蘇東坡年譜不紀及詞。實在是一大缺點。

曾國藩是事業家。但他的文章也很好。卽使他沒有事業。單有文章。也可以入文苑傳。我們很希望他的年譜。紀載他的文章詩句。或詩文的篇目。現行的曾文正公年譜。我嫌他載官樣的文章太多。載信札和別的文章太少。好文章儘多。著如李恕谷墓誌銘昭忠祠記等。應該多錄。卻未注意。

純文學家的年譜。祇能錄作品的目錄。不能詳錄作品。最多也祇能摘最好的作品記載一二。若錄多了。就變成集子。不是年譜的體裁了。玉谿生年譜箋註錄了許多詩篇。作者以爲那些詩都和譜主的生活有關。不能不錄

全文結果名爲年譜實際成了編年體的詩註就算做得很好也祇是年譜的別裁不是年譜的正格有志做年譜的人們還是審愼點好

(四)關於考證

當然有許多年譜不必要考證或是子孫替父祖做或是門生替師長做親見親聞的事原無多大的疑誤如王陽明顏習齋李恕谷等年譜都屬此類不過當常有作者和譜主相差的時代太久不能不費考證的工夫的又有因前人做的年譜錯了而改做的也不能不有考證的明文

考證的工夫本來是任何年譜所不免的但有的可以不必寫出考證的明文祇寫出考證的結果便已足若爲使人明白所以然起見卻很有寫出考證的明文的必要所以明文應該擺在什麼地方很值得我們考慮據王懋竑朱子年譜的辦法在年譜之外另做一部考異說明白某事爲什麼擺在某年兩種傳說那種是眞年譜的正文並不隔雜一句題外的話看起來倒很方便還有一種很普通的辦法把考證的話附在正文中或用夾注或低二格另有一種辦法把前人做的年譜原文照抄遇有錯誤處則加按語說明好像箚記體一樣張穆對於元遺山年譜便是用的第三種

前面三種辦法各有好處第一種因爲考證之文太多令人看去覺得厭倦所以另成一書既可備參考又可省讀年譜者的精神第二種可使讀者當時卽知某事的異說和去取的由來免得另看考異的麻煩兩種都可用大概考證多的可另作考異不十分多的可用夾注或低格的附文但其中也有點例外有些年譜根本就靠考證纔成立無論是創作或改作他的考證雖很繁雜也不能不分列在年譜各年之下如作孟子年譜年代便很

難確定。如果要定某事在某年。便不能離本文而另作考異。必同時寫出考證的明文說明爲什麼如此敍述。纔不惹人疑惑。而後本文纔可成立。假如孟子先到齊或先到梁的問題。沒有解決。許多事情便不能安插。全部組織便無從成立。經過了考證。把問題解決了。若不把考證隨寫在下。便不能得讀者的信仰。又如我做陶淵明的年譜。把他的年紀縮短。生年移後。和歷來的說法都不同。假使不是考證淸楚了。何必要改作。考證淸楚了。若不開頭說個明白。讀者誰不丟開不看。像這類自然不能另作考異。亦不能作夾注。只好低二格附在各年本文之後。至於第三種也有他的好處。因爲前人做的不十分錯。原無改作的必要。爲省麻煩起見。隨時發現錯誤。隨時考證一番。加上按語。那便夠了。

大概考證的工夫。年代愈古愈重要。替近代人如曾國藩之類做年譜。用不着多少考證。乃至替淸初人如顧炎武之類做年譜。亦不要多有考證。但隨事說明幾句便是。或詳或略之間。隨作者針對事實之大小而決定。本來不拘一格的。

(五)關於批評

本來做歷史的正則。無論那一門。都應據事直書。不必多下批評。一定要下批評。已是第二流的脚色。譬如做傳。但描寫這個人的眞相。不下一句斷語。而能令讀者自然了解這個人地位或價值。那纔算是史才。做傳如此。做年譜也如此。眞是著述名家。都應守此正則。有時爲讀者的方便起見。或對於譜主有特別的看法。批評幾句也不要緊。但一般人每亂用批評。在年譜家比較的還少。現在拿兩部有批評的年譜來講。一是蔡上翔的王荆公年譜。一是胡適之的章實齋年譜。

與其用自己的批評．不如用前人的批評．年譜家常常如此．但亦不能嚴守此例．蔡上翔引人的話很多．用自己的話尤其多．胡適之有好幾處對舊說下批評．固然各人有各人的見解．但我總覺得不對．而且不是做年譜的正軌．蔡上翔爲的是打官司．替王安石辯護．要駁正舊說的誣蔑．也許可邀我們的原諒．但批評的字句應該和本文分開．不該插入紀事的中間．蔡胡都沒有顧及這點．以文章的結構論．很不純粹．如果他們把自己的見解做成敍文．或做附錄．專門批評譜主的一切．那麼縱使篇幅多到和年譜相等．也不相妨了．

蔡上翔替王安石辯護的意思．固然很好．但是他的作品卻不大高明．他把別人罵王安石的文章錄上了．隨即便大發議論．說別人的不對．這實在不是方法．我以爲最好是詳盡的敍述新法的內容．某年行某法．某年發生什麼影響．某年惹起某人的攻擊．便够了．自己對於攻擊者的反駁．儘可作爲附錄．不可插入本文．凡是替大學者大政治家做年譜．認爲有做批評的必要時．都應該遵守這個原則．

(六)關於附錄

上面講的考證和批評．我都主張放在附錄裏面．其實附錄不止這兩種．凡是不能放進年譜正文的資料．都可占附錄的一部分．

要知道譜主的全體．單從生年敍到死年．還不够．他生前的家況．先世的系統．父母兄弟的行事……與其旁文斜出．分在各年下．不如在正譜之前．作一個世譜．王陽明年譜的世德紀．便是世譜的一種格式．因爲王陽明的父祖都是有名的學者．做官也做到很大．年壽又高．並不是死在王陽明的生前．假使把他們的行事插入年譜．一定覺得累贅．所以作者抄錄別人替他們做的傳和墓誌銘在一處．作爲年譜的附錄．雖然世德紀裏面載了不少非世德的文章。有點名不副實。但這種不把附錄當正文的方法。總是可取。譬如陸象山幾兄弟都是大學者。互相師友。假使我們做陸象山的年譜。其關於他的兄弟行事。與其插入正文。不如另做小傳放在前面。這種世譜和小傳之類。我們也可叫做「譜前」。

譜主死後。一般的年譜。多半就沒有記載了。其實不對。固然有些人死後絕無影響。但無影響的人。我們何必給他做年譜呢。即使說沒有影響吧。也總有門生子姪之類後來做了什麼事。那也總不能擺在年譜正文中。若譜主是政治家。他的政治影響一定不致跟他的生命而停止。若譜主是大學者。他的學風一定不致跟他的生命而衰歇。還有一種人。生前偏和時勢沒有關係。死後若干年卻發生何等的影響。所以如果年譜自譜主死後便無什麼紀載。一定看不出譜主的全體。因而貶損年譜本身的價值。錢德洪等似乎很明白這點。他們的王陽明年譜在譜主死後還有二卷之多。陽明學派的盛行。全是陽明弟子的努力。陽明的得謚和從祀孔廟。也靠許多友生的懇求。假使年譜不載陽明死後事。如何見得陽明的偉大。陽明年譜能稱佳作。這也是一個原因。但他不應仍稱死後事爲年譜。應該稱做「譜後」。做爲附錄的一種纔對。

我們根據這點去看王懋竑的朱子年譜。便很不滿意。因爲他敘到朱子死年。便停止了。我們要想知道朱子學派的發達。學術的影響。是不可能的。同一理由。假使我們做釋伽牟尼年譜。尤其要很用心的做譜後。凡是佛教各派的分化。傳播。變遷。反響。都不妨擇要敘入。不必年年有。不必怕篇幅多。甚至紀載到最近也沒有什麼不可以。

在上面的原則中也似乎有例外。譬如曾文正年譜沒有譜後。便沒有什麼要緊。因爲他的事業。生前都做完了，政治上的設施也沒有極大的影響。縱使有譜後也不妨簡略些。若做胡文忠年譜便不然。因為他和曾文正聯結許多同志想滅亡太平天國沒有成功就死了。後來那些同志卒能成他之志。同志的成功也就是他的成功。所以他的年譜譜後至少要記到克復江甯。

我做朱舜水年譜在他死後還記了若干條。那是萬不可少的。他是明朝的遺臣。一心想驅逐滿清。後半世寄住日本死在日本。他曾數說過滿人不出關他的靈柩不願回中國。他自己製好耐久不朽的靈柩預備將來可以搬回中國。果然那靈柩的生命比滿清還長。至今尚在日本。假使我們要去搬回來也算償了他的志願哩。我看清了這點。所以在年譜後記了太平天國的起滅和辛亥革命宣統帝遜位。因為到了清朝覆滅朱舜水的志願纔算償了。假如這年譜在清朝做。是做不完的。假如年譜沒有譜後是不能成佳作的。

此外有一種附錄可以稱做「雜事」的。是劉伯繩著劉蕺山年譜所創造的。後來焦廷琥的焦理堂年譜也仿做。劉伯繩因為譜主有許多事蹟不能以年分。或不知在那一年。如普通有規則的行事瑣屑而足顯真性的言論等都彙輯做附錄。邵廷采批評他拿本文紀大德敦化的事。附錄紀小德川流的事。真是毫無遺憾。從前的年譜遇著無年可歸的事不是丟開不錄。便是勉強納在某年。結果不是隱沒譜主的真相。便是不合年譜的體裁。劉伯繩卻能打破這種毛病。注意前人所不注意的地方創造新法來容納譜主的雜事。使得讀者既明白譜主的大體。又了解譜主的小節。這種體裁。無論何人的年譜都可適用。

其次譜主的文章和嘉言懿行也可作附錄。文章言論很簡單的可以分列各年。很繁多的可以抄輯做附錄。大學者的文章言論常常不是年譜所能盡載的。為求年譜的簡明起見。非別作附錄不可。所以王懋竑在朱子年譜之後附了朱子論學切要語。這種方法可以通用。

張穆做顧亭林年譜。雖然很好。我們卻看不出顧亭林和旁人不同之處何在。只因他要讀者先看了本集再看年譜。所以沒有附錄譜主的重要文章和言論。其實讀者那能都看本集。或許時間不够。或許財力不足。若能單看年譜便了解譜主生平。豈不更好。所以為便利讀者起見。作年譜必附錄譜主的主要文章和言論。尤其是學者的年譜。

批評方面的話。或入本文。或附譜末。均無不可。但為年譜的簡明起見。自然以作附錄為好。偉大的人物。每惹起後人的批評。或褒或貶。愈偉大的愈多。如王安石王守仁死了千數百年。至今還有人批評他們的好歹。倘使批評者確有特殊的見解。或能代表一部分人的意思。我們非附錄他的話不可。因為若不附錄批評。不但不能看出後人對譜主的感想。而且不足以見譜主的偉大。但有一點不可不注意。千萬不要偏重一方面的批評。單錄褒或單錄貶。

以上講的種種附錄。當然不能說詳盡。作者若明白年譜可多作附錄的原則。儘可創造新的體裁。附錄愈多。年譜愈乾淨。

從前作年譜太呆。單靠本文。想包括一切。前清中葉以後。著述的技術漸漸進步。關於上文講的六種——紀載的時事。時人。文章。和考證。批評。附錄——都有新的發明。我們參合前人的發明。再加研究。還可以創造種種的新體例。新方法。

丙　年譜的格式

年譜的格式也得附帶的講一講。司馬遷做年表本來參照周譜的旁行斜上。周譜今不可見。史記年表是有縱橫的格子的。年譜由年表變來。因爲有時一年的事太多。一個格子不夠用。所以纔索性不要格子。替古人做年譜因爲事少的原故還是用格子好。如孫詒讓作墨子年表附在墨子閒詁之後。蘇輿作董仲舒年表附在春秋繁露之前。都帶有年譜的性質。

假使要作孟子年譜。因爲當時有關係的不止一國。勢不能不用格子。橫格第一層記西曆紀元前幾年或民國紀元前幾年。第二層記孟子幾歲。第三層記孟子直接的活動。第四層以下各層分記鄒魯滕梁齊燕各國和孟子有關的時事。使得讀者一目了然。

假使杜甫年譜。最少也要把時事和他的詩和他的活動分佔一格。倂起年代共有五格。因爲杜甫時事。和曾國藩時事不同。曾國藩的活動和時事倂成一片。杜甫的活動只受時事的影響。所以一個的年譜不應分格。一個的應分格。假使杜甫年譜不分格。不但讀者看了不清楚。而且體裁上也有喧賓奪主之嫌。

假使我們要改張穆的顧亭林年譜成年表的格式。也許可以較清楚些。除了年代以外。一格記時事。一格記直接活動。一格記朋友有關的活動。一格記詩文目錄。因爲這四種在這年譜中剛好是同樣的多。倂做一起。反爲看不清楚。

所以年譜可以分格的人有二種。一種是古代事蹟很簡單的人。一種是杜甫顧炎武朱之瑜一類關心時事的人。前者不必論。因爲他本身不能獨立成一年譜。只好年表似的附在別書裏。後者因爲譜主只受了政治的影響。沒有創造政治的事實。倘把時事和他的活動混合。一定兩敗俱傷。倘分開。既可醒讀者的眼目。又可表現譜主受了時事的影響。——這是講年譜分格的格式。

第二種格式就是最通行的年譜正格。做文章似的。一年一年做下去。敍事的體例可分二種。一種是最簡單的平敍體。一種是稍嚴格的綱目體。

平敍體以一年爲單位。第一行頂格寫某朝某年號某年譜主幾歲。第二行以下都低一格。分段寫譜主的直接活動。時事。詩文目錄。他的好處。在有一事便記一事。沒有取大略小的毛病。

綱目體是王陽明年譜首創的。第一行和平敍體相同。第二行也低一格。標一個很大的綱。第三行以下低二格。記這個綱所涵的細目。譬如綱記了某月某日宸濠反。目便記宸濠造反的詳情。綱記了是年始揭知行合一之教。目便記知行合一的意義。一事完了。又重新作別事的綱。繼續記別事的目。也分別低一格二格。這種體例有一種困難。到底要多大的事情纔可作綱。有綱無目。有目無綱。可以不可以。很要費斟酌。弄的不好。容易專記大事。忽略小事。假使大事小事都有綱有目。义不相稱。但我仍主張用這體。使得讀者較容易清楚。但作者須用心斟酌。

此外假使有一種人。有作年譜的必要。而年代不能確定。無法做很齊整的年譜。就可以作變體的。如司馬遷很值得做年譜。而某年生。有幾十歲。絕對的考不出。只有些事蹟還可考知是某年做的。某事在先。某事在後。雖然不能完全知道他的生平。記出來也比沒有較好。王國維的太史公繫年考略便是如此。

像司馬遷一類的人很多。文學家如辛棄疾姜夔都沒有正確完整的遺事。辛棄疾的史料還可勉強考出。對於姜夔可沒有辦法。但是他們的詞集中有不少的零碎事蹟。鈎稽出來。也略可推定先後。這種人的年譜雖然做起來無首無尾。也還可借以看他生平的一部分。所以變體的年譜也不可廢。

還有一種合譜。前人沒有這樣做過。合傳的範圍可以很廣。事業時代都可不必相同。所以前人已經做過很多，年譜若合二人的生平在一書內。最少也要二人的時代相同。我們看從前有許多人同在一個環境。同做一種事業。與其替他們各做一部年譜。不如併成一部。可以省了許多筆墨和讀者的精神。譬如王安石司馬光年紀只差一歲。都是政黨的領袖。皇帝同是這一個。百姓同是這一些。敵國同是金夏。官職同是最高。不過政治上的主張不同。所以一進一退。演成新派舊派之爭。我們若拿他二人做譜主。盡搜兩黨的活動事蹟。在一部年譜之內。看了何等明瞭。何等暢快。從前作者不會想到這種體裁。所以蔡上翔只做王荆公年譜。顧棟高只做司馬溫公年譜。我們仍舊只能得片面的知識。

凡同在一時代。大家是朋友。講求學術。見解不同。生出數家派別。如南宋的朱熹陸九淵張栻呂祖謙陳亮等。我們若做一部合譜。一來可以包括一時的學界情形。二來公平的敍述不致有所偏袒。三來時事時人免得做數次的記載。這是最有趣味最合方法的事情。

就說不是學術界罷。曾國藩胡林翼同是從軍事上想滅太平天國的人。雖然一個成功。一個早死。也可以替他們合做年譜。因為他們的志願相同。環境相同。朋友相同。敵人相同。合做一年譜比分做方便多了。

就說不曾共事。不是朋友罷。也未嘗不可合做年譜。譬如顧炎武王夫之黃宗羲朱之瑜等。或曾見面。或未知名，雖然不是親密的朋友。雖然不會協力做一事。但是不願投降滿清的志願和行事是沒有一個不同的。他們的年紀都是不相上下。都因無力恢復明室。想從學術下手挽救人心。我們若替他們合做年譜。不但可以省了記載時事的筆墨，而且可以表現當時同一的學風，可以格外的了解他們的人格。上面所舉朱陸張呂陳一例，曾胡一例，顧王黃朱一例，做起合譜來，最有趣味，他們的事業在歷史上都是最有精彩的一頁，所以他們的合譜也是最有精彩的年譜，他們的見解相反的足以相成，他們的志願相同的竟能如願，他們的足跡不相接的卻造出同一的學風，百世之下，讀他們的合譜的還可以興起特別的感想，領受莫大的稗益，這樣合譜的功效比單人的年譜還更高些——以上講年譜的格式完了。

丁　做年譜的益處

研究歷史的人在沒有做歷史之先，想訓練自己做史的本領，最好是找一二古人的年譜來做，做年譜的好處最少有三種，

第一，我們心裏總有一二古人，值得崇拜或模範的，無論是學者，文人，或政治家，他總有他的成功的原因、經過、和結果，我們想從他的遺文或記他的史籍在凌亂浩瀚中得親切的了解系統的認識，是不容易的，倘使下一番工夫替他做年譜，那麼，對於他一生的環境、背景、事蹟、著作、性情等，可以整個的看出，毫無遺憾，從這上，又可以得深微的感動，不知不覺的發揚志氣，向上努力。

第二，做年譜不是很容易的事情，但我們可借來修養做學問的性情，可用來訓練做歷史的方法，我們纔一動筆，便有許多複雜的問題跟著，想去解決，不是驟然可了的，解決不了，便覺乾燥無味，稍不耐煩，便丟下不做了，倘使這幾層難關都能夠打通，則精細、忍耐、靈敏、勇敢、諸美德齊歸作者身上，以後做別的學問也有同樣的成功了，譜主的事蹟，不是羅列在一處的，我們必須從許多處去找，找來了，不是都可以用的，我們必須

選擇擇好了。不是都是眞實的。我們必須辨別辨淸了。不是都有年代的。我們必須考證考定了。不是可以隨便寫上去的。我們必須凡簡潔的文字按照法則去敍述至於無年可考的事蹟言論怎樣去安排幫助正譜的圖表怎樣去製造譜前應從何時說起譜後應到何時截止種種困難都須想方法解決倘使不能解決便做不成年譜。倘使做成了年譜以後做別的歷史便容易多了。

第三年譜和傳不同做傳不僅須要史學還要有相當的文章技術。做年譜卻有史學便够了。因爲年譜分年。上年和下年不必連串年譜分段上段和下段不必連串所以卽使作者的文章並不優美。只要通順。便綽綽有餘了。

有志史學的人請來嘗試嘗試罷。

第六章　專傳的做法

專傳在人物的專史裏是最重要的一部分。歷史所以演成有二種不同的解釋。一種是人物由環境產生。一種是人類的自由意志創造環境。前人總是說歷史是偉大人物造成。近人總是說偉大人物是環境的胎兒。兩說都有充分的理由而不能完全解釋歷史的成因。我們主張折衷兩說。人物固然不能脫離環境的關係。而歷史也未必不是人類自由意志所創造。歷史上的偉大人物倘使換了一個環境。成就自然不同。無論何時何國的歷史倘使抽出最主要的人物。不知做成一個甚麼樣子。所以我們作史。對於偉大人物的自由意志和當時此地的環境都不可忽略或偏重偏輕。

中國人的中國史由那些人物造成因爲抽出他來中國史立刻變換面目的人約莫有多少倘使我們做中國通史而用紀傳體做一百篇傳來包括全部歷史配做一傳的人是那一百個——我們如要答復這些問題不能不有詳細的討論。

南宋鄭樵似乎曾有偉大計畫以通志代替十七史但是沒有成功除了二十略以外看的人便很少了他爲什麼失敗只因他太不注意紀傳了我們翻通志的紀傳看看和十七史的有何分別那裏有點別識心裁讀者怎麼不會「寧習本書怠窺新錄」其實我們要做那種事業並非不可能只要用新體裁做傳傳不必多而必須可以代表一部分文化再做些圖表來輔助新史一定有很大的價值。

我常常發一種希奇的思想主張先把中國全部文化約莫分爲三部。

(一)思想及其他學說

(二)政治及其他事業

(三)文學及其他藝術

以這三部包括全部文化每部找幾十個代表人每人給他做一篇傳這些代表須有永久的價值最少可代表一個時代的一種文化三部雖分精神仍要互相照顧各傳雖分同類的仍要自成系統這樣完全以人物做中心若做的好可以包括中國全部文化在一百篇傳內。

這種方法也有缺點就是恐怕有時找不出代表來第一上古的文化幾乎沒有人可以做代表的因爲都是許多人慢慢的開發出來雖然古史留下不少的神話人物如黃帝堯舜大禹伊尹等但都是口說中堆垛出來的。

實在並不能代表一部分文化．所以我們要想在上古找幾個人代表某種文化是絕對不可能的．第二中古以後．常有種種文化是多數人的共業．多數人中沒有一個領袖．譬如詩經是周朝許多無名氏做作品．在文化史上極有價值．但我們找不出一個可以做代表的人來．若因孔子曾刪詩就舉他做代表．未免太鹵莽．又如淮南子是道家思想的結晶．在秦漢文化中佔有很重要的位置．但我們也找不出一個人做代表．若說是劉安編輯的書．就舉他做代表．也未免不明事理．所以我們對於這種許多人的共業．眞是不易敍述．

上段講的缺點．第一種竟不能用人物傳．只好參用文物的專史．做一篇上古的文化．敍述各種文化的最初狀況．第二種卻可用紀傳史中儒林傳文苑傳黨錮傳的體裁．把許多人平等的敍述在一篇合傳．如詩經不知作者姓名．則可分成若干類．卽叫他「某類的作者」．合起多類便可成一傳．便可包括此種文化．

我很希望做中國史的人有這種工作——以一百人代表全部文化．以專傳體改造通志．試試看．一定有很大的趣味．而且給讀者以最清楚的知識．這種做法並也沒有多大奧妙．只把各部文化都分別歸到百人身上．以一人做一代的中心．同時同類的事情和前後有關的事情都擺在一傳內．一傳常可包括數百年．我們卽使不去改造通志．單做一部百傑傳．也未嘗不可．

說起這種體裁的好處．最少也有二種．第一．譬如哲學書或哲學史．不是專家看來．必難發生趣味．假使不做哲學史而做哲學家傳．把深奧的道理雜在平常的事實中．讀者一定不覺困難．而且發生趣味．因爲可以同時知道那時的許多事情．和這種哲學怎樣的來歷．發生怎樣的結果．自然能夠感覺哲學和人事的關係．增加不少的常識．哲學如此．旁的方面無不如此．專門人物普通化．專門知識普通化．可以喚起多數讀者研究學問的精神注重歷史的觀念。

第二事業都是人做出來的。所以歷史上有許多事體。用年代或地方或性質支配。都有講不通的。若集中到一二人身上。用一條線貫串很散漫的事蹟。讀者一定容易理會。譬如鮮卑到中原的種種事實。編年體的資治通鑑不能使我們明瞭。紀事本末把整個的事團分成數部。也很難提挈鮮卑人全部的趨勢。假使我們拿鮮卑人到中原以後發達到最高時的人物做代表——如魏孝文帝——替他做一篇傳。凡是鮮卑民族最初的狀況。侵入中國的經過。漸漸同化的趨勢。孝文帝同化政策的厲行。以及最後的結果。都一齊收羅在內。就叫做魏孝文帝傳。那麼讀者若還不能得極明瞭的觀念。我便不相信了。

我相信用這種新的專傳體裁做一百篇傳儘能包括中國全部文化的歷史。現在姑且把值得我們替他做傳的人開個目錄出來。依文化的性質分爲三部。但遐一時思想所及。自然不免有遺漏或不妥的地方。待將來修補罷。

(一)思想家及其他學術家

(1)先秦時代。孔子、墨子、孟子、莊子、荀子、韓非子、

爲什麼沒有老子呢。因爲老子帶神話性太濃。司馬遷已經沒有法子同他做詳確的傳。我們還能夠麼。老子這部書在思想史上固然有相當位置。但不知是誰做的。我們只好擺在莊子傳裏附講。因爲他的思想和莊子相近。這種確是一個方法。書雖重要而未知作者。只好把他的思想歸納到同派之人身上。纔不會遺漏。

(2)漢代。董仲舒、司馬遷、王充、

西漢的淮南子雖是道家最重要的書但非一人的作品不能做專傳或者可以另做道家合傳或者可以附這種思想在莊子傳後

(3)三國兩晉南北朝隋

這個時代幾乎沒有偉大的中國思想家魏王弼的思想似乎有點價值但他的事蹟很少不够做傳隋代的中說倘使眞是王通做的在周隋那種變亂時代有那種思想總算難能可貴但其中大半是敍王通和隋唐闊人來往的事闊人都是王通的門生儼然孔門氣象其實都不可靠假使這種話是王通說的王通是個卑鄙荒謬的人假使這種話是王通門人說謊這部中說便根本沒有價值所以中說雖和思想界有點關係而王通還不值得做傳

(4)北宋張載程顥程頤合

專傳也並不是很呆板的拿一人作主也可平敍二人參用合傳的體裁程顥程頤是兄弟有分不開的關係又不能偏重一人所以只好平敍爲什麼北宋又沒有周敦頤呢周敦頤雖宋儒最推重的人但他的太極圖說是眞是僞在宋代已成問題除了太極圖說又沒有旁的可講怎麼能代表一種學派呢

(5)南宋朱熹陸九淵呂祖謙

(6)明代王守仁

元代只衍宋儒的學說沒有特出的人才明代的思想家委實不少但因爲王守仁太偉大了前人的思想似乎替他打先鋒後人的思想都不能出他的範圍所以明代有他一個人的傳便儘夠包括全部思想界

（7）清代。顧炎武、黃宗羲、朱之瑜、顏元、戴震、章學誠。

顧黃是清代兩種學風的開山祖師。或分做二傳或合爲一傳都可以。朱之瑜的影響雖然不在中國。但以中國人而傳播中國思想到日本開發日本三百年來的文化是很值得做專傳的。

——以上列的思想家都是中國土產若能夠好好的替他們做傳很可以代表中國土產的思想。雖然各時代的人數有多有少。卻并不是說人多的便是文化程度高人少的便是文化程度低。一來呢。略古詳今是歷史上的原則。二來呢有的時代思想的派別太複雜了。不是人多不能代表。所以宋淸兩代的人數比較的多。是無法可想的。明代雖只王守仁一人。卻已儘夠代表一代。並不是明代的文化比宋淸兩代低。驟然看來似乎中間有幾個時代中國沒有一個思想家。其實不然。上面的目錄不過爲敍述的方便起見。先開出土產的思想家來。其實遠有重要的部分擺在後面。便是從印度來的佛家思想。當土產思想衰歇的時代。正是佛家思想昌盛的時代。如三國兩晉南北朝隋唐都是。現在可以把那些時代的思想家列在下面。

（1）南北朝。鳩摩羅什、道安慧遠合。

鳩摩羅什是最初有系統的輸入佛家思想的第一人。從前雖有些人翻譯些佛經。但很雜亂零碎。到了他纔能舉嚴格的選擇。完整的介紹。他的門弟子很多。都繼續他的翻譯事業。從此以後。中國人對於佛家思想纔能夠有眞實的認識和研究。到了道安慧遠便能自己拿出心得來。一個在北朝。一個在南朝。又有師生的關係。所以非合傳不可。我們拿鳩摩羅什代表翻譯者。拿道安慧遠代表創造者。有這二傳可以包括南北朝的佛家思想界。

（2）隋唐．智顗、玄奘、慧能、澄觀、善道．

這五人中玄奘完成輸入印度佛家思想的偉業餘人創造中國的佛家思想．智顗是天台宗的始祖．慧能是禪宗的始祖．澄觀是華嚴宗的始祖．善道是淨土宗的始祖．同樣玄奘也是法相宗的始祖．不過後來不久就衰歇了．這幾派的思想內容和後來狀況都可在各始祖傳內敘述．

——佛家思想有這八人做代表足以包括全部．在印度時的淵源如何．初入中國時的狀況如何．中國人如何承受．如何消化．如何創造新的．如何分裂爲幾派．一直到現在怎麼樣．都分別歸納在這八人身上．諒必沒有甚麼遺憾了．

正式的思想家有上面所列的數十人似已夠了．此外還有許多學術也可依性質分別拿些人做代表．合做幾篇傳．不過比較的難一些．

（1）經學．鄭玄許慎合．

（2）史學．劉知幾鄭樵合．

爲甚麼章學誠不擺在史學家而在思想家呢．因爲他的思想確乎可以自成一派．比史學的建樹還更大．並不是單純的史學家．劉知幾鄭樵卻不然．除了史學別無可講．史學界又沒有比得他倆上的人．所以拿他們做史學家的代表．

（3）科學．秦九韶李冶合．沈括郭守敬合．梅文鼎王錫闡合．

（4）考證學．錢大昕王念孫合．

為甚麼戴震不在考證學之列呢．因為他的思想很重要．和章學誠相同．——正式的思想界較易舉出代表各種學術可不容易．尤其是自然科學．這裏所舉的未必都對．將來可以換改．

(二)政治家及其他事業家

(1)皇帝．秦始皇、漢武帝、東漢光武帝、魏武帝(曹操)宋武帝、合北魏孝文帝、北周孝文帝附．唐太宗、元太祖、明太祖、明成祖、附清聖祖、清世宗、高宗附．

春秋戰國以前的政治不統屬於一尊．頗難以一傳包括．縱使能夠．也不是君主所能代表．況且當時沒有皇帝．漢高祖雖然創立數百年基礎．而政治上的規模完全還是秦始皇這一套．沒有專做一傳的價值．漢武帝卻不同．確是另一個新時代．秦始皇是混一中國舊有民族的人．他是合併域外民族．開拓荒遠土地的人．到了他那時代．中華民族漲到空前的最高潮．實在值得做一篇傳．東漢光武帝在皇帝中最稀奇．簡直是一個實際的政治家．魏武帝宋武帝是混爭時代的略有建樹者．北魏孝文帝北周孝文帝是五胡同化於中國的促成者．唐太宗是擴張中華民族威力的努力者．惟獨宋代沒有特色的皇帝．太祖太宗眞宗仁宗都只有庸德．無甚光彩．元太祖是蒙古民族的怪傑．他伸亘掌橫亘歐亞二洲．開世界空前絕後的局面．明太祖恢復中國．清聖祖等開拓蒙回藏．這些皇帝都可以代表一個時代．

(2)實際的政治家．周公、子產、商鞅、諸葛亮、王安石、司馬光、合．張居正、曾國藩、胡林翼、合．李鴻章、孫文、蔡鍔、周公雖有許多事蹟。卻不全眞。有待考證。但剖棄疑僞部分。專取眞實部分也可以夠做一篇傳。尚書裏有大誥洛誥多士多方是周公的遺政。詩經也有些。儀禮周禮向來認做周公制定的。其實不然。周代開國的規模還可以從左傳國語得著些。近來王國維著殷周制度論。從甲骨文和東周制度推定某種制度是周公制定的也可供我們取裁。所以周公的傳還可以做。凡殷周以前政治上的設施都可歸併成一篇。

春秋時代很難找個政治家可以代表全部政治的。管仲似乎可以。而管子這書所載的政治有許多和左傳不同。但那種貴族政治又不能不有專篇敍述。我說與其找管仲做代表。不如找子產更好。因爲子產本身的事蹟。左傳敍的很明白詳細。他雖然是小國的政治領袖。而和各大小國都有很深的關係。又是當時國際間的外交中心人物。所以我們很可以借他的傳來敍述春秋時代的貴族政治。

從貴族政治到君主專制的政治是中國的一大改變。最初打破貴族政治。創造君主專制的是商鞅。所以商鞅很值得做傳。本來要說君主專制政治的成功。還屬李斯。似乎應該替李斯做傳。但李斯的政策是跟商鞅走的。時代又和秦始皇相同。所以可把他的事業分給那二篇傳。

漢朝眞寒儉。沒有一個政治家。宰相以下不曾見一個有政治思想或政治事業的人。蕭何曹參都只配做李斯的長班。好在有二個偉大的皇帝。尤其是光武帝的穩健政治。簡直沒有別的皇帝可以比配得上。

兩晉南北朝隋唐也沒有政治家。王猛可以算一個。而他的政治生命太短。又不能做當時政治的中心。大概有偉大的皇帝就沒有出色的臣下。譬如房玄齡杜如晦總算有點設施。卻被唐太宗的光芒蓋住。不能做時代的中心。唐朝一代的政治本來很糟。姚崇宋璟裴度李德裕都算不了什麼。宋朝卻剛好相反。皇帝不行。臣下卻有很鮮明的兩個政黨。兩黨的領袖就是王安石司馬光。所以我們替王安石司馬光做合傳。足以包括宋朝的政治。

明代有種特點。思想家只一王守仁。事業家只有一明太祖。政治家只有一張居正。

清代前半有皇帝無名臣。道光以後有大臣無英主。曾國藩打平內亂。李鴻章迭主外交。都可以代表一部分政治。

民國的醞釀。成立。變動。沒有幾次和孫文無關係。現在孫文雖死。而他所組織的國民黨仍舊是政治的中心。所以近代政治可以歸納在孫文傳內。中間有一部分和他無關。可以做蔡鍔傳來包括。但蔡鍔做時代中心的時期太短。不十分夠。

——上面講的都是關係全局的政治或事業家。此外有些雖不是拿全局活動。而後來在政治上有很大影響的。如

鄭成功張煌言

二人支持晚明殘局。抵抗外來民族。和後來的辛亥革命有密切的關係。我們可以替他們做合傳。包括明清之間的民族競爭。

(3)羣衆政治運動的領袖。陳東張溥合。

東漢黨錮是羣衆政治運動的嚆矢。但很難舉出代表來。可以放在陳東張溥合傳前頭。陳東代表宋朝。張溥代表明朝。足以表現數千年羣衆的政治運動。

（4）民族向外發展的領袖．張騫班超合．王玄策鄭和合．

張班王都是通西域的．鄭和是下南洋的．關係民族發展甚大．後來無數華僑繁殖國外．東西文化交換無阻．西北拓地數十萬方里．都是受他們的賜．此外如衞青霍去病史萬歲李靖的戰功本來也值得做傳．不過衞霍可入漢武帝傳．史李可入唐太宗傳．無須另做．

（三）文學家及其他藝術家

最古的文學家應推詩三百篇的作者．但我們竟不能找出一個作者的姓名來．戰國作離騷等篇的屈原．確乎是有名的第一個文學家．但他的事蹟不多．眞實的尤少．我們爲方便起見．不能不勉强的做篇屈原傳．以歸納上古文學．所以

（1）文學．戰國．屈原．

漢賦．司馬相如．

三國五言詩．曹植．建安餘六子附．

六朝五言詩．陶潛．謝靈運附．

六朝駢文律詩．庾信．徐陵附．

唐詩．李白、杜甫、高適．王維附．

唐詩文．韓愈．柳宗元合．

唐新體詩．白居易．

晚唐近體詩．李商隱、溫庭筠．
五代詞．南唐後主．
北宋詩、文、詞．歐陽修．蘇軾．黃庭堅附．
北宋詞．柳永．秦觀．周邦彥．
北宋女文學家．李清照．
南宋詞．辛棄疾．姜夔合．
元明曲．王實甫．高則誠．湯顯祖合．
元明清小說．施耐庵．曹雪芹．

這不過把某種文學到了最高潮的那個人列出表來．做傳的時候．能不能代表那種文學的全部．尙不可知．臨時或增或改．不必一定遵守這個目錄．

（2）藝術家

藝術家很重要．但很難做傳．因爲文學家遺留了著作或文集．可以供給我們的資料．藝術家的作品常常散亡．不能供給我們以資料．這是一層．某種藝術的最高潮固然容易找出．但最高潮的那個人未必就能代表那種藝術．這是二層．藝術的派別最繁雜．非對於各種藝術都有很深的研究．便不能分析得清楚．這是三層．因此．有許多藝術家幾乎不能做傳．能夠做傳的．也不能獨佔一專傳．以代表一種藝術．到了這裏．普通的史家差不多不敢動手．一人的專傳．差不多不合體裁．大約要對於藝術很擅場的人．把各個藝術家的作品．事蹟．研究得很清楚。以科學的史家的眼光。文學家的手腕。挑剔幾十個出色的藝術家。依其類別做兩篇合傳。纔可以把藝術界的歷史描寫明白。這樣也是很有趣味的事情。但作者非內行不可。

上面講的思想家政治家文學家三大類都是挑剔幾十個第一流人物來做傳。此外還有許多第二流的經學家。史學家。理學家。科學家。文學家。醫學家。繪畫家。雕刻家和工藝的創作者。因其不十分偉大的緣故。不能專佔一傳。因其派別不統屬於任何人的緣故。不能附入某傳專傳之技術。至此幾窮。但我們不妨採用紀傳史的儒林傳文苑傳方技傳的體裁。搜羅同類的人合成一傳。以補專傳的缺憾。

像這樣以幾十篇專傳做主。輔以幾十篇合傳。去改造鄭樵的通志。或做成中國百傑傳。可以比別的體裁都較好。但做得不精嚴時。也許比通志還糟。這個全看作者的天才和努力。

接著本來想把專傳的做法。括出幾個原則來講。卻很不容易。現在倒回來先講我多年想做的幾篇傳如何做法。然後也許可以抽出原則來。那幾篇傳的目錄如左。

(一)孔子傳。

(二)玄奘傳。

(三)王安石傳司馬光附。(以下四傳略而未講)

(四)蘇軾傳。

(五)王守仁傳。

(六)清聖祖傳。

這幾篇的做法各有特點。講出來很可給大家以一個榜樣。現在依照次序先講孔子專傳的做法。

甲　孔子傳的做法

孔子是中國文化唯一的代表。應有極詳極眞的傳。這是不用說的。但我們要做孔子專傳。比做甚麼都難。歐洲方面。有法人 Renan 做了一本耶穌基督傳。竟使歐洲思想界發生極大影響。而糾正了許多謬誤的思想。中國現在極需要這樣一篇孔子傳。也可以發生同樣效果。

許多人的傳。很難於找資料。孔子傳卻嫌資料太多。那方面都有。古代人物稍出色點。便有許多神話附在他身上。中國人物沒有再比孔子大的。所以孔子的神話也特別的多。

做孔子傳的頭一步。是別擇資料。資料可分二部。一部分是孔子一身行事。平常每日的生活。屬於行的方面的。一部分是孔子的學說。屬於言的方面的。二部都要很嚴格的別擇。因爲都有神話。都有僞蹟。

孔子一身所經的歷史。最可信的似乎是史記孔子世家。不過細細看來。到底有十分之一可信否。尚是疑問。另外孔子家語。全記孔子。但是魏晉間僞書。其中採取漢以前的書不少。似乎雖是僞書。不無可取。不過孔子死後不數年。便已有種種神話。所以漢以前的書已採神話當實事。若認眞替孔子做傳。可以做底本的孔子世家孔子家語都不可靠。所以關於孔子行的方面的資料的別擇很難。

採取資料的原則。與其貪多而失眞。不如極謹嚴。眞可信纔信。無處不用懷疑的態度。清崔述著洙泗考信錄。把關於孔子的神話和僞蹟。都一一的剔開。只保留眞實可靠的數十事。雖然未免太謹嚴。或致遺漏眞蹟。但我們應當如此。只要眼光銳利。眞蹟被屏的一定少。僞蹟混眞的一定可以被屏。

崔述採取資料，專以論語爲標準，左傳孟子有關於孔子的話也相當的擇用。這種態度，大體很對。但一方面嫌他的範圍太窄，一方面又嫌太寬了。怎麼說他太窄呢？因爲論語以記言爲主，很少記事，就是鄉黨篇多記了點事，也只是日常行事，不是一生經過。像崔述那樣專靠論語，不採他書，實在太缺乏資料了。這種地方本來也很困難，放寬點範圍，便會闖亂子，所以崔述寧可縮小範圍。譬如論語以外，兩部禮記也記了孔子許多事，到底那一種可採，那一種不可採，各人有各人的看法。崔述既然以論語做標準，看見和論語相同或不背謬的，便採用；否則完全不要。這樣不免有些眞事沒有採用。又如孟子那部書，關於孔子的話，是否可以和論語一樣看待，還是問題。孔子死後百餘年而孟子生，又數十年而荀子生。論理，孟子荀子同是儒家大師，同是孔子後學，二人相隔年代並不遠，所說的話應該同樣的看待。崔述看重孟子，看輕荀子，洙泗考信錄取孟而棄荀，未免主觀太重罷。卽使以論語爲標準，也應該同等的看待論語以外的書，如孟子荀子禮記等，纔不致有範圍太狹窄的毛病。

爲甚麼說崔述採取資料的範圍太寬呢？譬如他以論語爲主，而論語本身便已有許多地方不可輕信。他自己亦說過論語後五篇很靠不住，但是他對於五篇以外諸篇和左傳孟子等書，常常用自己的意見採取，凡說孔子好的都不放棄，也未免有危險。固然有許多故意誣衊孔子的話應該排斥，但也有許多故意恭維孔子誇張孔子的話，常常因爲投合大家的心理而被相信是千眞萬確。這種我們應該很鄭重的別擇。若有了一種成見，以爲孔子一定是如此的人，決不致那樣，某書說他那樣，所以某書不足信，這就範圍太寬的毛病。

現在舉三個例，證明有許多資料不可靠。譬如論語說：「公山弗擾以費叛，召，子欲往。子路不說……子曰：『夫召我者而豈徒哉？如有用我者，吾其爲東周乎！』」從前都很相信孔子眞有這回事，其實公山弗擾不過一個縣令他所以反叛。正因孔子要打倒軍閥。孔子那時正做司寇。立刻派兵平賊。那裏會丟了現任司法總長不做。去跟縣令造反。還說甚麼「吾其爲東周」。又如論語陽貨篇說「佛肸召子欲往……」佛肸以中牟叛趙襄子是孔子死後五年的事。孔子如何能夠欲往。又如論語季氏篇說「季氏將伐顓臾。冉有子路問於孔子……」子路做季氏宰是孔子做司寇時事。冉有做季氏宰是孔子晚年自衞返魯時事。如何會同時仕於季氏。這三例都是崔述考出來的。可見我們別擇資料應該極端愼重。與其豐富。不如簡潔。

但是別擇以後。眞的要了。僞的如何處置呢。難道只圖傳文的乾淨。不要的便丟開不管嗎。如果丟開不管。最少有二種惡果。一可以使貪多務博的人又檢起我們不要的資料當做寶貝。二可以使相傳的神話漸漸湮沒。因而缺少一種可以考見當時社會心理或狀態的資料。所以我以爲做完孔子傳以後。應當另做附錄。附錄也不是全收被屏的資料。只把神話分成若干類。每類各舉若干例。列個目錄。推究他的來歷。這樣。一面可以使一般人知道那些材料不可靠。一面又可以推測造神話者的心理。追尋當時社會的心理。

許多神話的一種是戰國政客造的。那些縱橫遊說之士。全爲自己個人權利地位着想。朝秦暮楚。無所不至。孟子時代已有那種風氣。後來更甚。他們因爲自己的行爲不足以見信於世。想借一個古人做擋箭牌。所以造出些和他們行爲相同的故事來。如漢書儒林傳說「孔子奸七十餘君」。論語說「公山弗擾召」「佛肸召」都是這類。這對於孔子的人格和幾千年的人心都很有關係。從來替孔子辯護的人枉費了不少的心思。勉強去解釋。攻擊孔子的人集矢到這點。說孔子很卑鄙。其實那裏有這會事呢。完全是縱橫家弄的把戲。

孔子神話的另一種是法家造出來的。法家刻薄寡恩。閉塞民智。因恐有人反對。所以造出孔子殺少正卯一類的故事來孔子世家說。「孔子攝行相事。誅魯大夫亂政者少正卯。」孔子家語說。少正卯的罪名是「心逆而險。行僻而堅。言僞而辯。記醜而博。順非而澤。」其實孔子攝相是夾谷會齊時做定公的賓相。並不是後人所謂宰相並沒有殺大夫的權限。況且孔子殺少正卯的罪名和太公殺華士子產殺史何完全一樣。這種故事。不是法家拿來做擋箭牌。預備別人攻擊他們刻薄時說一聲「太公子產孔子都已如此。」還是什麼呢。

從戰國末年到漢代許多學者不做身心修養的工夫。專做些很瑣屑的訓詁考證。要想一般人看重他們這派學問。不能不借重孔子。於是又有一種神話出現。這已是第三種了。他們因爲論語有「大哉孔子。博學而無所成名」的話。就造出許多孔子博學的故事。後來有一種荒謬的觀念說「一物不知。儒者之恥」全因誤信孔子神話的緣故。譬如國語說。「吳伐越。墮會稽。獲骨馬。節專車。」本不足怪。也許那時發現了古代獸骨。但孔子決不會知道是甚麼骨。因爲他不是考古家。那上面卻說孔子知道是防風氏的骨。當大禹大會諸侯於會稽時。防風氏後至。大禹把他殺了。另外還有一部書。說孔子和顏回登泰山。遠望閶門。比賽眼力。顏回看了半天。纔認清那裏有一個人。孔子卻一看就知道那人還騎了馬。二人下山。顏回精神委靡。頭髮頓白。不久便死了。孔子卻沒有什麼。這一大段絕對非科學的話。也絕對非孔子的學風。自然是後來一般以博爲貴的人所造的謠言。故意附在孔子身上。諸如此類。尚不止只有這三例。我們非辨清不可。

因此我主張做孔子傳。在正文以外。應作附錄或考異。考異還不很對。以附錄爲最合宜。我們把上面這類神話搜集起來。分部研究。辨別他從何產生。說明他不是孔子眞相。剩下那眞的部分。放進傳裏。那就可貴了。

神話撇開了。還有孔子學說的眞相。要想求得全眞。好好的敘述出來。也實在困難。工作的時候。應分二種步驟。

(一)揀取可入傳文的資料。

(二)整齊那些資料分出條理來。

關於第一項頭一步就是六經(卽六藝)和孔子有無關係。要不要入傳。自漢以來。都稱孔子刪詩書定禮樂贊易作春秋。內中贊易及作春秋尤爲要緊。因爲這二種帶的哲學尤重。詩和書我不相信孔子刪過。縱有關係也不大。儀禮決不是周公制定的。許有一部分是通行的經孔子的審定。另一部分是孔子著作。樂沒有書了。也許當時是譜。和孔子卻有密切的關係。論語「子曰吾自衞返魯然後樂正」。樂是孔子正定的。可知。史記「詩三百篇孔子皆絃而歌之」。從前的詩一部分能歌一部分不能。到孔子「皆絃而歌之」就是造了樂譜。援詩入樂。論語「子於是日哭則不歌」那麼孔子不哭這天一定要歌了。「子與人歌而善。必使反之而後和之」別人唱的好。他老先生還要他再來一次。還要和唱。可見興趣之濃了。從這類地方看來。大概孔子和樂確有關係。易關係尤深。其中講哲理的地方很多。卦辭爻辭發生在孔子以前。不必講。說卦雜卦序卦。後人考定不是孔子作的。彖象大家都說是孔子作的。無人否認。剩下的繫辭文言。或全是孔子。或一部分是孔子作。假使易內這二種全是孔子所作。那麼大的範圍。應佔孔子傳料的第一部。論語倒要退居第二部。但是我個人看來。這樣很不妥當。繫辭文言說話太不直率。輾轉敷陳。連篇累牘。不如論語的質樸。最早當在孔子孟子之間。大概是孔門後學所述。我們要作孔子傳。不能不下斷語。繫辭文言裏面很多「子曰」。假如有「子曰」的是孔子說的。沒有「子曰」的又是誰作的呢。假如有「子曰」的也不是孔子說的。那又是何人作的呢。我個人主張那都是孔門後所述。剩下的春秋。司馬遷董仲舒都很注意。以爲孔子有微言大義在裏面。孔子講內聖外王之道。易講內聖。春秋講外王。他自己也說「其義則丘竊取之矣。」春秋的義到底是甚麼東西。後來解義的公羊傳穀梁傳左氏傳春秋繁露到底那書可信或都可信可信的程度有多少很是問題。宋王安石卻一味抹殺說春秋是斷爛朝報和今日的政府公報一樣。沒甚麼意義。這且不管左氏傳晚出最少解春秋這部分是後來添上去的。公羊傳穀梁傳大同小異經師說是全由孔子口授下來的為甚麼又有大同小異呢所以這些微言大義是否眞是孔子傳出還是董仲舒何休等造謠。都是問題。縱使不是他們造謠而他們自己也說是口頭相傳。到西漢中葉纔寫出文字的那麼有沒有錯誤呢有沒有加添呢我們相信他到什麼程度呢——關於這些問題。(作孔子傳選取六經的問題）各人觀察不同所取的問題。必各不同。一種人相信繫辭文言左傳公羊傳穀梁傳都和孔子沒有關係。只有論語的大部分可信其餘一概抹殺。這是崔東壁的態度未免太窄了些。還有一種人不管「牛溲馬渤敗鼓之皮。」凡是相傳是和孔子有關的書都相信。這自然太濫了。不應該。若是我作孔子傳。認易的彖象是孔子作的。繫辭文言是孔門後學作的。認春秋的公羊傳有一部分是孔家所有一部分是後儒所加。如何辨別也無標準。只好憑忠實的主觀武斷。認詩書是孔子敎人的課本。認禮樂同孔子有密切的關係。孔子和六經的關係既已確定。就可分別擇取入傳了。

六經以外。有許多傳記。我們拿什麼做標準去揀取傳料呢。我以為論語的前十篇乃至前十五篇是揀料的標準。其餘各書關於孔子的紀載沒有衝突的可取有的不取。這最可靠。論語以外。孟子荀子繫辭文言有許多「子曰。」「子曰」以下的話。完全可認為孔子說的。但若依孫星衍的話。那些「子曰」以下的文章互相矛盾的地方也很多。到底是孔子所講。還是孔門所講。很難確定。只好拿論語前十五篇做標準去測量。所以凡是各種傳記關於孔子的記載都要分等第。崔東壁把論語也分成三等。前十篇第一。中五篇第二。後五篇第三。第四等纔是繫辭文言。這是很對的。

禮記也有很充分的資料可入孔子傳。我們可錄下來。細心審查。那章那句同論語相同相近。那章那句和論語不同相遠。這樣可以互相發明。可以得眞確傳料。據我看禮記裏「子曰」以下的話可以和無「子曰」的話同樣看待。繫辭文言裏「子曰」以下的話亦是一樣。都是孔門後學所追述儒家哲學所衍出。也許孔子的確說過這種話。後儒由簡衍繁。或以己意解釋。若說的和孔子本意不甚相遠。雖然不是孔子親口說的最少也可認爲孔子學派的主張。同樣的例證。佛家對於佛說也常常和禮記繫辭的子曰一樣。大藏六千卷中有五千卷都說「如是我聞佛說」。那不必一定都是佛說的。佛家有一句話「依法不依人」。眞是釋迦牟尼說的話固須相信。就是佛門弟子或後人說的。而又不曾違背佛說。也可相信。我們對於儒家的態度亦應如此。繫辭文言孟子荀子禮記乃至莊子等書引孔子解孔子。都是孔子學說的資料。我們可以拿來分別等第。什麼是基本的。什麼是補充的。補充的以不違背基本的爲主。

關於孔子傳的第一問題——揀取可入傳文的資料的問題——上文已經解決了。怎樣整齊那些資料分出條理來呢。換句話說。就是怎樣組織這篇文章呢。這就歸到第二問題了。我們既以論語爲擇料的標準。那麼應該把孔子的學說找出幾個特色來。這個不單靠史才。還要很精明的學識。最少要能夠全部了解孔子。到底要如何纔能把孔子全部學說的綱領揭出來。我另在儒家哲學上面講過了。這裏從略。今天只講別擇資料的方法。其實作孔子傳的最困難處也在別擇資料。至於組織成文。如何敘時代背景。如何敘孔子來源。如何敘孔門宗派．這無論敘甚麼大學者都是一樣．大概諸君都能知道．現在也不講了．

乙　玄奘傳的做法

凡作一專傳．無論如何必先擬定著述的日的．製好全篇的綱領．然後跟着做去．一個綱領中．又可分爲若干部．先有綱領．全篇的精神纔可集中到一點．一切資料纔有歸宿的地方．拿幾個綱領去駕馭許多資料．自然感覺繁難．尤其是著偉大人物的傳．事蹟異常的多．和各方面都有關係．作者常常有顧此失彼的苦楚．但是事蹟越多．著作越難．綱領也跟著越需要．

玄奘是一個偉大的人．他的事蹟和關係也異常的複雜．所以作他的傳．尤其需要綱領．主要的綱領可定爲二個．

（一）他在中國學術上偉大的貢獻．

（二）他個人留下偉大的疇範．

如何纔能够把這兩綱領都寫出．這又不能不分細目．關於第一個綱領的細目是．

（1）他所做的學問在全國的地位如何．

（2）他以前和同時的學術狀況如何．

（3）他努力工作的經過如何．

（4）他的影響在當時和後世如何．

關於第二個綱領的細目是．

（1）他少年時代的修養和預備如何。

（2）他壯年後實際的活動如何——某時期如何某一部份如何。

（3）他平常起居狀況瑣屑言行如何。

像這樣在二個綱領內又分七個細目把各種資料分別處置或詳或略或增或減或細目中又分細目一定很容易駕馭資料而且使讀者一目了然無論作何人的傳都應該如此。

玄奘是中國第一流學者決不居第二流以下但是幾千年來沒有幾個人知道他的偉大最知道的只有做聖教序的唐太宗其次卻輪到做西遊記的人說來可氣又可笑士大夫不知玄奘孺子婦人倒知道有唐三藏新唐書舊唐書都有方技傳方技傳都有玄奘傳但都不過百餘字方技傳本來就沒有幾個人看百餘字平平淡淡的玄奘傳更沒有人注意了。

佛教輸入中原以後禪宗佔領了全部領土十之七天台宗佔了十之二剩下的十之一就是各宗合併的總量不用說玄奘的法相宗不過這十分之一的幾分之幾了所以從一般人的眼光看來玄奘的地位遠在慧能智顗之下其實我們若用科學精神誠實的研究佛教法相宗的創造者是玄奘翻譯佛教經典最好最多的是玄奘提倡佛教最用力的是玄奘中國的佛教若祇舉一人作代表我怕除了玄奘再難找第二個我們想做一個人的傳把全部佛教說明若問那個最方便我敢說沒有誰在玄奘上面的如何借玄奘傳說明中國佛教的發達史就是做玄奘傳的主要目的。

玄奘是中國人跑到印度去留學留學印度的在他以前不止一個但是留學生能有最大成功的一直到今日。

不惟空前。而且絕後。他臨回國的前幾年。在印度佛教裏。是第一個大師。他的先生戒賢是世親的大弟子。他又是戒賢的大弟子。繼承衣鉢。旁的弟子都趕不上他。——他是中國留學印度的學生中空前絕後的成功者。繙譯佛教經典。他以前也並不是沒有人。但一到他手裏。一個人竟譯了一千六百餘卷。而且又還改正了許多前人譯本的錯誤。規定了許多繙譯佛經的條例。在譯學上開了一個新的局面和永久的規模。教理上他承受印度佛教的正脈。開中國法相宗的宗派。在世界佛教史中國佛教史都佔極重要的位置。——合起上面三種事業來看他在學術上的貢獻何等偉大。他在學術上的地位何等重要。

關於這幾樣。說明了以後。頭一樣。佛教教理的變遷和發展。從釋迦牟尼到玄奘的經過如何。應該跟著敍述。我們知道中唐晚唐之間。回回入印度。開學術會。一把無情火。把佛教第一二流大師都燒成灰燼。佛教從此衰落。這時上距玄奘回國不過百餘年。可見玄奘留學印度的時候。佛教剛好極盛。所以不但說明中國佛教全體可在他的傳裏。就是印度佛教全體也在他的傳裏說明。也沒有甚麼不可。就退一步說。玄奘傳最少也要簡單敍述佛滅後千餘年佛教發展和衰落移轉的情形。關於這點。可看玄奘所著異部宗輪論。那書講佛教自佛滅後到大乘之興。分二十宗派。全書組織分二部。一。上座部。二。大衆部。說明佛滅後百餘年。佛門分了這二派。上座部是老輩。大衆部是青年。後來又先後由此二派分出二十小宗派。後來又由此二十小派分出大乘各派。大乘崛起。把原來二十派都認做小乘。精神性質漸漸日見殊異。我們所以能了解當日那種情形。全靠玄奘那部異部宗輪論。自宋元明到清末。一般研究佛教的人都能注意到這點。我們要認眞知道佛教全部變遷的眞相。非從小乘研究大乘的來源不可。所以作玄奘傳。起首應將佛滅以後的各宗派簡單說明。

其次，須說明大乘初起，在印度最有力的有二派，一龍樹，這派稱法性宗，二世親，這派稱法相宗，更須說二派的異同，和小乘又有甚麼分別，像這樣在簡單敍述小乘二十派之後，略詳細的敍述大乘，然後觀察玄奘在各派中所佔的地位，他是大乘法相宗的大師，須要鄭重的說明，若不說明，不知他的價值。

在這裏頭，可以附帶講玄奘以前各派輸入中國的情形，以前的人雖然不如玄奘的偉大，但若沒有他們，也許沒有玄奘，譬如鳩摩羅什自然是玄奘以前第一偉大的人，他是法性宗，生在玄奘前二百多年，那時法相宗纔萌芽，所以他譯了許多主要經典，卻沒有譯法相宗的一部，但從他起，中國纔有系統的翻譯許多主要經典，到此時已輸入中國，所以我們把印度佛教流派說明以後，應該另做一章，說明佛教輸入中國的情形，就借此把玄奘以前的譯經事業籠統包括在裏。

說起玄奘以前的譯經事業，最早起於何時，很多異說，據我的考定，實始於東漢桓帝靈帝間，略和馬融鄭玄時代相當，前人相傳東漢明帝時已有譯經，其實不可信，那時佛教雖早已輸入——西漢哀帝時秦景憲已從大月氏王使者伊存口受浮屠經，東漢明帝時楚王英已齋戒祀佛——但不過有個人的信仰，而沒有經典的翻譯，桓靈間安清支讖纔從安息月支來中國，人嚴佛調纔幫助他們翻譯佛經，自此以後，續譯不絕，而所譯多是短篇雜亂無章，見一種就譯一種，不必一定是名著，不必一定有頭尾，而且譯意的是外國人——或印度，或西域——並不深懂中國文字，筆述的雖是中國人，而未必是學者，最多能通文理而已，對於佛教教理又不很懂，所以有許多譯本都免不了資料的無選擇，和意義的有誤解二種毛病，這是漢末三國西晉譯界的普遍現象，雖已譯了許多經典，而沒有得到系統的知識，可以叫他「譯經事業第一期」。

一到第二期便有個鳩摩羅什。鳩摩羅什的父親是印度人。母親是龜茲人。以當時論。固屬外國。以現在論。也可說他一半是中國人。在他那時候。譯經事業已有進步。他雖生長外國。卻能說中國話。讀中國書。詩也做得很好。外國人做中國詩。他是最先第一個。他的文章富有詞藻。選擇資料。又有系統。論起譯經的卷帙。鳩摩羅什雖不及玄奘。論起譯經的範圍。玄奘卻不及鳩摩羅什。從前沒有譯論的。到鳩摩羅什纔譯幾種很有價值的論。從前大乘在中國不很有人了解。到鳩摩羅什纔確實成立大乘。中國譯經事業。除了玄奘。就輪到了他。

玄奘叫做三藏法師。從前譯書的大師都叫三藏。為甚麼這樣叫。沒有法子考證。大概三藏的意思和四庫相等。稱某人為三藏。許是因某人很博學。中國的三藏在玄奘以前都是外國人。中國人稱三藏從玄奘起。以後雖有幾個。實在不大配稱。從鳩摩羅什到玄奘的幾位三藏。卻可大略的敘述幾句。然後落筆到玄奘身上。——說明譯經事業就此停止。

但玄奘以前和同時的中國學術狀況。卻還要敘述一段。教理的研究。在鳩摩羅什幾乎沒有一點條理。比較的有專門研究的。是小乘毗曇宗。乃上座部的主要宗派。在鳩摩羅什以後。法性宗——即三論宗——大盛。三論宗之名。因鳩氏譯三論而起。三論為何。中論。百論。十二門論。是後來又譯了一部大智度論。合稱四論。經的方論。鳩氏又譯了維摩詰。小品。放光般若。妙法蓮華。大集。從此他的門徒大弘龍樹派的大乘教義。一直到現在。三論宗還是很盛。這派專講智慧。和法相宗不同。法相宗從六朝末到隋唐之間在印度已很興盛。漸漸傳入中國。最主要的攝大乘論已由真諦譯出。中國法相宗遂起。（法相宗又曰攝論宗。即由攝大乘論省稱。）只因為譯本太少。又名詞複雜。意義含糊。讀者多不明白。玄奘生當此時。篤好此派。在國內歷訪攝論宗各大師請教。都不能

滿意。所以發願心到印度去問學。而一生事業。遂由此決定

我們作傳時應有一節說明玄奘以前的攝論宗大勢如何。有多少大師。有沒有小派。有甚麼意味。有多大價值。纔能夠把玄奘出國留學的動機襯出他出國前曾經受業的先生和曾經旁聽的先輩。固然全部很難考出。但重要的幾個卻很可以考出來。初傳攝論宗到中國來的眞諦玄奘已不及見了。眞諦的弟子玄奘見過不少。不可不費些考證工夫搜出資料來。

現存的大慈恩寺三藏法師傳十卷。凡八萬餘字。是玄奘弟子慧立所做。在古今所有名人譜傳中價值應推第一。然而我們所以主張要改做別的緣故固然多。就是他只敍玄奘個人切身的事蹟而不敍玄奘以前的佛教狀況。多收玄奘的奏疏。唐太宗高宗的詔旨。而不收玄奘和當時國內大師討論的言辭也已很令我們不滿意。

我們作傳在第一章說明玄奘在學術界的貢獻。和地位以後。第二章就應當如前數段所論說明玄奘以前。佛教教理的變遷和發展。小乘大乘法性法相的異同。各派輸入中國的先後和盛衰。譯經事業的萌芽和發達。法相宗初入中國的幼稚。玄奘的不安於現狀。像這樣把玄奘留學的動機。成學的背景。說了一個清楚。然後纔可敍到玄奘傳的本文。到此纔可敍他少時怎樣出國以前。到了什麼地方。訪了什麼人。說了什麼話。做了什麼事。一切用普通傳記的做法。

自此以下。就進了第三章。要說明玄奘努力工作的經過。在印度如何求學。回中國如何譯經。

三藏法師傳很可惜。未用日記體。年代很不淸楚。要想把玄奘在印度十七年歷年行事嚴格規定。實在很難。然而根據裏面說的。在某處住了若干天。在某路走了若干月。在某寺學了若干年。約略推定。也不是不可能。這節

最須特別描寫的就是玄奘亡命出國萬里孤苦的困難危險，能夠寫得越生動越好。

大唐西域記是玄奘親手做的地理書，體例很嚴，若是他曾經到過的地方就用「至」字或「到」字，若沒到過就用「有」字。

最可恨的印度人講學問，對於時間空間的觀念太麻木，所以我們要想從印度書裏窺探玄奘所到的地方和所經的年代實在沒有法子，好在西洋人近來研究印度史和佛教史，發明了許多地圖史蹟，我們很可拿來利用。

三藏法師傳，大唐西域記二書，一面敍玄奘遊學的勤勞堅苦，一面述西域印度的地理歷史，在世界文化上的貢獻極大，一直到現在，不但研究佛教史的人都要借重他，就是研究世界史的人也認爲寶庫，所以我們可以根據這二書，參考西洋人的著作，先把玄奘遊學的路線詳細記載，把佛教在西域印度地理的分佈情形整理出一個系統來，然後下文敍事纔越加明白。

以後一節須述當時印度佛教形勢，上文第二章已經敍述佛教的變遷和發展，是注重歷史方面的，而對於當時的情形較簡單些，這裏說明佛教形勢，是注重地理方面，對於當時應該特別詳細，第一須說明玄奘本師在當時佛教的地位。

玄奘見戒賢時，戒賢已八十九歲了，他說「我早已知道你來了，忍死等你。」這個故事許是迷信，然亦未嘗不可能，後來戒賢教了玄奘三年，又看他講法二年，到九十五歲纔死，無論是否神話，戒賢在當日印度佛教的地位實在最高。

戒賢住持的寺叫那爛陀。那爛陀的歷史和地位也得講清。（後來回教徒坑殺佛教徒也就在這個寺。）義淨的大唐西域求法高僧傳記這寺的內容很詳細。西洋人和日本人考出他的地址。發掘出來再參考他書還可證明他的規模很大。分科很細。是印度全國最高的研究院。戒賢當日在裏面是首席教授。最後二年玄奘也是首席教授。這種史料和中間那幾位大師的史料。西洋文字日本文字比較中國文字多得多。我們須得說明了這段。纔可講玄奘留學時所做的工作。

玄奘自己站在法相宗的範圍內。一生爲法相宗盡力。但毫無黨派觀念。只認法相宗爲最進步的宗派。而不入主出奴。排斥異宗。那時那爛陀是法相宗的大本營。法相宗正在全盛時代。戒賢多年不講法了。這回卻特別爲玄奘開講三年。玄奘精神上感受的深刻。可想而知。但玄奘並不拘泥在一派之內。無論在何異宗任何異教。只要有名師開講座。他都跑去旁聽。大乘各派。小乘各派。乃至外道。他都虛心研究。

那時印度風行一種學術辯論會。很像中國打擂壇。許多闊人。國王。大地主常常募款做這類事。若是請的大師打勝了。就引爲極榮譽的事。時間長到幾個月。當玄奘在印度最後的幾年。六派外道最佔勢力。勝論大師順世最有名。最厲害。跑到那爛陀來論難。說輸了便砍頭。那時他寺的佛徒給他打敗的已有好許多。所以他特來惹戒賢。戒賢不理他。叫玄奘去跟他論辯。幾個月工夫。駁得順世外道無言可說。只好自己認輸。便要砍頭。玄奘不讓他砍。他便請玄奘收他做奴僕。玄奘不肯。只收他做學生。卻又跟他請教。他又不肯。結果就在晚上談論幾個月工夫。又給玄奘學清楚了勝論。

像這種精神。玄奘是很豐富的。他是佛教大乘法相宗。不錯。但做學問卻大公無我。什麼都學。所以纔能夠成就他的偉大。他遊印度共費了十九年。他足跡所經有六千萬里。所爲的是甚麼。只爲的求學問。像這幾種地方。我們作傳應該用重筆寫。

玄奘最後兩三年在印度佛教的地位高極了。闊極了。竟代替了戒賢當那爛陀寺的首席教授。有一回兩國同時請他去講演。甲國要他先去。乙國也要他先去。幾乎要動刀兵。結果鳩摩羅王戒日王來調停。都加入。就在那兩國邊界上開大會。到會的有十八國王。各國大小乘僧三千餘人。那爛陀寺僧千餘人。婆羅門和尼乾外道二千餘人。設寶牀。請玄奘坐做論主。玄奘講他自己做的眞唯識量頌。稱揚大乘。叫弟子再讀給大衆聽。另外寫一本懸會場外。說若裏邊有一字沒有道理。有人能破的。請斬我的首以謝。這樣經過十八日。沒有一個人能難。那些地主和聽衆都異常高興。戒日王甚至請玄奘騎象周遊各國。說中國大師沒有人敢打。除上列各大事外。玄奘在印度還做了許多有價值的事。我們應該多搜材料。好好的安置傳裏。——這是講在印度工作的話。

他回國以後。全部的生活完全花在宣傳佛教。主要的事業。十九都是翻譯佛經。他是貞觀元年出國的。到貞觀十七年纔起程回國。次年到了于闐。途中失了些經典。又費了八月工夫補鈔。到十九年正月二十四日纔到長安。他出國是偷關越境的。很辛苦。回來可十分闊綽。他一到于闐。就上書唐太宗。告訴他將回國。剛好唐太宗征高麗去了。西京留守房玄齡派人沿途招待。並且出郊相迎接。太宗聽見玄奘到了京。特地回來。和他在洛陽見面。他從二月六日起。就從事翻譯佛經、一直到龍朔三年十月止。沒有一天休息。開首四年住長安弘福寺。以後八年住長安慈恩寺。以後一年陪唐高宗在洛陽住積翠宮。以後二年住長安西明寺。最後五年住長安玉華宮。

二十年之久，譯了七十三部，一千三百三十卷佛經。一直到臨死前二十七天纔擱筆。前四五年因為太宗常常要和他見面，還不免有躭擱的時間。自太宗死後，專務翻譯，沒有寸陰拋棄。每日自立功課，若白天有事做不完，必做到夜深纔停筆。譯經完了，復禮佛行道，至三更就寢。五更復起，早晨讀梵本，用朱筆點次第，想定要譯的。十幾個學生坐在他面前筆記。他用口授，學生照樣寫，略修改，即成文章。食齋以後，黃昏時候，都講新經論，並解答諸州縣學僧來問的疑義。因為主持寺事，許多僧務，又常要吩咐寺僧做。皇宮內使又常來請派僧營功德，所以白天很麻煩。一到晚上，寺內弟子百餘人咸請受誡，盈廡滿廊，一一應答處分，沒有遺漏一個。雖然萬事輻輳，而玄奘的神氣常綽綽然無所壅滯——像這樣一天一天的下去，二十年如一日，一直到他死前二十七日纔停止。這種孜孜不倦，死而後已的工作情形，傳裏應該詳細敍述。

玄奘一生的成功，就因最後二十年的努力。若是別人，既已辛苦了十九年，留學歸國，學成名立，何必再辛苦、他卻不然，回國的第二十七天就開始譯經，到臨死前二十七天纔停筆，一面自己手譯，一面培植人才，不到幾年，就有若干弟子聽他的口授筆記成文。卒至有這偉大的成績，自古至今，不但中國人譯外國書沒有誰比他多，比他好，就是拿全世界人來比較，譯書最多的恐怕也沒有人在他之上。所以我們對於這點，尤其要注意。最好是做一個表，將各經的翻譯年月，初譯或再譯，所屬宗派，著者姓氏，年代，卷數，品數等等，一一詳明標列。這樣纔可以見玄奘所貢獻給學術界的總成績。

這個表要有二種分類排列法，一種是依書的外表分列，一種是依書的內容分列。前者可分創譯補譯重譯三類。創譯是從前未譯過的，補譯是從前未譯完的，重譯是從前譯得不好的。後者可分七類，一，法相宗的書，創譯的很多重譯的也不少。二法性宗的書。如大般若波羅密多經。鳩摩羅什也曾譯過。但不完全。所以玄奘重譯全部。共有六百卷之多。三其他大乘各宗的書。如攝大乘論。從前也有人譯過。但沒有他的詳。沒有他的精確。四小乘各宗的書。又可分二目。甲上座部的。如阿毗達磨大毗婆沙論二百卷。乙大衆部的。如阿毗達磨倶舍論。阿毗達磨正理論。五講宗派源流的書。如異部宗輪論。六講學問工具的書。如因明入正理論。因明正理門論。本是最初介紹論理學的傑作。七外道的書。如勝宗十句義論。是印度外道哲學書最要的一部。像這樣分類列表。既令人知道玄奘貢獻之偉大。又可令人知道他信仰法相宗是一事。翻譯佛經又是一事。他做學問很公平忠實。不僅譯本宗書。這點無私的精神也要用心寫出。

譯書若單靠他一手之力。自然沒有這麼大的成績。他在數年之內養成好許多人才。又定好重要規則。譯好專門名詞。說明方法利弊。使得弟子們有所準繩。這點不能不詳細研究。他周敦義翻譯名義序引了玄奘的五不翻論。可知玄奘像這類的言論一定不少。他的弟子受了他的訓練。所以能在他的指揮下共同譯出這麼多書來。這點也須在本章最末一節說個清楚——這以上是講玄奘努力工作的經過。是第三章。

到第四章應該說明玄奘在當時及後世的影響。他是不大著書的。成唯識論是法相宗的寶典。雖經玄奘加上許多主張。等於自著。但名義上還是翻譯的。他在印度時用梵文著了會宗論三千頌和眞唯識量頌。確是自己創造的。而爲量已少。而且會宗論還沒有譯成國文。他另外著了大唐西域記十二卷。但沒有佛敎教理主張。爲甚麼他不大著書。我們想大概因爲佛經的輸入。比較自己發表意見還要重要。所以他不願著書。

那麼他的學問的成就怎樣呢。我們知道他不僅是一個翻譯家而已。他在印度最後幾年的地位已經佔最高座學問的造詣當然也到了最高處。但是他沒有充分的遺著供我們的探討。如何能見他學問的眞相呢。沒有法子。只好在學生身上想法子。

他最後十五年是沒有一天離講座的。受他訓練的學生不下數千人。得意門生也有好些。像淸儒王伯申的經義述聞引述他父親的學說。我們儘可以從王伯申去看王懷祖的學問。玄奘的得意門生如窺基圓測等的著作自然很不少玄奘的主張在內。我們儘可以從這裏面探討玄奘的學問。窺基圓測的書經唐武宗毀佛法。焚佛書以後。在中國已沒有幸虧流傳到日本去了。最近二三十年。纔由日本輸入。窺基做的成唯識論述記。

窺基是尉遲敬德的兒子。十二歲的時候。玄奘一見就賞識他。要收他做門徒。那時唐帝尊尙佛教。玄奘又享大名。窺基家人當然很願意。窺基自己可不肯。玄奘又非要不可。經過多次的交涉。允許他的要求。將來可以娶婦吃肉喝酒。後來窺基跟了玄奘多少年。雖未娶婦。卻天天吃肉喝酒。但是玄奘許多弟子。他卻是第一名。唯識宗就是他創造的。爲法相宗二大派之一。後來這派極盛。

道宣續高僧傳說圓測並非玄奘的學生。不過在末席偷聽而已。並沒有甚麼了不得。在圓測的書未發現以前。看去似果眞和玄奘不相干。近來日本人修續藏。找他的書找出來了。傳到中國。纔知道在法相宗是佔有很重要的位置。並不和唯識宗所說的話一樣。

所以玄奘傳下的二大派。我們應該徹底研究。其同點何在。其異點何在。都要弄淸。弄淸了。玄奘的學說也可跟著明白。而且因此不惟說明玄奘的學說。就是玄奘的影響也很淸楚。玄奘的影響淸楚。也就是法相宗的大勢連帶淸楚。此後順便可以講些法相宗流入日本的歷史。一直敍到現在。筆法也很淸順。

最後。凡是玄奘的門生和門生的門生。尤其是當時襄助玄奘譯書的人。須用心考出。做成一個詳細的表。其中有事業可稱的。可以給他做篇小傳。

——從此以上。是講玄奘傳第一個綱領下的第四細目。也就是第四章。我上文不是講過有二個綱領嗎。那第二個綱領還有三個細目。應該敘在甚麼地方呢。這早插在前面四章裏了。當做傳時。心中常常要記著這二個綱領。一面要敘述玄奘在中國學術上偉大的貢獻。一面同時要敘述玄奘個人留下偉大的疇範。不可只注意前者。忽略了後者。我這種做法。是以前項綱領爲經。以後項綱領爲緯。後者插入前者裏面。隨時點綴。不必使人看出針迹縫痕。纔稱妙手。多年欲做玄奘專傳。現在大概的講些我的做法來。將來或者能有成功的一天。給學者做個參考。

分論三　文物的專史

第一章　文物專史總說

文物專史是專史中最重要的部分。包括政教典章。社會生活。學術文化。種種情況。做起來實在不容易。據我個人的見解。這不是能拿斷代體來做的。要想滿足讀者的要求。最好是把人生的活動事項縱剖。依其性質分類。敍述本來根據以前的活動狀況。以定今後活動的趨向。是人生最切要的要求。也是史家最重大的責任。所以對於各種活動的過去眞相和相互的關係。非徹底的求得不可。否則影響到今後活動。常生惡果。我們知道人類活動是沒有休止的。從有人類到今日所有的一切活動。都有前後因緣的關係。倘使作史的時候。把他一段一段的橫截。或更依政治上的朝代分期。略說幾句於實際政治史之後。那麼做出來的史。一定很糟。這種史也許名爲文化史文物史。其實完全是冒牌的。從前的正史裏書志一門。也是記載文物的。但多呆板而不活躍。有定制而無動情。而且一朝一史。毫無聯絡。使讀者不能明瞭前後因緣的關係。所以這種斷代體和近似斷代體的文物史。都不能貫徹「供現代人活動資鑑」的目的。我們做文物專史。非縱剖的分爲多數的專史不可。

我以爲人生活動的基本事項。可分三大類。就是政治經濟文化三者。現在做文物的專史。也就拿這三者分類。這是很近乎科學的分法。因爲人類社會的成立。這三者是最主要的要素。拿人的生理來譬喻。能有骨幹纔能支持生存。有血液纔能滋養發育。有腦髓神經纔能活動思想。三者若缺少其一。任何人都不能生活。一個人的身體如此．許多人的社會又何嘗不然．拿來比較．個人的骨幹等於社會的政治．個人的血液等於社會的經濟．個人的腦髓神經等於社會的文化學術．一點兒也不差異．現在就先把這三種文物專史所應分別包括的事項略微講講．

第一是社會骨幹之部．就是政治之部．這所謂政治．是廣義的．從原始社會如何組織起．到如何形成國家．乃至國家統治權如何運用．如何分化．都是．若以性質分．則軍政、民政、財政、法政、外交、都可溯古至今的敍述．若以部位分．則地方、中央、又可詳細的劃開．譬如一個人的骨幹．以性質分．有做支持身體用的．有做行走用的．有做取攜用的．有做保護用的．以部位分．曰頭骨．曰脊骨．曰腿骨．曰臂骨．分開來雖有千百．合起來仍是一套．政治的組織也是如此．所以國家社會纔能成立．

第二是社會血脈之部．就是經濟之部．一個人非有物質生活不可——衣食住缺一．不可生存．社會亦然．若受經濟的壓迫．必衰退下去．或變成病態．或竟驟然銷滅．一部分的經濟不充裕．一部分社會危險．全世界的經濟不充裕．全世界社會危險．就譬如一個人患了貧血症．一定精神萎弱．不久人世．若一滴血都沒有了．那還成個人嗎．經濟是社會的營養料．也是社會的一要素．

第三是社會神經之部．就是文化之部．人所以能組織社會．所以能自別於禽獸．就是因爲有精神的生活．或叫狹義的文化．文化這個名詞有廣義狹義二種．廣義的包括政治經濟．狹義的僅指語言、文字、宗教、文學、美術、科學、史學、哲學而言．狹義的文化．尤其是人生活動的要項．

人生活動不外這三種．說句題外的話．據我看理想的國家政治組織．許要拿這個標準分類．將來一個國家許有三個國會。一是政治會。一是經濟會。一是文化會。歐戰後。法國設過經濟會議。教育會議。和政治上的國會幾乎鼎立。國會原來只代表骨幹的一部分。非加上代表血液、神經的不行。今後學問日見專門。有許多問題不是政治家所能解決的。所以國會須有經濟會文化會輔助。纔可使國家組織完善。

文物史也是一樣。非劃分政治經濟文化三部而互相聯絡不可。所以文物的專史包括。

(一)政治專史

(二)經濟專史

(三)文化專史

三大類。各大類中又可分許多小類。其分法在下文講。

第二章　政治專史及其做法

政治專史最初應該從何處研究起。最初應該研究民族。中國人到底有多少民族。中國人的成分為何。各民族中那一族做台柱。最初各民族的狀況如何。從最初到黃帝時各民族的變化如何。商周兩民族的來歷如何。周代的蠻夷戎狄有多少種。後來如何漸漸形成骨幹民族。如何漸漸吸收環境民族。當沒有混合時。其各自發展的情形如何。何時接觸。何時同化。自從本民族的最初發源起。慢慢的匈奴鮮卑契丹女眞蒙古圖爾特逐漸發生交涉。以至於今日。這都應該詳細劃分。各作專篇。組織成一部民族史。那麼中國人對於中國民族的觀念格外淸楚了。

第二步就應該研究國土。展開中華民國的地圖一看。知道我們這一羣人生活在這裏面。但我們的各祖宗最初根據什麼地方呢。何時如何擴充。何時又如何退縮。何時如何分裂爲幾國。何時又被外來民族統治。何地最先開發。何地至今猶帶半獨立性。這都要先了解。做成專史。纔可確定政治史的範圍。

第三步就要研究時代。關於時代的劃分。須用特別的眼光。我們要特別注意政治的轉變。從而劃分時代。不可以一姓興亡而劃分時代。從前的歷史借上古。中古。近古。或漢朝。唐朝。宋朝。來橫截時間。那是不得已的辦法。我們須確見全民族政治有強烈轉變。如封建變爲郡縣。閉關變爲開放之類。纔可區別爲二。深入的個別的研究各個時代的歷史。

第四步還要研究家族和階級。以普通理論講。個個人都是社會的分子。社會是總體。個人是單位。這許是好理想。但事實上不能如此。以一個人做單位。想在社會總體裏做出事業來。古今中外都不可能。總體之中一定還有許多小的分體。那些分體纔是總體的骨幹。一個人不過是一個細胞。對國家爲國民。對家族爲家人。對市村爲市民。爲村民。對學校爲學生。爲教員。對階級爲士。爲商。必加入各小團體。以爲基礎。纔能在大團體中活動。家族無論何種社會都看得很重。是間接組織國家的重要成分。在中國一直到現在。還有許多人與其叫他國家的國民。不如叫他家族的家人。因爲他是對家族負責的。所以家族如何形成。如何變遷。如何發展。都得研究。階級亦無論那個社會都免不了。許多個人都由階級間接參加國家。中國人消滅階級比較的早。而對於家族。非常的擁護。西洋人不然。家族的關係很薄。階級的競爭漸濃。中國的階級在國家雖不重要。但不能說無關係。所以爲了解社會的基礎起見。非特別研究家族史。階級史不可。

此外。有些西洋有中國沒有的。如西亞細亞。教會的組織。比家族還重要。在中國卻不成問題。中國史和西洋史不同之點。卽在這種地方。

——以上五步的研究。是做政治史的第一部分。因爲政治就是社會的組織。社會組織的基礎就是上述民族。國土。時代。家族階級等。把基礎研究清楚。纔可講制度的變遷。

所以政治專史的第二部分。就是講政治上制度的變遷。這種應當從部落時代敍起。遠古有無部落。如何變成宗法社會。如何變成多國分爭。如何變成君主統一。統一以後。如何仍舊保留分立形式。如何從封建到郡縣。郡縣制度之下。如何變成藩鎮專橫。如何又變成各地自治。君主制度又如何變成民主。這種由分而合。由合而分。經過幾次分合的含質如何。分合的同異何在。這麼大的國家。如何劃分中央與地方的權限。歷史上的趨勢。一時代一時代不同。須得分部去研究。

其次又要研究中央政權如何變遷。某時代是貴族專制的政體。某時代是君主專制的政體。某時代對於中央政府如何組織。各種政權如何分配。中央重要行政有多少類。每類有如何的發展。這種中央的政治組織和中央權力的所在。須分類研究。其變遷。詳述其眞相。如司法財政外交民政等。——這是政治專史的第二部分。

第三部分是講政權的運用。上文講的是政治組織上的形式。其實無論何時。和實際運用都不能相同。譬如中華民國約法。現在似乎仍舊有效。但具文的約法。和實際的政治。表面和骨子。相差不知幾千萬里。若從政府公報看。中央政府似乎很強有力。吳佩孚張作霖亦得稟命中央。如打破了南口。許多威字將軍。都是由吳張上呈文。由內閣發表。事實上骨子裏何嘗如此。一切大權都不在內閣。吳張上呈文。亦等於一紙命令。這不但我國此時如此。無論何時何國。實際上的政治和制度上的政治都不能相同。不過不同的距離各有遠近就是。譬如英國國會組織既很完善。威力既很偉大。又號稱代表全國民意可謂憲政的模範。但實際上只由少數資本家把持。用以壟斷全國利權。何嘗能代表多數民意。表面上。政府的法令都經國會通過。很合憲法。資本家卻借國會以取權利。這是憲法所不能禁止的。意大利的棒喝團。俄羅斯的蘇維埃。也是如此。表面上的組織是一回事。運用起來又是一回事。所以研究政治史的人。一面講政治的組織表面上形式如此如彼。一面尤其要注意骨子裏政治的活用和具文的組織發生了多大的距離。譬如漢朝中央政治依原定組織。天子之下。丞相行政。御史執法。太尉掌兵。全國大政都出自三公。但自武帝以後。大政的權柄漸漸移到尚書省。尚書省在法律上是沒有根據的。裏面都是皇帝私人。後來的三公非錄尚書事。不能參與政治。事實竟變成無形的法定制度。後來漢朝的政權不惟在尚書省。外戚宦官都非常的把持。也是自然的結果。宦官運用政治。法律上尤其沒有根據。然無人能阻其不握政權。還有大學生。學會有時也能左右政治。但在法律上亦看不見。所以某時代政治的運用變到某部分人手上。其變遷之狀況何如。事實何如。都得詳細研究。關於這類近來政黨的發生。亦可附入——這是政治專史的第三部分。

研究政治史根據此分類標準。分了又分。務求清楚。我打算編一個目錄。使得做政治史的人有個標準。至於詳細的做法。現在不能講了。

第三章　經濟專史及其做法

經濟事項。譬如人生的血液。我們做經濟專史。可以因人類經濟行爲的發生次第來做分類的標準。人類爲什麼有經濟行爲。因爲有消費。人類起於消費。因消費而須生產。生產的種別不同。所以又須交易。生產的結果。須分給多少部分的人。所以分配的問題又起。愈到近代。在經濟行爲上。分配愈佔重要地位。古代最初的人類行爲。分配問題。卻不大發生。所以做起歷史來。要講淸前三部分。纔可講分配。中國經濟史。最重要的是消費和生產。其次是交易。最末纔是分配。現在依此次序講。

消費方面可分食衣住三項。要做一個民族的經濟史。看他自開化以來的食衣住如何變遷。最爲重要。但做歷史再沒有比這個困難的。因爲資料極其缺乏。

食的方面。到底我們這個民族普通食品是甚麼東西。某種從外來。某種生產於某處。那一種佔重要地位。某時代某種佔重要地位。一個民族幾千年的食飯問題。實在要緊。但研究起來也實在困難。因爲歷史的資料。不外紙片上的記載和殘留的實物。殘留的實物。多由地下發現。食品卻不能保存。紙片上的資料。固然不可看輕。但無論何國的歷史。都是政治的資料多。社會經濟的資料少。尤其是中國。這個難題。我私度沒有多大把握。因爲紙片上的資料很少。實物根本沒有。又不能靠採掘。但是雖然困難。亦不能不想方法。我想不單是食。凡關於經濟事項。若研究其歷史。不能不和政治史文化史脫離。而另取一方向。做文化史政治史。多由古及今。做經濟史。當由今及古。近代一二百年的經濟變遷。用心訪問。還能整理成一個系統。將現代所見和近代銜接。再一樣一樣的追尋根源。追到何時。就講到何時。卽如食米麵。大概言之。北方多食麵。南方多食米。倒追上去。還可以看着這種痕跡。還可知北方何時始食麵。南方何時始食米。關於經濟項下。此原則不能不採用。卽「跟現存的追上去」食的問題、諸食品中、何者原有、何者後入、乃至植物的栽培、動物的豢養、都可以從現在起、倒數上去、此法雖不能用得圓滿結果、但非絕無路走、其中有些可以特別研究的、如米的應用及保存分配的方法、應用方面、古代不單拿來食、而且用作貨幣、讀管子、可知米是金融中很重要的物品、甚麼時候完全是金融的要素、甚麼時候完全把交易媒介的性質除去、研究起來倒很有趣味、還有禁米出口的政策、現在還有討論的餘地、關於米的支配、幾千年來不同旁的一樣、旁的可以自由交易、米是民食所寄、政府地方社會對於米都有特別的制裁、支配管理都有殊異的方法、這也很有趣、所以食品史應有專篇講幾千年來管理支配的方法如何、這倒不難、可從紙片上得資料、從現在看起追尋上去、看二千年來何如、又如鹽、也是消費要素之一、在中國史上的資料比較的很充足、自漢唐以來、鹽在財政上佔極主要的地位、再溯上去、管子是戰國的書、已說春秋戰國時已有特別管理和支配鹽的方法、所以做中國吃飯史全部做的如何、很難講、但很應該做、而且最少有若干問題有相當的資料可以做得好、倘使研究一項、打開了一條活路、別項也得用同樣的方法追尋上去、

衣的方面、或者做起史來較容易些、因爲保存下來的東西比較的多、如在日本考中國的服飾、可以追到唐朝、有名的博物院中還有唐朝以下的實物、這因實物保存、所以比較的容易研究、但衣的方面特別的問題很多、最須分類研究、如絲是中國可以自豪的發明最早、但到甚麼時候纔有、最近李濟之先生在山西夏縣西陰村發現半個蠶繭、假使地層的部位不錯、那麼中國在石器時代已有絲了、其次如麻、也是中國的特產、須特別研究、又其次如棉花、自唐以後輸入中國、證據很多、但到底是從南洋來、抑從西域來、各說都有根據、我們如何取決、棉布又起自何時、是自己發明的還是從外國輸入的、假使是輸入的、又從何國輸入、這個專題可得有趣的

發明。還有中國未有棉花以前是用甚麼東西。近代的麻和古代的麻同類否。有多少種。從有絲到織呢絨綢緞。是自己發明的不是問題。眞多資料也不是沒有。只等我們去研究。

住的方面。宮室建築。拿現代所有做基本推上去也很可以。不過中國每經喪亂。毀滅無餘。近如圓明園給英法聯軍一把火燒得乾乾淨淨。只剩了一個景福門和照壁圍牆。最近幾個月也給軍閥拆去了。自古至今。多少偉大的建築給那般暴徒毀去。以致今日研究起來實在困難。祇求紙片上的紀載又很難得圓滿的結果。但除了力求古蹟以外。紙片也不是絕對沒有貢獻。其中的特別問題也很多。如衣食事項一樣。如城郭許是中國特有的文化。最少也是亞洲民族特有的。而且是中國人所發明。史記匈奴傳。漢書西域傳。以城郭的有無爲開化半開化民族的符號。中國所謂城郭和歐洲中世所謂堡壘不同。堡壘似碉樓。是少數君主貴族專保自己財產用的。城郭不專爲一人。不專爲統治者的安全而爲保護一般人民的利益而設。大概古代人民春秋散在田野。冬日把所有的收穫品聚在一處。初爲牆。後爲城郭。以防禦外來的強盜和外族的掠奪。這種城郭的發明。從何時起。殷墟文字裏有多少城郭。殷朝西周何如。春秋時代見於紀載的很多。可見已是一件很重要的事。後來竟變成文明人的標誌。假如我們證實了城郭是中國民族的特別發明。可以追尋到古代。看某時某地有古城痕跡或紀載。就可知中國文化此時已到此地。最古長城以外沒有城郭。西域各國或有或沒有。由此可見中國民族勢力的消長。研究起來雖很困難。但並不是沒有路子。雖不能全部研究。但抽出若干種比較的資料易得的。可以得許多成績。此外的特別問題也不止一種。不能多講。

食衣住三者的史料。除了紀載和實物以外。還有特別史料。是我們所能得外人所不能得的。中國文字。象形指事會意諸種。研究起來。有許多可以發見有史以前的生活狀態。其中乃至心理的狀態也可以看出一部份。如內字表示穴居。以人入洞。和以人入門的閃字不同。如宮字表示兩進的房子、到現在還適用。到歐洲可不適用的。如家字表示以物覆豕。是家的所在。可知古人由漁獵時代變成畜牧時代的時候。以豕爲食物而始有固定的家。又如吉凶的凶字。表示設陷阱以捉野獸。野獸落到裏面的樣子。原來只有這種意義。後來纔用爲不利的意義。像這類在古文字上研究以求古代人類衣食住的狀況。當有許多意外的收穫。這種收穫品是紀載上實物上所沒有而文字中有的。假如小學家有社會學的根柢、很可以得奇異的發明。所以衣食住的專史誠然難做。但不是絕對不可做。機會正多的很。

進一步到生產方面。生產的種類分別爲漁獵、畜牧、農耕、礦業、家庭手工業和現代工業。每一種須一專史。中間看那一種最發達。歷史也跟著詳細一點。

中國農業最發達而最長久。資料也很多。非給他做一部好歷史不可。農業、農器、農產物的歷史。都應該做。最主要的。尤其是田制。一直到現在。仍是最主要的問題。幾千年來的政治家很用心去規定這種制度。許多學者也有很周密精詳的主張。或已實行。或未試辦。我們研究田制的變遷。有許多資料可供使用。只要肯去找。詳審的選擇敍述。可以得很有價值的歷史。這不單是考古而已。或者有些學者或政治家所建議而未實行的制度。我們把它全錄或摘抄下來。可以供現代的資鑑。而愈可以成爲有價值的著作。

漁獵畜牧。最初的社會已經有了。一直到現在。還是很重要的生產事業。礦業到周代也已發明。已利用。到今日變成多種生產事業的發動力。假使沒有礦業。多種生產事業都得停頓。所以我們做史。應該分別一部一部的。

各自著成一書。

家庭手工業在機械工業未輸入以前的狀況如何。原來的機械工業在新式的機械工業未輸入以前的狀況如何自機械工業輸入中國以後到現在有如何的發展有無新的發明這種資料東鱗西爪的研究時要很費精神去尋找。

此外和生產事業極有關係的有三種。就是水利。交通。商業。不能不做專史。

歷代以來。中國人對於消極的防水患。積極的興水利。都極注意。如資治通鑑。每朝末葉。水患特別的多。前人以為天災流行。其實則毫不足怪。新興之朝。所以沒有水患。只因當時上下對於修堤濬河的工作很用財力人工可以征服自然。如清代河道總督。號稱肥缺。有很充足的公款可供中飽。但一發現有舞弊情形。或一遇河堤決口。馬上就要拏去砍頭。所以無論怎樣貪婪的河道總督。總得用心修理河道。所以清代水患比較的少。到了民國。一切的收入都跑進兵隊和兵工廠和軍閥的姨太太身上了。誰來理這閑事。所以不講別的就是永定河就每年總有好幾次發生危險。關於這類水利問題。歷代工作的情形怎樣。都得做成專史。

交通在現在以鐵路河海航線電線最重要。汽車道也有人注意。這些事業幾時才輸入中國。近來發達的情形如何。都是應該入史的。還有古代沒有這些東西。卻有驛道驛使做中央統制地方的利器。所以對於驛的制度很完善。驛道的路線歷代不同。逐代加增。研究的結果還可勉強畫出地圖來。驛道的管理法。驛使的多少也得研究。清楚這類資料。倒也不少。我們可以從上古初闢草萊起。漸有舟車。漸有驛道。運河。海運。鐵道。航線。電線。汽車道。乃至飛機。無線電。電話。都一一做成歷史。分之各為專篇。合之聯成交通專史。

商業自春秋戰國以後日見發達以前也並非沒有我們須研究人類最初交易的情形如何何以由物與物互易而變成物與幣互易春秋戰國對外的貿易何如歷代對於商人的待遇何如漢唐對於邊界互市的狀況何如一直到現在與全球通商的經濟戰爭情況如何其中如貨幣的變遷尤其要特別的研究關於貨幣的理論如每値幣制紊亂講求修正改革的奏疏之類價値很高是要收入貨幣史的或者包括各種事實成一部商業史或者分別作各種專史都無不可

上面交通和商業二種都屬於交易方面就是經濟事項的第三種再進一步就要說到分配了（名達按當日因時間來不及未講分配）

——關於經濟專史的分類似乎不大科學的不過稍微舉個例大概的講一講近人關於貨幣田制的著述倒有一點但都還得補正此外各史許多人未曾做或認爲不好做的也未嘗不可設法研究這全在我們的努力

第四章　文化專史及其做法

狹義的文化譬如人體的精神可依精神系發展的次第以求分類的方法文化是人類思想的結晶思想的發表最初靠語言次靠神話又次纔靠文字思想的表現有宗敎哲學、史學、科學、文學美術等我們可一件一件的講下去

甲　語言史

在西洋言文一致在中國文字固定語言變化兩不相同所以研究中國文化要把文字同語言分開

離開文字的語言已成過去。在固定的文字下研究變化的語言，異常困難。但並不是絕無資料。西漢末揚雄已經很注意這部分。新近學者研究語言的發展很快。我們的同學中有研究中國語言史者。起初我們以爲很困難。現在已證明有路可走。看韻文的變化常可得着具體的原則。卽如廣東話在中國自成一系。鄉先生陳蘭甫著廣東音學。發明了廣東話和旁的話不同的原則。近來趙元任先生研究現代語言。在聲音方面也很有心得。文法方面自漢以後。宋人平話未發生以前。因士人作文喜用古時筆調成爲固定的。不肯參用俗調通俗的白話又不曾在紙片上保存。所以現在很難考出。但我們從很缺乏的資料中跟著上去。也非絕對不能做史。宋元以後。平話小說戲曲先後繼起。語言的變化就漸漸可考了。

乙　文字史

淸代以來。小學家根據說文。把文字劃出一個時代來研究。成績很高。後來甲骨文發現。文字學上起了很大的變化。國內唯一的大師王靜安先生研究得很好。我們希望努力下去。可以得文字的最初狀況。再由古及今。把歷代的文字變遷都研究淸楚。可以做成中國文字史。

丙　神話史

語言文字之後。發表思想的工具。最重要的是神話。由民間無意識中漸漸發生某神話。到某時代斷絕了。到某時代新的神話又發生。和神話相連的是禮俗。神話和禮俗合起來講。系統的思想可以看得出來。歐洲方面研究神話的很多。中國人對於神話有二種態度。一種把神話與歷史合在一起。以致歷史很不正確。一種因爲神話擾亂歷史眞相。便加以排斥。前者不足責。後者著從歷史著眼是對的。但不能完全排斥。應另換一方面。專門研究最近北京大學研究所研究孟姜女的故事成績很好但範圍很窄應該大規模的去研究一切神話其在古代可以年代分在近代可以地方分或以性質分有種神話竟變成一種地方風俗我們可以看出此時此地的社會心理

有許多神話夾在紀眞事的書裏如山海經若拿來作地理研究固然很危險若拿來作神話研究追求出所以發生的原因來亦可以得心理表現的資料如緯書從盤古伏羲神農軒轅以來的事情很多又包含許多古代對於宇宙的起源和人類社會的發生的解釋我們研究古人的宇宙觀人生觀和古代社會心理與其靠易經還不如靠緯書和古代說部如山海經之類或者可以得到眞相又如金縢夾在二十八篇眞尙書中所述的事非常離奇那些反風起禾的故事當時人當然相信如不相信必不記下來我們雖不必相信歷史上眞有這類事但當時社會心理確是如此又如左傳裏有許多災怪離奇的話當然不能相信但春秋時代的社會心理大概如此

又如佚周書在歷史上的價值如何各人看法不同其中紀載殺多少人虜多少人捕獸多少我們不能相信孟子說「仁者之師無敵於天下……如之何其血流漂杵也……吾於武成取其二三策而已」事實固然未必全屬眞相但戰爭的結果當然很殘忍這點可認爲事實又看當時所得猛獸之多參以孟子別篇所謂「周公兼夷狄驅猛獸而天下寧」可知當時猛獸充斥於天下這種近於神話的誇大語也自有他的歷史背景我們因他誇大某事可相信當時實有某事但不必相信他的數目和情形

神話不止一個民族有各族各有其相傳的神話那些神話互相征服同化有些很難分別誰是誰族的我們應

當推定那一種神話屬於那一種民族或那一個地方。如苗族古代和中原民族競爭很烈。苗族神話古代也特別多。我們若求出幾個原則。把苗族神話歸納出來。倒很可知道苗族曾經有過的事項風俗和社會心理。苗族史雖不好研究。而苗族神話史卻很可以研究出來。

後代一地方有一地方的神話。荊楚歲時記和這類文集筆記方志所講的各地風俗和過節時所有的娛樂。若全部搜出來做一種研究資料實在多。如蘇東坡記四川的過節。范石湖記吳郡的過節。若分別研究。可以了解各地方心理和當時風俗。實在有趣。

中國的過節實在別有風味。若考究他的來源。尤其有趣味。常常有一種本來不過一地方的風俗。後來竟風行全國。如寒食是春秋晉人追悼介之推的紀念日。最初祇在山西。後來全國都通行了。乃至南洋美洲華人所至之地都通行。可是現在十幾年來。我們又不大實行。又如端午。初起只在湖南競渡。最多也不過湖北。後來竟推行到全國。又如七夕。詩經有「宛彼牽牛」之句。牽牛與織女無涉。古詩十九首有「迢迢牽牛星。皎皎河漢女。盈盈一水間。脈脈不得語。」成爲男女相悅了。後來竟因此生出七夕乞巧的節來。最初不過一地的風俗。現在全國都普遍了。這類的節。雖然不是科學的。卻自然而然表示他十分的美。本來清明踏青。重陽登高。已恰合自然界的美。再加上些神話。尤其格外美。又如唐宋兩代。正月十五晚。皇帝親身出來湊熱鬧。與民同樂。又如端午競渡。萬人空巷。所以最少中國的節都含有充分的美術性。中國人過節帶有娛樂性。如燈節。三月三。端午。七夕。中秋。重陽。過年。都是公共娛樂的時候。我們都拿來研究。既看他的來源如何。又看他如何傳播。各地某地對於某節特別有趣。某時代對於某節尤其熱鬧。何地通行最久。各地人民對於各節的意想如何。爲甚麼能通行。能永久。這樣極端的求得其眞相。又推得其所以然。整理很易得的資料。參用很科學的分類。做出一部神話同風俗史來。可以有很大的價值。

丁　宗教史

在中國著宗教史——純粹的宗教史——有無可能。尚是問題。宗教史裏邊。教義是一部分。教會的變遷是一部分。教義是要超現實世界的。或講天堂。或講死後的靈魂。無論那一宗教都不離此二條件。其次宗教必有教會。沒有教會的組織就沒有宗教的性質存在。根據這兩點來看中國是否有宗教的國家大可研究。近來推尊孔子的人想把孔子做宗教。康南海先生就有這種意思。認孔子和外國人的宗教一樣去研究。一般攻擊孔子的人又以爲孔子這種宗教是不好的。如吳稚暉先生和胡適之先生。其實兩種看法都失了孔子的眞相。第一點。可以說。宗教利用人類曖昧不清楚的情感纔能成功。和理性是不相容的。所以超現實超現在。孔子全不如此。全在理性方面專從現在現實著想。和宗教原質全不相容。第二點。教會。孔子以後的儒家是沒有的。現在有的是冒牌。

再看孔子以外的各家。關於第一點。道家老子莊子雖有許多高妙的話。像是超現實超現在。而實質上是現實的。現在的。應用。道家實在不含宗教性。比較的古代思想只有墨家略帶宗教性。講天志講明鬼。稍有超現實的傾向。但仍是現實的應用。墨家並未講死後可以到天堂。亦未講死後可以做許多事業。不過講在現實的幾十年中好好的敬天。做好事。天自然會賜以幸福。所以墨家仍不能認爲宗教。關於第二點。道家也沒有教會。墨家有鉅子。頗像羅馬的教皇。未能明瞭他如何產生。雖然當戰國時代。許有百餘年曾有過教會的組織。但後來消滅了.現在留存的材料極少.除了講鉦子的幾條以外.別無可找.

中國土產裏既沒有宗教.那麼著中國宗教史.主要的部分.只是外來的宗教了.外來宗教是佛教.摩尼教.基督教.最初的景教.後來的耶穌教.天主教等.主要的材料.純粹是外來的宗教著作.都是死的.無大精彩.只有佛教有許多很有精彩的書.但應該擺在哲學史裏抑宗教史裏.還是問題.爲著述方便起見.擺在哲學史更好.因爲佛教的理性很強.而且中國所感受.哲學方面爲多.佛教到中國以後.多少派別.當然應該擺在哲學史.因爲六朝隋唐一段的哲學史.全靠佛教思想做中堅.其中純粹帶宗教性而且很強的.只有淨土宗.但也很難講.又佛教的禪宗.勉強可以說是中國自創的一派.然很近哲學.到底應認爲教派.抑應認爲學派.又是問題.據我看.做學派研究.解釋要容易些.到底那一部分應歸宗教.那一部分應歸哲學.分起類來很不方便.若把全部佛教移到哲學.那麼宗教史的材料更少了.

爲甚麼宗教在中國不發達.大抵因爲各種宗教到了中國.不容易有好教會的組織發生.最近基督教宗中如燕京大學一派.有組織中國基督教會的運動.我很贊成.因爲人類應有信仰宗教的自由.我們不能因爲他是外來的就排斥他.基督教所以可恨.只因他全爲外國人包辦.假使由中國人來辦.就可免掉外國借手侵略的野心.所以若做宗教史.最後一頁.所以講有少數人有這種運動.他們既然信仰基督教.當然應該努力.但事實上未必成功.如有可能.恐怕早已有人做成功了.

就外來的宗教.講其教理要略.及其起原.用不着在中國宗教史講.在中國內部所謂教會的形式.又沒有具體的中國宗教史.祇能將某時代某宗派輸入.信仰的人數.於某時代有若干影響.很平常的講講而已.雖或有做

的必要。卻難做得有精彩。

就中國原有的宗教講。先秦沒有宗教。後來只有道教。又很無聊。道教是一面抄襲老子莊子的教理。一面採佛教的形式。及其皮毛湊合起來的。做中國史把道教敍述上去。可以說是大羞恥。他們所做的事對於民族毫無利益。而且以左道惑衆擾亂治安歷代不絕。講中國宗教若拿道教做代表我實在很不願意。但道教醜雖很醜。做中國宗教史又不能不敍他。於中國社會既無多大關係。於中國國民心理又無多大影響。我們不過據事直書。略微論講就彀了。

做中國宗教史。倒有一部分可寫得有精彩。外國人稱中國人奉多神教。名詞頗不適當。多神教是對一神教而言。基督教猶太教是一神教。其他都是無神教。佛教尤其是無神教。西洋人不會分別這點。說印度人奉佛教即奉多神教。中國孔子不講神。說「未能事人。焉能事鬼。」「未知生。焉知死。」然而孔子對於祭祀卻很看重。論語說「祭如在。祭神如神在。」孔子一面根本不相信有神。一面又藉祭祀的機會彷彿有神。以集中精神。儒家所講的祭祀及齋戒。都只是修養的手段。論語說「非其鬼而祭之。諂也。」「其鬼」和「非其鬼」的分別。和西洋人的看法不同。意思只是鬼神不能左右我們的禍福。我們祭他。乃是崇德報功。祭父母因父母生我養我。祭天地因天地給我們許多便利。父母要祭。天地山川日月也要祭。推之於人。則凡爲國家地方捍患難建事業的人也要祭。推之於物。則貓犬牛馬的神也要祭。如此「報」的觀念。係貫徹了祭的全部分。這種祭法。和希臘埃及的祭天拜物不同。他們是以爲那裏面有甚麼神祕。乃是某神的象徵。並不因其有恩惠於人而去祭他。老實講。中國所有的祭祀。都從這點意思發源。除了道教妖言惑衆的拜道以外。我們將歷代所拜的神羅列起那些名詞來分類研究其性質及變遷實在很有趣味。

我們看古時的人常常因感恩而尊所感的人爲神如醫家祭華陀扁鵲戲子祭唐明皇若把普通人祭甚麼某階級祭甚麼分類求其祭的原因及起原的情形可以得知十有八九是因爲報恩的若看歷代所崇拜的神的變遷尤其有意思——例如近代最行運的神是關羽關羽以前是蔣子文南京鍾山也叫蔣山卽因蔣子文得名蔣子文是一個知縣六朝人守南京城陷殉節他官階既比關羽低時代又比關羽後但同是殉節的人都合於祀典「以死勤事則祭之」的向例這類殉節的人古來很不少不過蔣子文當時死得激烈一點本地人崇拜他祭祀他起初稱他知縣其後稱他蔣侯其後又稱他蔣王最後竟稱他蔣帝祭他的地方不很多祇在南朝各地但南朝各代上自皇宮下至偏僻市鎭都很虔誠的祭他比較關羽的享遇當然差得遠但人雖生於關羽之後神卻成於關羽之前關羽的運氣行得很遲到明末纔有許多地方祭他爲神到滿人入關纔極通行滿洲人翻譯漢文成滿文的最初一部是三國演義一般人看了認關羽是惟一的人物後來迭次打勝仗都以爲靠關羽的神幫助所以八旗兵民所到的地方沒有不立關帝廟祭關羽的皇帝在文廟祭孔子在武廟就祭關羽岳飛無形中社會受了莫大的影響乃至沒有甚麼地方不祭關羽沒有甚麼地方沒有關帝廟諸位的故鄉自然有這種風俗就是現在從清華園大門出去那正藍旗和正白旗二個村莊不見他有甚麼宗祠家廟倒都有關帝廟佔正中的位置做全村公共會集的地方諸君再到北京前門外那個有名的關帝廟一問那看廟的人一定可以得到一件有趣的故事「明萬曆間宮中塑了兩個關帝偶像叫人給他倆算命神宗皇帝喜歡的那個偏偏命不好皇帝討厭的那個偏偏有幾百年的煙火皇帝發脾氣了吩咐把自己喜歡的供在宮中把那個

討厭的送往前門外的廟裏去。那知道後來李闖一進宮門。便把那關帝像燬了。前門外那個關帝像到現在還有人供祀。」關羽是特殊有運氣的神。時間已有四五百年。地方遍及全國。還有運氣不好的。如介之推。除了山西以外。沒有廟。如屈原。除了湖南以外。也沒有廟。然而寒食端午兩節。專是紀念他倆的。也帶了十足的崇拜先哲的意思。和廟祀差不多——我們若是把中國人所供祀的神一一根究他的來歷。大抵沒有不是由人變來的。我們看他受祀範圍的廣狹。年代的久暫。和一般民衆祀他的心理。做成專篇。倒是宗教史裏很有精彩的一部分。所以可以說中國人實在沒有宗教。祇有崇德報功的觀念。

還有一點。在宗教史上要說明的。中國人信佛宗釋伽牟尼。信道宗太上老君。信基督教宗基督。同時可以並容。決不像歐洲人的絕對排斥外教。佛教輸入以後。經過幾次的排斥。但都不是民衆的意思。北魏太武帝。北周武帝。唐武帝。三次摧殘佛教。其動機都因與道教爭風。當時那兩教的無聊教徒。在皇帝面前爭寵。失敗了的連累全教都失敗。這和全國民衆有何相關。中國所以不排斥外教。就因爲本來沒有固定的宗教。信教也是崇德報功的意思。基督教輸入以後。所以受過幾次的激烈排斥。也只因基督教徒本身有排外的思想。不容外教的存在。回教謨罕默德出於摩西。也是排外的教。摩西之所以起。卽因爭奪南方膏腴之地。而起基督教到羅馬。以教會干涉政治。回教所到之處。亦以教會干涉政治。那自然和本方人的權利思想不相容。自然會引起相當的反感。當他們初入中國。未現出侵略的野心以前。中國人是無不歡迎的。自唐朝景教流行到明末基督教再來。都不曾有甚麼反動。後來因爲舊教天主教有壟斷政權的嫌疑。新教耶穌教又有侵略主義的野心。所以我們纔排斥他。回教輸入中國以後的情況也是一樣。

關於這點——中國人對於外來宗教的一般態度很值得一敍．我們常常看見有許多廟裏．孔子．關羽．觀音．太上老君．同在一個神龕上．這是極平常的現象．若不了解中國人崇德報功的思想．一定覺得很奇怪．其實崇德報功只一用意．無論他的履歷怎樣．何妨同在一廟呢．譬如后稷和貓都有益於農耕．農人也常常同等供祀．又有何不可呢．

做中國宗教史．依我看來．應該這樣做．某地方供祀某種神最多．可以研究各地方的心理．某時代供祀某種神最多．可以研究各時代的心理．這部分的敍述纔是宗教史最主要的．至於外來宗教的輸入及其流傳只可作為附屬品．此種宗教史做好以後．把國民心理的眞相．可以多看出一點．比較很泛膚的敍述各教源流．一定好得多哩．

戊　學術思想史

中國學術不能靠一部書包辦．最少要分四部，

子　道術史——卽哲學史

丑　史學史

寅　自然科學史

卯　社會科學史

四部合起來．未嘗不可．然性質既各不同．發展途逕又異．盛衰時代又相參差．所以與其合併．不如分開．現在先講道術史的做法．

子　道術史的做法

中國道術史看起來很難做。幾千年來的道術。合在一起。要想系統分明。很不容易。不過若把各種道術分爲主系。閏系。旁系三類。好好的去做。也不是很難。主系是中國民族自己發明組織出來有價值有權威的學派。對於世界文化有貢獻的。閏系是一個曾做主系的學派出來以後繼承他的。不過有些整理解釋的工作也有相當的成績的。旁系是外國思想輸入以後。消納他或者經過民族腦筋裏一趟。變成自己的所有物。乃至演成第二回主系的思想的。幾千年來的思想。認定某種屬某系。有了綱領。比較的容易做。

主系思想有價值的不過兩個時代。一。先秦二。宋明（包括元代）。要做中國道術史可以分做上下兩篇。分講先秦宋明兩個主系。但非有真實的學問。加精細的功夫不可。

所謂閏系。如漢朝到唐初。對於先秦的學術。清朝對於宋明。是閏系。因爲漢唐人的思想不能出先秦人的範圍。清人的思想不能出宋明人的範圍。雖然東漢以後已有一部分旁系發生。清朝也有一部分旁系發生。但閏系的工作仍佔一部分。不妨分別敍述。

所謂旁系。最主要的是六朝隋唐間的佛學。那時代把佛學輸入以後。慢慢的消化。經過一番解釋。準備做第二回的主系。這個旁系。和第一回主系先秦沒有關係。但是宋明主系的準備。還有一種旁系。就是現代再追遠一點。到明中葉基督教的輸入。但那時的關係很微。到最近三四十年。纔發達。此刻的旁系。比隋唐的佛學還弱的很。將來在學術上的位置。很難講。倒有點像東晉南北朝的樣子。離隋唐尚遠。東晉時。佛教各派思想都已輸入。但研究者僅得皮毛。還沒有認真深造的工作。中間經幾百年。到隋唐而後纔有很體面的旁系出現。因旁系的體面而有融會貫通自創一派的必要。現在的中國。我們希望更有一個主系出現。和第一主系第二主系都要不同纔好。宋明思想和先秦思想。好壞另是一件事。性質可絕不相同。旁系發達到最高潮。和過去的主系結婚，產生一新主系。這是宋明道術的現象。現在的中國也有這種產生第三主系的要求。但主系產生的遲早。要看我們努力的程度如何。此刻努力。主系可以早出現。此刻不努力或努力不得其方。恐須遲延到若干年後。但第三主系的產生。始終必可實現。因為現在正是第二旁系輸入中國的時期。

若是拿上述那種眼光來做道術史。並不難做。做的時候。全部精神集中到主系。第一主系。範圍既廣。方面又多，要說明他。是很困難。但是細細辨別起來。也還容易。春秋戰國以前。都是醞釀時代。可由詩經書經左傳所載。說明白古代思想的淵源。春秋戰國——即先秦——是主系的所在。那時各家的著作。打開漢書藝文志或二十二子百子全書一看。似乎浩如煙海。其實若仔細分別一下。眞的先秦書實在不多。屈指可數。做道術史做到先秦。最要緊的是分派。分派的主張各人不同。司馬談分為六家。劉歆班固分為九流十家。其實都不很對。老實講。只分儒道墨三家就夠了。再細一點。可加上陰陽家及法家。而最重要的仍是前三家。能把這三家認識得清楚，分別得準確。敍述得詳明。就很好了。陰陽家如鄒衍一派。沒有幾本書。漢初以後的陰陽家是否先秦鄒衍這派。很值得研究。

第一閏系。就是第一主系的餘波。從全部思想看來。不能佔重要的位置。他的敍述。不能和第一主系平等看待，這時第一要緊的事。就要把各家的脈絡提清。看他如何各自承受以前的學風。如何各自解釋本派的學說。如何本派又分裂為幾派。如何此派又和彼派混合。儒家戰國末已分為八派。須要分別說明。漢朝那般經學家畢守相傳的家法。有許多迂腐離奇的思想。須要看他如何受陰陽家的影響。道家如淮南子。在閏系中很有價值。那些派別須要分清。墨家思想到漢朝已中絕。但也有見於他書的。如春秋繁露一部分是陰陽家的思想。另一部分是墨家的思想。

無論那派。當一大師創造提倡之時。氣象發皇。有似草木在夏天。其先慢慢的萌芽長葉含苞吐蕊。有似草木在春天。其後落華取實。漸至凋落。有似草木在秋天。又後風采外謝。精華內蘊。有似草木在冬天。譬如第一主系的先秦各家都忙於創作。未暇做整理的工夫。其先當然是醞釀時期。沒有急遽的進步。其後到西漢。各家都不去創作。專事整理。在前未入完成的部分。經這期的人加添潤飾。果熟蒂落。在前未應用到社會的部分。經這期的人一一實現到社會應用上去。社會都受其賜了。關於後者。漢朝在政治史上所以佔重要位置。在道術史上所以是閏系。都因享受先秦的結果。如儒家經過西漢二百年儒者的傳習理解。已竟深入人心。到東漢便實現到社會上去。像收穫果實一樣。所以東漢的政治組織民衆風俗。在中國是小小的黃金時代。關於前者。漢朝在秦皇焚書之後。書籍殘缺。耆宿彫落。後輩欲治先秦的學問。眞不容易。所以一般學者專事解釋先秦著作。不知創作。但因古文字可以有多方面的解釋。各家墨守祖說。互爭小節。思想變爲萎靡不振的現象。而且一種學術。無論如何好。總有流弊。況經輾轉傳說。也不免有失眞象。所以一種學術應用到社會上。算是成功。也就因此腐壞。有如果實爛熟而發生毛病一樣。所以研究閏系思想。一方面看他們如何整理解釋。不忘他們工作的功勞。一方面也要注意他們彼此做無聊的競爭。生出支離破碎的現象。所以敍述閏系和敍述主系不同。對於第一主系的幾派。要詳細研究其內容的眞相。對於第一閏系。卻可不必。漢朝十四博士的設立。乃至各博士派別的差異。我們可以不必管他主系須看內容閏系只看大概。只看他們一羣向那裏走。我們做第二主系。用此做法。並不很難。

第一旁系的發生很重要。佛教到底應擺在宗教史還應擺在道術史很費斟酌。單做佛教史。當然可以詳說。但做道術史則仍以擺在道術中爲是。在中國的佛教。惟淨土宗及西藏蒙古的喇嘛教應擺在宗教方面。因爲縱使他們有相當的哲理。而在中國本部文化上的影響很少。卽西藏蒙古人之信仰喇嘛。也並不因他有哲理。所以應該收入宗教裏。此外自隋唐以來。最初的毗曇宗到三論宗攝論宗。小乘的毗曇宗。大乘的教下三家——天台宗華嚴宗法相宗。乃至禪宗。都關於哲理方面。大多數的佛教徒。信宗教的成分不如研究哲理的成分多。簡單講。除密宗在蒙藏應列入宗教史以外。其他都應收入道術史。這部分工作頗不容易。第一。要說明原始佛教。何如印度佛教的分化發展何如。因爲要想了解新婦的性情。非先了解她的娘家不可。所以先應忠實的看佛教起原及其分化發展。然後可敍中國的佛教。第二。東漢三國西晉南北朝是翻譯時期。但能吞納。不能消化。所以應該敍述那時輸入的情況。何如輸入了些甚麼東西。那些譯本是否能得原本眞相。沒有錯誤。第三。最主要的唐朝教下三家。要集中精神去說明。法相宗從印度由玄奘帶來。玄奘以前。只是印度人講。到玄奘譯著成唯識論。纔開這個宗派。但成唯識論是玄奘及其弟子窺基把釋伽牟尼以後十家的道術。匯合翻譯。參以己意。纔做成的。此種譯著爲功爲罪。尚不分明。十家的內容很難分別。其中以護法爲主。而其餘九家不易看出。十家的道術經過玄奘窺基的整理去取之間。很有選擇。雖說原是印度人的思想。但其中實參加了中國幾個大師的成分。天台宗是智者大師所創。後來印度來的許多大師都很佩服。他認眞看起來。天台宗的確和印度各宗不同。許多人攻擊他。以爲不是眞佛教。其實這種不純粹的洋貨。我們治學術史的人尤其要注意。華嚴宗不是純粹出自中國。也不是純粹出自印度。乃出自現在新疆省的于闐。佛教到于闐才發生華嚴宗。華嚴宗到中國本部纔成熟。至少不是印度的——所以所謂教下三家。可說完全都是中國的。此外教外別傳。如禪宗神話說是達摩自印度傳來的。我們研究的結果。不肯相信他所謂西方二十八祖。全是撑門面的。實在只有五祖和慧能。純是中國的學派。所以禪宗的學風。也純是中國的創作。應該和教下三家同樣的用力敍述。

佛教雖是旁系。但做起來的時候。應該用做主系的方法去研究。因爲起初雖自外來。但經過中國人消化一次。也含有半創作性。所以除了簡單講印度佛教的起原和變遷以後。主要各宗派在中國的。應該用研究先秦各家的方法去研究。看他不同之點何在。主要之點何在。這是做中國道術史比較的困難所在。其實也並不困難。因爲書籍儘管多。要點只是這幾個。不過我們沒有研究。心驚便是了。只要經過一番研究。得着綱領。做起史來。實在容易。

旁系之中附帶有他的閏系。講亦可。不講亦可。若是順便講的話。佛教的創作至唐開元而止。中唐以後及五代。便是佛教的閏系。後來法相宗的消滅。華嚴宗的衰微。天台宗的分裂爲山內山外。禪宗的分爲五派。自來講中國佛教掌故的最喜歡講這些東西。實在這都是閏系的話。旁系的主要點全在內容的說明。

現在有許多人感覺做中國道術史的困難。以爲三國到隋唐實在沒有資料。其實那有一個這麼長的時代而沒有道術之理。他們把這時代省去。中間缺了一部分。還那裏成爲道術史。再則這部分工作如果落空。宋明哲學——第二主系思想——的淵源如何看得出來。所以認眞做中國道術史的人應當對於第一旁系——佛教——加以特別的研究。

再往下就是第二主系——宋明道術。宋儒自稱直接孔孟心傳不承認與佛教有關係。而且還排斥佛教。另一方面對他們反動的人攻擊他們以爲完全偷竊佛教唾餘自己沒有東西清代的顏元戴震和近代的人連我自己少時也曾有這種見解。其實正反兩方都不對。說宋明道術完全沒有受佛敎的影響固然非是。說宋明道術自己沒有立脚點也是誤解。簡單講儒家道家先秦兩漢本有的思想和印度佛教思想結婚。所產生的兒子。就是宋明道術。他含有兩方的血統。說他偏向何方都不對。思想的高下雖可批評。然實在是創作的。先秦主系都是鞭辟近裏。把學術應用到社會上去。兩漢閏系專門整理解釋。離實際生活太遠了。宋明學者以漢唐的破碎支離的學問。繁瑣無謂的禮節。與人生無關。乃大聲疾呼的說要找到一種人生發動力纔算眞學問。所以超越閏系。追求主系本來面目。如何其與社會有如何的關係。宋明道術所以有價值。就在這一點。但他們所謂回到本來面目是否達到。卻不敢說。不過以古人的話啓發他自己的思想。實在得力於旁系的影響。當宋朝的時候。佛教旁系已成了閏系。派別很多。法相宗華嚴宗雖已消滅。天台宗禪宗卻分爲好幾派。和兩漢今古文之爭一樣。互相攻擊。對於社會人心倒沒有多大關係。但一般學者因苦於漢唐經學之茫無頭緒。總想在佛經上求點心得。如二程朱子之流。少年皆浮沉於佛教者若干年。想在那方解決人生的究竟。但始終無從滿足這種欲望。所以又返而求之於先秦。研究佛經時雖未能解決人生問題。但已受有很深的影響。以後看先秦書籍時。就如戴了望遠鏡或顯微鏡。沒有東西的地方也變成有東西了。一方面整個社會經過佛教數百年的熏炙。人人心裏都受了感染。所以一二學者新創所謂道學。社會上雲起風湧的。就有許多人共同研究。而成爲燦爛發皇的學派.

我們研究這個主系.家數雖多.但方面不如第一主系的複雜.第一主系.儒道墨三家.分野很淸楚.第二主系.許多家數.所討論的不過小問題.不可多分派別.依普通的講法.可分程朱陸王二派.其餘各小派.可以附帶擇要敍述.如北宋的邵雍歐陽修王安石.南宋的張栻呂祖謙陳亮葉適等.這樣比較的可以容易說明.免去許多麻煩.

再下去是第二閏系.就是淸朝道術.但淸朝一方面雖是宋明的閏系.一方面又是作未來主系的旁系.所謂第二閏系.卽淸朝的宋學家.他們一方面作宋明的解釋.一方面卽作先秦的解釋.淸朝主要的思想家有影響的眞不多.其中有許多大學者.如高郵王氏父子.不能說是思想家.不過工作得還好而已.對於道術史全部分.無大影響.

統觀淸代諸家.考證家可以補第一閏系的不足.理學家可以做宋明的閏系.中間又有旁系的發生.無形中受了外來的影響.就是顏元戴震一派.顏戴並不奉信基督教.也許未讀西文譯本書.但康熙朝基督教很盛.往後教雖少衰.而思想不泯.學者處這種空氣中.自然感受影響.也想往自然科學方面走.不過沒有成功就是.

現在往後.要把歐美思想.儘量的全部輸入.要了解.要消化.然後一面感覺從前學術不足以解決我們的問題.一面又感覺他們的學術也不足以解決他們的問題.然後交感而生變化作用.纔可以構成一種新東西.做道術史到最後一章.要敍述現在這個時代.是如何的時代.閏系的工作過去了.旁系的工作還沒有組織的進行.發生主系的時間還早——給後人以一種努力的方向.

理想的中國道術史大概分這幾個時代．抓著幾個綱領做去．並不困難．或全部做．或分部做．都可以．

丑　史學史的做法

史學．若嚴格的分類．應是社會科學的一種．但在中國．史學的發達．比其他學問更利害．有如附庸蔚為大國．很有獨立做史的資格．中國史學史．最簡單也要有一二十萬字．纔能說明個大概．所以很可以獨立著作了．

史學的書．在七略和漢書藝文志．並未獨立成一門類．不過六藝略中春秋家附屬之一．隋書經籍志．依魏荀勗新簿之例．分書籍為經史子集四部．史佔四分之一．著作的書有八百六十七部．一萬三千二百卷．比較漢志大大的不同．可見從東漢到唐初．這門學問已很發達了．

這還不過依目錄家言．實則中國書籍．十之七八．可以歸在史部．分部的標準．各目錄不概同．隋志的四部和四庫全書的四部．名同而實異．範圍很不一致．單就史部本身的範圍而論．可大可小．若通盤考察．嚴格而論．經子集三部．最少有一半可編入史部．或和史部有密切的關係．

如經部諸書．王陽明．章實齋．都主張六經皆史之說．經部簡直消滅了．寬一點．易經詩經．可以不算史．尚書春秋．當然屬史部．禮講典章制度風俗．依隋志的分法．應歸入史部．尚書春秋禮既已入史部．三傳二記也跟了去．經部剩的還有多少．

子部本來就分得很勉強．七略漢志以思想家自成一家之言的歸子部．分九流十家．比較還算分得好．但那些子書和史部可很有關係．如管子和晏子春秋．韓非子講的史事極多．幾乎成為史部著作．漢後思想家很少綜核名實配。不上稱子而入子部的最少有一半。那些子書所以存在。全因他紀載了史事。即如史記紀載史事。司馬遷當初稱他太史公書。自以為成一家之言。若依規例。自然應歸子部。可見子部史部本來難分。前人強分。只是隨意所欲。並沒有嚴格的分野。

集部。漢志詩賦略所載諸書。純是文學的。後來的集。章實齋以為即是子。因其同是表示一人的思想。如朱子全集王陽明全集雖沒有子的名稱。但已包舉本人全部思想。又並不含文學的性質。為什麼又入集部。不入子部呢。如杜甫集李白集純是文學的。猶可說。若朱子集陽明集以及陸象山集戴東原集絕對不含文學的性質的。拿來比附漢志的詩賦略。簡直一點理由也沒有。我們是絕對不認可的。集部之所以寶貴。只是因為他包含史料。如紀載某事某人某地某學派。集部裏實在有三分之二帶史部性質。就是純文學的作品包含史料也不必少。如杜甫集。向來稱做詩史。凡研究唐玄宗代宗肅宗諸朝的情形的。無不以杜甫集做參考。這還可說特別一點。其餘無論那一部集。或看字句。或看題目。可以說寶貴的史料仍舊到處都是。不必遠徵。前年我講中國文化史社會組織篇。在各家文集詩句裏得了多少史料。諸君當能知道。以此言之。純文學的作品也和史部有關。

所以中國傳下來的書籍。若問那部分多。還是史部。中國和外國不同。外國史書固不少。但與全部書籍比較。不如中國。中國至少佔什之七八。外國不過三分之一。自然科學書。外國多中國少。純文學書。外國也多中國也少。哲學宗教的書。外國更多中國更少。

此何以故。中國全個國民性。對於過去的事情看得很重。這是好是壞。另一問題。但中國人「回頭看」的性質很強。常以過去經驗做個人行為的標準。這是無疑的。所以史部的書特別多。

中國史書既然這麼多。幾千年的成績。應該有專史去敍述他。可是到現在還沒有也沒有人打算做。眞是很奇怪的一種現象。(名達案民國十四年九月名達初到清華研究院受業於先生。即有著中國史學史之志。曾向先生陳述。至今二年。積稿頗富。惟一時尚不欲草率成書耳)

中國史學史最少應對於下列各部分特別注意。一、史官。二、史家。三、史學的成立及發展。四、最近史學的趨勢。

最先要敍史官。史官在外國並不是沒有。但不很看重。中國則設置得很早。看待得很尊。依神話說。黃帝時造文字的倉頡。就是史官。這且不管。至遲到周初。便已看重史官的地位。據金文——鐘鼎文——的紀載。天子賜鐘鼎給公卿諸侯。往往派史官做代表去行給獎禮。周公時代的史佚。見於鐘鼎文。就不下數十次。可見他的地位很高。他一人如此。可見他那時和他以前。史官已不是輕微的官了。殷墟甲骨文時代。在史佚之前。已有許多史官名字。可知殷代初有文字。已有史官。尚書的王命顧命兩篇。有史官的事實。這是見於書籍的紀元。左傳紀載晉董狐齊北史氏的直筆。稱道史官的遺烈。可見在孔子以前。列國都有史官。不獨天子。孟子說「晉之乘。楚之檮杌。魯之春秋。其實一也。」墨子說曾見百國春秋。左傳記晉韓宣子聘魯。觀書於太史氏。得魯易象與春秋。可見春秋戰國時代。列國都有春秋一體的史書。而且都是史官記的。所以後來司馬遷叫他「諸侯史記」。晉太康三年。汲郡發掘晉襄王冢。得到的許多書中。有一部似春秋。紀載黃帝以來的事實。自晉未列爲諸侯以前。以周紀年。自魏未爲諸侯以前。以晉紀年。自魏爲諸侯以迄襄王。以魏紀年。而且稱襄王爲今王。這部書。當時人叫他竹書紀年。後來佚了。現在通行的是假書。王靜安先生所輯的略爲可靠。據晉書所載竹書紀年的體裁。竹書紀年。當然是魏史官所記。和魯史記的春秋一例。其餘各國史官所記。給秦火焚燬了。想來大概都是竹書紀年一體。而且各國都有史官職掌這事的。還有一點值得注意。竹書紀年的紀載。從黃帝堯舜一直到戰國。雖未必全眞由後人追述的也有但亦必有所本不能憑空杜撰其中所載和儒家傳說矛盾的如啓殺伯益伊尹殺太甲夏年多於殷亦必別有所本他又並不瞎造謠言有許多記載已給甲骨文鐘鼎文證明是事實這可見魏史官以前有晉史官晉史官以前有周史官周史官以前有殷史官……一代根據一代所以纔能把遠古史事留傳下來雖然所記不必全眞全精卽此粗忽的記載在未能證明其爲全僞以前可以斷定中國史官的設置是很早很早的最低限度周初是確無可疑的已有史官了稍爲放鬆一點夏商就有亦可以說中國史學之所以發達史官設置之早是一個主要原因

其次史官地位的尊嚴也是一個主要原因現在人喜歡講司法獨立從前人喜歡講史官獨立左傳裏有好幾處紀載史官獨立的實蹟如晉董狐在晉靈公被殺以後書「趙盾弑君」趙盾不服跟他辯他說你逃不出境入不討賊君不是你弑的是誰趙盾心虛只好讓他記在史冊又如崔杼殺齊莊公北史氏要書「崔杼弑君」崔杼把他殺了他的二弟又要書崔杼把他的二弟殺了他的三弟不怕死又跑去要書崔杼短氣不敢再殺只好讓他同時南史氏聽見崔杼殺了幾個史官趕緊跑去要書看見北史氏的三弟已經成功了纔回去這種史官是何等精神不怕你奸臣炙手可熱他單要捋虎鬚這自然是國家法律尊重史官獨立或社會意識維持史官尊嚴所以好的政治家不願侵犯壞的政治家不敢侵犯侵犯也侵犯不了這種好制度不知從何時起但從春秋以後一般人暗中都很尊重這無形的紀律歷代史官都主張直筆史書做成也不讓皇帝看固然甚麼制度行與不行都存乎其人況且史官獨立半是無形的法典譬如從前的御史本來也是獨立但是每到末世就變皇帝大臣的走狗又如民國國會的猪仔祇曉得要錢那懂得維持立法獨立就是司法獨立也不過名義上

的。實際上還不是給軍閥闊人支配。但是只要有這種史官獨立的精神。遇有好史官便可以行其志。別人把他沒有法子。差不多的史官也不敢恣意曲筆。

除了這點獨立精神以外。史官地位的高貴也很有關係。一直到清代。國史館的纂修官一定由翰林院的編修兼任。翰林院是極清貴的地方。人才也極精華之選。平常人稱翰林爲太史。一面尊敬。一面也就表示這種關係。一個國家以如此地位妙選人才以充其選。其尊貴爲外國所無。科舉爲人才唯一出身之途。科舉中最清貴的是太史。可以說以全國第一等人才做史官了。

史官在法律上有獨立的資格。地位又極尊嚴。而且有很好的人才充任。這是中國史學所以發達的第二原因。

但是到民國以後就糟了。自史佚以來未曾中斷的機關。到現在卻沒有了。袁世凱做總統的時候。以國史館總裁位置王壬秋。其實並不曾開館。後來就讓北京大學吞併了一次。最近又附屬於國務院。改名國史編纂處。獨立精神到現在消滅。是不應當的。幾千年的機關總算保存了。幾千年的史蹟。雖人才有好壞而紀載無間缺。民國以來怎麼樣。單是十六年的史蹟。就沒有法子詳明的知道。其故只因爲沒有專司其責的國史館。私人作野史。固可以補史官的不及。但如明末野史很發達。而萬季野主張仍以實錄爲主。史官所記固或有曲筆。私人所記又何嘗沒有曲筆。報紙在今日是史料的淵藪了。但昨天的新聞和今日矛盾。在甲軍閥勢力下的報紙和在乙軍閥勢力下的參差。你究竟相信誰來。——所以做史學史到敍述史官最末一段、可以講講國史館的設立和史官獨立的精神與史官地位的尊嚴之必要。

史學史的第二部分要敍述史家。最初、史官就是史家。不能分開。到後來。仍舊多以史官兼史家。但做史學史在史官以外，應從史家兼史官的或史家不是史官的看他史學的發展，這部分資料，歷代都很少，以一種專門學問自成一家，比較的要在文化程度很高以後，所以春秋以前不會有史家，歷史學者假如要開會館找祖師，或者可用孔子，因春秋和孔子有密切的關係，孔子雖根據魯史記作春秋，但參雜了很多個人意見，春秋若卽以史為目的，固然可叫做史，卽使在史以外另有目的，亦可以叫做史，本來紀載甚麼東西總有目的，凡作史總有目的，沒有無目的的歷史，孔子無論為哲學上政治上有其他目的，我們亦不能不承認他是史家，卽使他以紀載體裁發表政見，春秋仍不失為史學著作的一種，其後最昭明較著的史家，當然是國語左傳的作者，無論他姓甚名誰，大概推定其年代不出孔子死後百年之內，這個史家是否晉史官，我們也不敢斷定，據我看做左氏春秋的人不見得是史官，因史官是國家所設，比較的保守性多，創作性少，但也不敢確定，若是一個史官，則實是一個最革命的史官了，魯春秋和竹書紀年大概是同一體裁，都是史官所記，和左氏春秋不同，左氏春秋的範圍很廣，文章自出心裁，描寫史蹟，帶有很濃厚的文學性質，眞的史家開山祖，當然要推崇這個作者了，這作者的姓名事蹟雖待考訂，而這部書的價值應該抬高，因為自這部書出現以後，史學的門徑纔漸漸打開了，史記稱孔子春秋以後，有左氏春秋，虞氏春秋，呂氏春秋，鐸氏微，都是承風後起的，現在只有呂氏左氏二種，餘皆不存，那些若和呂氏一樣，不能說，若和左氏一樣，應屬史家之類，漢初有一位史家名叫陸賈，著了一部楚漢春秋，可惜那書不傳，不知內容怎樣，——以上諸家，都脫不了春秋的窠臼，

以下就是司馬遷作史記，史學因之轉變方向，史記這書的記載並不十分眞確，南宋以後，有許多人加以攻擊，但是無論如何，不能不承認是一種創作，他的價值全在體裁的更新，舍編年而作紀傳書表，至於事蹟的擇別，

年代的安排。他是沒有工夫顧到的。自司馬遷以後。一直到現在快出版的清史。都用史記這種體裁。通稱正史。自隋志、一直到最近的各種藝文志和藏書目。史部頭一種就是正史。正史頭一部就是史記。雖說編年體發達在先。但紀傳體包括較廣。所以唐人稱為正史。普通人以為紀傳體專以人為主。其實不然。史記除紀傳以外。還有書表。表是旁行斜上。仿自周譜。但周譜只有譜。史記則合本紀列傳書表在一起。而以表為全書綱領。年代遠則用世表。年代近則用年表月表。或年經國緯。或國經年緯。體例很複雜。本紀是編年體。保存史官紀載。那部分書八篇是否司馬遷原文。做得好不好。另一問題。但書的內容。乃是文化史。不是單講個人。史記八書所範圍的東西已很複雜。後來各史的書志。發展得很厲害。如漢書的藝文志。隋書的經籍志。魏書的釋道志。多麼寶貴。所以紀傳體的體裁。合各部在一起。記載平均。包羅萬象。表以收複雜事項。志以述制度風俗。本紀以記大事。列傳以傳人事。伸縮自如。實在可供我們的研究。我們不能因近人不看志表。也罵紀傳體專替古人做墓志銘。專替帝王做家譜。我們儘可依各人性之所近去研究正史。如晉書好敘瑣碎事。滑稽語。元史多白話公文。這都保存了當時原形。這都因體裁的可伸可縮。沒有拘束。所以司馬遷創作這種體裁。實在是史學的功臣。就是現在做清史。若依他的體裁。也未嘗不可做好。不過須有史學專家。不能單靠文人。自從他這個大師打開一條大路。以後風起雲湧。續史記者有十八人。其書雖不傳。但可見這派學風在西漢已很發達了。

司馬遷以後。帶了創作性的史家是班固。他做的漢書。內容比較史記還好。體裁半是創作。就在斷代成書這點。後來鄭樵罵他毀滅司馬遷的成法。到底歷史應否斷代。還有辯論的餘地。但斷代體創自班固則不可誣。從此以後。斷代的紀傳體。歷代不絕。竟留下了二十餘部。稱中國歷史必曰二十四史。二十四史除史記外。都是斷代的紀傳體．談起這體的開山祖．必曰班固．所以班固須佔史家史的一段．

再次是荀悅．卽漢紀的作者．史的發達．編年在先．紀傳在後．司馬遷以前．全是編年．以後紀傳較盛．但仍感有編年的必要．漢紀卽編年體．荀悅的地位同於班固．班固變通代的紀傳體爲斷代的．荀悅也變通代的編年爲斷代的．所以荀悅也須一敍．以表示這種趨勢．

第一期的史家有這麼多．也有一等二等之分．經過這一期以後．「千巖競秀、萬壑爭流」的史家多極了．據劉知幾的計算．自東漢到唐初．不下百餘家．這是史學極盛時期．單是晉書就有十八家做過．自唐代官修晉書出而十八家全廢．此外宋齊梁陳北魏北周北齊以及稍前的五胡十六國．或編年．或紀傳．無不有史．卽無不有史家．但那時著作．多半因襲．沒有創作、自唐初以前．作者或兼史官．或以私人作史．而後來得國家的幫助．國家把他當史官看待．或竟用私人力量著成一書．這都受司馬遷班固的影響．這些人和唐以後不同．都是一個人獨立做史．或父子相傳．或兄弟姊妹同作．他們的成功與否．成功的大小．另是一問題．但都想自成一家之言．不願參雜別人的見解．和唐後官修史書完全異致．

唐以後．史學衰歇．私人發宏願做史家的很少．國家始設立館局．招致人才．共同修史．這種制度．前代也許有．但都是暫時的．到唐代纔立爲法制．但有很多毛病．當時劉知幾已太息痛恨．而終不能改．劉知幾是史官中出類拔羣的．孤掌難鳴．想恢復班固的地位而不可能．只好悶煩鬱結．著成一部講求史法的史通．他雖沒有作史的成績．而史學之有人研究．從他始．這好像在陰霾的天氣中打了一個大雷．驚醒了多少迷夢．開了後來許多法門．這可以讓第三部分講．

宋朝有好幾部創作。(1)歐陽修的新五代史記。好不好另一問題。但在史家的發達變遷上。不能不推爲一個復古的創作者。他在隋唐五代空氣沉悶以後。能夠有自覺心。能夠自成一家之言。不惟想做司馬遷。而且要做孔子。這種精神是很可嘉尚的。他在新五代史記以外。還和宋祁同修了唐書。唐書的志這部分是他做的。很好。只有明史的志可和他相比。表這部分如宰相世系表也算創作。所以歐陽修所著的書。不管他好不好。而他本人總不失爲「發憤爲雄」的史家。(2)司馬光的資治通鑑。價值不在史記之下。他的貢獻全在體裁的創作。自荀悅作漢紀以後。袁宏作後漢紀。干寶作晉紀。都是斷代的編年體。到資治通鑑纔通各代成一史。由許多史家分擔一部。由司馬光綜合起來。簡繁得宜。很有分寸。文章技術。不在司馬遷之下。先頭作了長編。比定本多好幾倍。後來又另作考異。說明去取的來由。作目錄。提挈全書的綱領。體例極完備。考異的體例尤其可貴。我們學古人著書。應學他的方法。不應學他的結果。固然考異的方法司馬光也運用得不曾圓滿。我們還可糾正。但不相干。只要他能夠創作這種方法。就已有莫大的功勞。自有此法以後。一部史書著成。讀者能知道他去取的原因。根據的所在。所以司馬光在史學的地位。和司馬遷差不多相等。(3)司馬光附屬的第二流史家是朱子。朱子就資治通鑑編成通鑑綱目。雖沒有做好。自不失爲小小的創作。他改直敍的編年體爲和春秋左氏傳一樣的綱目體。高一格爲綱。低一格爲目。其注意點在綱。借綱的書法來發揮他的政治理想。寓褒貶之意。他最得意的地方。如三國的正統。改魏爲蜀等。其實沒有多大關係。其好處在創造綱目體例。讀者一看綱就明白一個史事的大概。這種體裁還可運用到編年以外的體裁。紀傳可用。書志也可用。如後來錢子文補漢兵志。錢德洪作王陽明年譜。就用這體。這體的好處。文章乾淨。敍述自由。看讀方便。但創造這體的人是誰。還有問題。元經若是王通或阮逸所作。則這體是他們所創。但不可靠。無論如何用綱目體來做史。自朱子起。則可無疑。所以朱子可稱史家。(4)朱子前一點最偉大的是鄭樵。他以為歷史如一個河流。我們若想抽刀斷水。是不可能的。所以以一姓興亡為史的起迄。是最不好的。因此創作一部通志。上自極古。下至唐初。這種工作梁武帝和他的臣子也曾做過。隋志載他們做的通史有四百八十卷。可惜不傳。不知其內容怎樣。鄭樵在史學界理論上很有成績。實際上的工作如做通志可謂大失敗。通志的運氣好。至今仍保存。後來史學家批評他紀傳一大堆。儘可焚燬。因為全抄各史。毫無新例。只有二十略可看。他所以不致失傳。也許因為有二十略的成功。二十略貫通各史書志。擴充文物範圍。發明新穎方法。在史學界很佔着地位。足令鄭樵不朽。(5)此外為袁樞的通鑑紀事本末。這書就資治通鑑的史事。摘要歸類。各標一題。自為起迄。論他紀事大小輕重。頗覺不倫。論他體例。在紀傳編年之外。以事的集團為本位。開了新史的路徑。總不愧為新史的開山。(6)還有蘇轍呂祖謙一派的史論家。對於史事下批評。此種史論。隋志已載有三國志評論等書。惜已失傳。不知其是評史事。是評史書。從前紀傳體每篇末尾必有幾句短評。但沒有專門評論的。宋朝有許多專門作史評家的。在史學界有相當的地位。(7)還有羅泌做路史。敘先秦以前。選擇資料。最不精嚴。但用的方法很多。有許多前人所不注意的史蹟。他也注意到。在史學界也有點價值。(8)吳縝作新唐書糾繆。新五代史記糾繆。雖專用以攻擊歐陽修。但間接促起史家對於史事要審查真偽的注意。開後來考證史事一派。關係比前二種重要得多。——人們只說宋朝理學發達。不知史學也很發達。

一到元明。簡直沒有史家。史官修的宋史元史都很糟。中間只有金遺民元好問專門收羅文獻。以史為業。可謂有志之士明朝有許多野史卻沒有一個眞的著作家清朝的史學各種都勃興但大體的趨向和從前不同留在第四部分講近代史學界趨勢時講史家的敍述就此停止

第三部分講史學之成立及其發展凡一種學問要成爲科學的總要先有相當的發展然後歸納所研究的成績纔成專門先頭是很自由的發展茫無條理後來把過去的成績整理建設科學沒有一種科學不是如此成立的所以一個民族研究某種學問的人多那種學問成立也更早若研究的人少發達也更遲自成爲科學以後又發現許多原則則該科學更格外發展先有經驗纔可發現原則有了原則學問越加進步無論那門學問其發達程序皆如此史學在中國發達得最厲害所以成立得也最早這也是和各科學發達程序相同

又從旁一方面看凡一種學問當其未成立爲科學以前範圍一定很廣和旁的學問分不清初成科學時一定想兼併旁的學問因爲學問總是有相互的關係無論何學皆不能單獨成立所以四方八面都收納起來後來旁的學問也漸漸成爲科學各有領土分野愈分愈細結果要想做好一種學問與其採帝國主義不如用門羅主義把旁的部分委給旁的學問縮小領土在小範圍內盡力量越窄越深——全世界學問進化分化的原則如此中國人喜歡籠統的整個的研究科學的分類很少這也不能說不好不見得要分纔是好現在德國人做學問分得很細英國人則帶海洋性甚麼都含混點兩方面各有好壞但爲研究學問的便利起見分得精細也有好處因爲要想科學格外發展還是範圍縮小格外經濟中國史學成立以後的最大趨勢就如此最初很寬以後愈趨愈細從前廣大的分野祇能認爲有關係的部分把範圍縮小到自己所研究那一點

中國史學的成立與發展最有關係的有三個人一劉知幾二鄭樵三章學誠此外很多史家如上文所講在史

學方面零零碎碎都講了些原理原則把史學的範圍意義及方法都各各論定了但在許多人裏邊要找出幾個代表時代特色而且催促史學變化與發展的人就只有這三個他們都各有專著討論史學劉知幾有史通鄭樵有通志總序及二十略序章學誠有文史通義及湖北通志永淸志亳州志和州志各序例此三人要把史學成爲科學那些著作有很多重要見解我們要研究中國史學的發展和成立不能不研究此三人此三人的見解無論誰都値得我們專門研究現在只能簡單的講些他們的特點何在

先講劉知幾劉知幾的特點把歷史各種體裁分析得很精細那種最好某種如何做法都講得很詳明他的見解雖不見得全對但他所批評的有很大的價値(1)史學體裁那時雖未備而他考釋得很完全每種如何做法都引出個端緒這是他的功勞(2)他當代和以前史的著作偏於官修由許多人合作他感覺這很不行應該由一個專家拿自己的眼光成一家之言他自己做了幾十年的史官身受官修合作不能成功的痛苦所以對於這點發揮得很透徹(3)史料的審查他最注重他覺得作史的人不單靠搜集史料而已史料靠得住靠不住要經過很精嚴的審查纔可用他膽子很大前人所不敢懷疑的他敢懷疑自論語孟子及諸子他都指出不可信的證據來但他不過舉例而已未及作專書辨僞而且他的懷疑也許有錯誤處不過他明白告訴我們史事不可輕信史料不可輕用這是劉知幾所開最正當的路其他工作還很多舉其著者有此三條

鄭樵成績最大的(1)告訴我們歷史是整個的分不開因此反對斷代的史主張做通史打破歷史跟著皇帝的觀念歷史跟著皇帝是不妥當的歷史如長江大河截不斷要看全部鄭樵主要工作在做通志雖未成功或者也可以說是已失敗但爲後學開一門徑也是好的(2)他把歷史的範圍放大了許多我們打開二十略一

看。如六書。七音。氏族。校讎。圖譜。從來未收入史部的。他都包攬在史學範圍以內。(3)他很注重圖譜。說治史非多創圖表不可。他自己做的書表很多。表式也很有新創。圖雖沒有做多少。但提倡得很用力。——這三點是鄭樵的貢獻。

章學誠可以說截至現在。只有他配說是集史學之大成的人。以後也許有比他更大的發展。但有系統的著作。仍以文史通義為最後的一部。他的特色(1)他主張史學要分科。以為要做一國史。尤其如中國之大。決不能單講中央政治。要以地方史作基礎。所以他對於古代歷史的發展。不單看重中央的左史右史。還看重地方的小史。史的基本資料。要從各種方志打底子。從前做史。專注意中央政治的變遷。中央政府的人物。中央制度的沿革。章學誠把歷史中心分散。注重一個一個地方的歷史。須合起各地方志。纔可成為真有價值的歷史。史官做史。須往各地搜羅文獻。即自己非史官。也應各把地方文獻搜羅。方志與歷史價值是相當的。(2)他不注意史料的審查和別擇。因為前人已講得很清楚。他專提倡保存史料的方法。他以為史部的範圍很廣——如六經皆史——什麼地方都是史料。可惜極易散失。所以主張中央和地方都應有保存史料的機關。中央攬總府、州、縣各設專員。關於這種制度和方法。他講得很精密。關於史料的總類。也有條理的駕馭。他所作的方志。常分志、掌故、文徵三部。志是正式的史書。掌故及文徵。保存原始史料。倘使各家方志都依他的方法。歷代史料必不致缺乏。他以為保存史料的機關。須用有史學常識的人。隨時搜集史料。隨時加以審查。而保存之。以供史家的探討。至於如何別擇。如何敍述。各家有各家的做法。和保存史料的機關不相干。關於這一點。可以說是章學誠的重要主張。在中國一直到現在還沒有這種機關。從前有所謂皇史宬實錄館。雖也可說是保存史料用的。章學誠以爲不行。因爲那只能保存中央這一部分的史料。至於正史以外。各行政官都有機關。範圍又很大。不單保存政治史料各種都保存實在是章學誠的重要發明這種辦法在中國不過一種理想未能實行在外國也做不到。祇由博物院及圖書館負了一部分責任而已。章學誠把他看做地方行政的一種。一層一層的上去。最高有總機關管理。各地方分科中央分部。繁重的很。要把這種畫一的章程通行起來。過去的事蹟一定可以保存很多。但他的辦法也未完備。所保存的只是紙片。沒有一點實物。方法也不精密。我們儘可補充改正。(3)他主張史家的著作應令自成一家之言。什麼學問都要納到歷史方面去。做史家的人要在歷史上有特別見解。有他自己的道術。拿來表現到歷史上。必如此。纔可稱爲史家。所作的史纔有永久的價值。所以關於史學意義及範圍的見解。都和前人沒有相同的地方。他做史也不單敘事。而須表現他的道術。我們看文史通義有四分之一或三分之一是講哲學的。此則所謂歷史哲學。爲劉知幾鄭樵所無。章學誠所獨有。卽以世界眼光去看。也有價值。最近德國纔有幾個人講歷史哲學。若問世界上誰最先講歷史哲學。恐怕要算章學誠了。

以上把三個人重要之點略講了講。還有中國普通相傳下來的歷史觀念。三個人都有相當的貢獻。第一點史與道的關係。第二點。史與文的關係。

中國史家向來都以史爲一種表現道的工具。孔子以前。不知如何。春秋卽已講微言大義。董仲舒說『春秋文成數萬。其指數千』。司馬遷史記自序和報任安書都說『亦欲以究天人之際。通古今之變。成一家之言』。此種明道的觀念。幾千年來。無論或大或小。或淸楚或糢糊。沒有一家沒有。所以很值得我們注意。明道的觀念可分兩種。一明治道。二明人道。明治道是借歷史事實說明政治應該如何。講出歷代的興衰成敗治亂的原因。令後人去學樣。明人道。若從窄的解釋。是對於一個人的批評、褒貶。表彰好的令人學。指摘壞的令人戒。若從廣的解釋。是把史實羅列起來。看古人如何應付事物。如何成功。如何失敗。指出如何纔合理。如何便不合理。這種若給他一個新名詞。可以叫做『事理學』。西洋人注重人同物的關係。所以物理學很發達。中國人注重人同人的關係。所以事理學很發達。資治通鑑便是事理學的代表。善言人情事理。所以向來稱贊他『讀之可以益人神智』。續資治通鑑就夠不上。關於這一點。現在比從前一天一天的少有適用。但仍有效力。從前自秦始皇到清宣統。政治環境及行爲。沒有多大變遷。所以把歷史事實作爲標準。相差不遠。司馬光做資治通鑑。所求得的事理標準。所以可供後人資鑑。就因這個緣故。現在雖不能說此種標準已無效。也不能說與從前一樣有效。祇可以說效力減了。許多各門的條文。許多還可應用。如何纔可富國。如何纔可利民。水利如何興。田賦如何定。至今仍不失其爲標準。至於應用政治的方法。對付外交的手段。從前雖很有標準。現在因環境變遷。政體改易。就無效力。縱使有也很少了。治道方面如此。人道方面。到現在到將來。從前的事理標準。仍很有效。這點注重明道的精神。是中國人的素質。我們不能放鬆的。至於窄義的人道方面。褒貶善惡。從前的史家看得很重。而劉知幾鄭樵章學誠看得很輕。前述的紀載史事。以爲後人處事接物的方法。則各派史家皆如此。

簡單說。這種態度。就是把歷史當做『學做人』的教科書。劉鄭章三人對此點很注重。其餘各人對此也很注重。卽非史家亦很注重。譬如曾國藩胡林翼的功業偉大。若依外國史家的眼光。只注重洪楊之亂如何起。曾胡如何去平定他。其實我們讀歷史要看他們人格如何。每事如何對付。遇困難如何打破。未做之前如何準備。這一點比知道當時呆板的事實還要重要。洪楊之起滅及曾胡之成功。已成過去。知道又有何用處。我們讀史看曾胡如何以天下爲己任，如何磨鍊人才，改革風氣，經萬難而不退轉，領一羣書獃子自己組織了無形的團體，抗起大事來做，各省不幫他，而反加以掣肘，他們以一羣師友感激義憤，竟然成功，此種局面在中國史上是創見。我們要問爲什麼能如此，此即人道學事理學的研究。看歷史的目的各有不同，若爲了解洪楊之亂，當然注重戰爭的眞相和結果，若爲應付世事修養人格結交朋友的關係，則不可不注重人與人相與的方面。

中國史注重人的關係，尤其是紀傳體。近來的人以爲這種專爲死人做傳記，毫無益處，其實中國史確不如此，做傳乃是教人以應世接物之法，誠然有許多事實含了時代性，可以省略，但大部分不含時代性，所以中國史家對於列傳的好不好，與將來有沒有利益，很有斟酌，不肯輕懈，一個人所做的事若含時代性，則可以省略，若不含時代性，在社會上常有，則不能不注重，這要看史家眼光和手腕如何，史書的價值也隨之而定。——總說一句，這種以史明道的學術之發達及變遷，爲研究中國史學史所不可不注重之點，在外國是沒有的。

其次，史與文的關係，中國文看得很重，孔子已說『文勝質則史』，史體與文有重要的關係，全書如何組織，纔算適當，劉鄭章三家講得很多，旁人亦講得不少，一篇文章如何組織，劉鄭章三家講得很多，韓愈柳宗元一般文人也講得不少，章學誠做文史通義，文和史在一塊兒講，關於史的文如何做法，章氏有許多特別見地，雖其所講方法所作體例，我們看去似係他自創，他卻說都有所本，實則一部分自前人，一部分還是他自創，如講敍事方法，從前做傳專敍個人，他可常常以一事做傳名，如湖北通志檢存稿，非人的傳有許多，把人的事含在一起，又或傳中有表，也是前人文裏所不敢參雜的，諸如此類，對於文的史，史的文，發揮得很透徹，這種講史與文的關係，往後很發展，但可以以章學誠爲一結束。——以上講第三部分——中國史學之成立及其發展——

完。

第四部分應該講最近中國史學的趨勢。有許多好的地方。有許多不好的地方。最近幾年來時髦的史學。一般所注重的是別擇資料這是自劉知幾以來的普通現象。入清而甚盛至今仍不衰發現前人的錯誤而去校正他。自然是很好的工作。但其流弊乃專在瑣碎的地方努力專向可疑的史料注意忘了還有許多許多的眞史料不去整理。如清代乾嘉學者對於有錯字的書有許多人研究。對於無錯字的書無人研究。荀子有錯字研究的有好幾家。成績也很好。孟子無錯字。研究的便很少。此可以說是走捷徑。並非大道。其實讀孟子荀子的目的在了解孟子荀子的學術。以備後來拿來應用若專事校勘考證放着現成的書不讀。那就不是本來的目的了。

還有一種史料鈎沉的風氣自清中葉到現在。治蒙古史很時髦因元史太簡陋。大家都想方法搜出一條史料也很寶貴。近來造隴海鐵路發現了北魏元氏百餘種墓誌銘。好寫字的人很高興治史的人也高興因爲魏書宗室傳缺了一卷。治史的人便根據那些墓誌銘來補起來其實魏書縱不缺略。大家也沒有這們好的精神去看宗室傳。近來史學家反都喜歡往這條補殘鈎沉的路走。倒忘了還有更大的工作。

還有一種研究上古史。打筆墨官司。自從唐人劉知幾疑古惑經以後很少人敢附和現在可附和他了不得。這種並不是不好。其實和校勘、輯佚。無異。譬如鄭玄箋注的毛詩三禮已夠研究了。反從太平御覽冊府元龜去輯鄭注尙書和易經。以爲了不得。乾嘉以來的經學家便是這樣風氣其實經學不止輯佚。史學不止考古。

推求以上諸風氣。或者因受科學的影響。科學家對於某種科學特別喜歡。弄得窄。有似顯微鏡看原始動物。歐洲方面應該如此因爲大題目讓前人做完了。後學只好找小題目以求新發明。原不問其重要與否這種風氣輸入中國很利害。一般學者爲成小小的名譽的方便起見。大家都往這方面發展。這固然比沒有人研究好。但老是往這條捷徑走。史學永無發展。我們不能夠從千眞萬確的方面發展去整理史事。自成一家之言。給我們自己和社會爲人處事作資治的通鑑。反從小方面發展去做第二步的事。眞是可惜。不過這種大規模做史的工作很難。因爲儘管史料現存。而且正確。要拉攏組織。並不容易。一般作小的考證和鈎沉、輯佚、考古。就是避難趨易。想徼倖成名。我認爲病的形態。眞想治中國史。應該大刀闊斧。跟着從前大史家的作法。用心做出大部的整個的歷史來。纔可使中國史學有光明發展的希望。我從前著中國歷史研究法。不免看重了史料的搜輯和別擇。以致有許多人跟着往捷徑去。我很懺悔。現在講廣中國歷史研究法。特別注重大規模的做史。就是想挽救已弊的風氣之意。這點我希望大家明白。

寅　社會科學史的做法（略）

卯　自然科學史的做法（略）

己　文學史（略）

庚　美術史（略）

第五章　文物專史做法總說

本來想在這一學年內講完廣歷史研究法。現在只講了一半。時間不許再講下去了。本來想把文物專史的做法都詳細講。因爲有些方法還不自滿。所以上文有的講了做法。有的沒有講做法。有的連大略都不曾講。只好待將來續補現在總講一章文物專史的做法做個結束。

文物專史的工作在專史中最爲重要亦最爲困難和其他四種專史——人事地方時代——的做法都不相同其他專史應該由史學家擔任文物專史與其說是史學家的責任毋甯說是研究某種專門科學的人對於該種學問的責任所以文物專史一方面又是各種專門學問的副產物無論何種學問要想對於該種學問有所貢獻都應該做歷史的研究寫成歷史以後一方面可以使研究那種學問的人了解過去成績如何一方面可以使研究全部歷史的人知道這種學問發達到何種程度所以說文物專史不單是史學家的責任若由各種專門學者自家做去還好些譬如經濟史中的貨幣史要做得好單有歷史常識還不行最少要懂得貨幣學近代經濟學以及近代關於貨幣的各種事項然後回頭看中國從前貨幣的變遷乃至歷代貨幣改革的議論以新知識新方法整理出來凡前人認爲不重要的史料或學說都敍述上去——這種貨幣史纔有精采貨幣學比較的範圍不很窄倘且應有常識做基礎非有專門研究的人不能做專史若做中國音樂史尤其非用專門家不行我們外行的人若去做用功雖苦還是不了解許多重要的資料無法取去又如做文學史要對於文學很有趣味很能鑑別的人纔可以做他們對於歷代文學流派一望過去即知屬某時代並知屬某派譬如講宋代詩那首是西崑派那首是江西派文學不深的人祇能勦襲舊說有文學素養的人一看可以知道再如書法史寫字有趣味的人書碑很多臨帖很多一看古碑帖就知其眞僞及年代就是我自己隨便拿個碑版來不必告訴時代給我不必有人名朝號可旁證我都可以指出個大概的年代所以假使要做書法史也非有素養不可否則決難做好關於文物專史大概無論那一部門都是如此所以做文物專史不可貪多想一人包辦是

絕對不成的。祇能一人專做一門。乃至二門三門為止。而且都要有關係因緣纔可以兼做。如做美術史。順帶做書法史雕刻史或合為一部或分為三部還勉強可以做得好。因為那三部都有相互的關係。但必須對於三部都有素養的人。纔可以做得好。想做文物專史的人。要對於自己很喜歡的那部分。一面做史。一面做本門學問。歷史是他的主產物。學問是他的副產物。研究科學的人固然也有不作歷史研究而能做好學問的。如果對於歷史方面也有興味。學問既可做好。該科學史也可做好。所以研究歷史的人。一方面要有歷史常識。一方面要於歷史以外有一二專門科學。用歷史眼光把中國過去情形研究清楚。則這部文物專史可以有光彩。因此所以不能貪多。若能以終身力量做出一種文物專史來。於史學界便有不朽的價值。不貪多。一面治史。一面治學。做好此種專史時。可以躊躇滿志。至於其他如人的專史。事的專史。則一個人儘可以做許多。——這是講做文物專史的先決問題。一須專門。二須不貪多。實在也只是一義。

其次關於搜集資料。比其他專史困難得多。其他專史雖然也不單靠現存的資料。但其基本資料聚在一起。比較的易得。如做一人的專傳或年譜。其人的文集是基本資料。再搜集其他著作。大段資料可以得着。和他有關係的人的著作。範圍相當的確定。無論其人方面如何多。如何複雜。做專史或年譜都可以開出資料單子。很少遺漏。至於事的專史。在公文上。專記上。文集上。資料的範圍也比較的有一定。文物專史則不然。搜集資料再困難沒有了。若是歷代書志有專篇。或九通中有此一門。前人做過許多工夫的。比較的還有相當的資料。但仍舊不夠。即如經濟之部。各史食貨志及九通關於食貨一門。固然可以得若干基本資料。但總不滿足。非另求不可。書志及九通有了。尚感困難。若沒有。又如何。如書法繪畫。在史書中毫無現存的資料。現在講畫史的。雖有幾本書而遺漏太多。做這類專史。資料散漫極了。有許多書看去似沒有關係。但仔細搜求。可以得許多資料。如講經濟狀況與詩歌自然相隔很遠其實則不然。一部詩集單看題目就可以得許多史料。詩是高尙的。經濟是齷齪的。齷齪狀況可在高尙中求之。有許多狀況正史中沒有而詩集中往往很多。做經濟史不一定要好詩集。詩雖做得不好。而題目詩句夾註。常有好史料。詩與經濟相隔這麼遠。尙有這麼多史料。所以做文物專史。無論甚麼地方都有好資料。不過也不是凡有資料都可以用。須要披沙揀金。所以不能心急。眞要成功。要費一世工夫。出版的早晚。沒有關係。預備盡生平的心力。見到資料便抄下來。勤筆勉思。總有成功的一日。我很糟。在床上看書看見了可用的資料。摺上書角。不能寫下來。另日著書要用這種曾經看到的資料。大索天下。終不可得。所以此類工作。須要非常勤勉。不嫌麻煩。記下一點資料。固然沒有用處。記得多了。以後從裏邊可以研究出多少道理來。顧亭林做日知錄。旁人問他近來做了幾卷。他說別來數年不過得了十餘條。抄別人的書。如收羅破銅爛鐵。自然容易。我是精思謹取。如上山開鑛。所以很難。顧氏做日知錄的方法。起初看見一條。劄記了。若干年後。陸續劄記了許多相類的資料。加以思想組織。爲一條。我們做文物專史。非如此耐煩不可。鄉先輩陳蘭甫先生死了以後。遺稿流傳出來。一張一張的紙片。異常之多。都是在甚麼書看見了兩句。記出來以後。又加上簡短的按語。新近廣東有人搜得了六千多片。都一般大小。實則他一生的紙片。不知有好幾百萬張。我正打算設法找來。整理一下。可以看出他治學的方法。我們認眞想做好的著述。尤其是關於文物專史方面的。非做此種工夫不可。有如蜜蜂採花。慢慢的製成極精的蜜糖。纔是有價值的著作。文物專史之所以難做。這是一點。

中間還有鑑別史料的工作。前回講過。近來史學界都趨重這一點。帶了點取巧的性質。我們所希望的。不在考訂眞僞。考不出來也沒有關係。如明建文帝到底是燒死的還是逃去做和尙的。又如淸世祖是病死的還是跑到五台山做和尙的。他的董妃是否董小宛。我們固然歡迎有人做這種工作。但不希望有天才的人都到這面用工夫。把旁的方面放鬆了。以後的史家。關於搜集方面要比鑑別方面多下工夫纔好。我從前做的中國歷史研究法。對於鑑別史料說的很多。許於近來學風有影響。此是近代學風可喜之中稍微一點不滿意的所在。其餘如鈎沉、輯佚一類的工作也要做。但不要把沒有眞僞問題的現存的史料丟開不管。文物專史也是一樣。而且特別的易犯這種毛病。其所以難做。這是二點。

關於文物專史的做法。各門不同。其公共原則有多少。很難說。然也有幾點很主要的可以說。

(一)文物專史的時代不能隨政治史的時代以畫分時代。固然政治影響全部社會最大。無論何種文物受政治的影響都很大。不過中國從前的政治史以朝代分。已很不合論理。尤其是文物專史更不能以朝代爲分野。即如繪畫史若以兩漢畫。三國畫。六朝畫。唐畫。宋畫。分別時代。眞是笑話。中國繪畫大體上。中唐以前是一個時代。開元天寶以後另是一個新時代。分野在開元初年。底下宋元混合爲一時代。至明中葉以後另爲一時代。又如近代外交史不能以明淸分。要看外來勢力做標準。葡萄牙人荷蘭人到中國在明嘉靖以前爲一時代。嘉靖以後到淸道光南京條約另爲一時代。道光到中日戰爭另爲一時代。往後到今日再一時代。外交雖與政治密切。尙且不能以明史淸史畫分。何況其他。所以各種文物專史絕對不能依政治史爲分野。而且各種之間亦相依爲分野。譬如繪畫以開元天寶爲界。書法則以隋代分。繪畫在北魏不能獨立。書法在北魏可以獨立。而且可以分初盛中晚。又如詩以唐爲主系。宋以後爲閏系。書法以北魏爲主系。唐爲閏系。詞以宋爲主系。元以後爲閏系。各種文物應畫分的時代都各不同。要做通史簡直沒有法子說明、因爲要跟着政治走。而有時這個時代文物盛而政治衰。那個時代文物衰而政治盛。絕對不能畫一。一定做不好。譬如宋徽宗的政治很糟。學術更糟。可謂黑暗時代。但從美術方面看。卻光芒萬丈。所以各種專史有一篇一篇單行的必要。尤其是文物專史的時代應以實際情形去畫分。

(二)文物專史的時代不必具備普通史上下千古。文物專史則專看這種文物某時代最發達。某時代有變遷。其他時代或沒有或無足重輕。可以不敍。例如做外交史。應從很晚的時代起。從前的外交與近代的外交不同。如欲做上下千古的外交史。把春秋的朝聘。漢以後的蠻夷朝服。都敍上去。則失去了外交的本質了。要想做得好。不必貪多。不可把性質不同的事實都敍在裏邊。外交史最早只可從明代起。又如做詩史。也許可以做到宋朝而止。後面可以做一個簡單的結論。這並不是因爲元明清沒有詩。乃是三朝的詩沒有甚麼變化。元遺山所謂詩至蘇黃而盡。話是眞的。詩以唐爲主系。以宋爲閏系。元以後沒有價值了。這不過舉一二例。其實文物專史無論那種都如此。最不可貪多。做上下千古的史。即如還未講到的四川的地方專史。最古的是華陽國志。當常璩做志時。的確有做專史的必要。以後歸併到本部。雖有小變動。而對全部沒有多大的影響。所以漢以後的四川可以歸併到本部史講。不必專講。又如雲南。恰好是四川的反面。直到現在還有做專史的價值。自明初沐英平滇。世王其地。清初吳三桂。民國蔡鍔唐繼堯。都與本部尚未打成一片。中間雖有些時候打成一片。而神氣不屬。不久又分了。又如東三省。自滿人入關以後。做專史的資格已消滅了。最近因日本的勢力侵入。變成特殊的地帶。似乎又有做專史的資格。河南山東有史以前可做專史。有史以後是全國的基本專史資格早已消滅．其他的活動早已不能爲所專有．卽以河南而論．在商以前．可以說是河南人的活動．周以後成爲全國人的活動了．此外各地的專史應從何時代起至何時代止．要看他的情形來定奪．也不可一時貪多．

(三)凡做一種專史．要看得出那一部分是他的主系．而特別注重．詳細敍述．不惟前面所講道術史有主系．無論甚麼事情的活動．何種文物都有一二最緊要的時代．波瀾壯闊．以後或整理．或彌縫．大都不能不有個主系閏系的分別．所以做文物專史不要平面的敍述．分不出高低陰陽來．某時代發達到最高潮．某時代變化得最利害．便用全副精神去敍述．閏系的篇幅少些也沒有關係．說得簡單也沒有關係．主系的內容及派別．卻非弄清楚不可．做道術史．若是漢魏三國六朝的篇幅和先秦一樣多．是不行的．先秦要多．以後要少．主系要精要詳．其他可略．做詩史到唐朝要分得很清楚．多少派．多少代表．一點也含混不得．明朝的詩並不是沒有派別．前七子．後七子．分門別戶．競爭得很利害．但從大處着眼．值不得費多大的力量去看他們的異同．所以做文物專史．須用高大的眼光．看那時代最主要．搜集、鑑別、敍述、抑揚．用全力做去．無論那種文物．主系並不算多．祇有一二處．如做詩以唐爲主．則以前以後都可說明．而讀者可以把精華所在看得清楚．這一點要有鳥瞰的眼光．看出主系．全力赴之．此外稍略也無妨．日本所做的中國文學史．平講直敍．六朝分元嘉．大同．唐分初盛中晚．一朝一朝的分去．一家一家的敍述．

我們看了那種著作．似乎江淹沈約與陶潛曹植一樣優劣．其實則相去何啻天淵．若依我的主張．陶曹自然要用重筆．江沈這些二等的資料可以略去．眞會做史的人．要找出幾點．分濃淡高低幾行．若平講直敍．便不好了．

無論那種文物專史都應如此。

(四)文物專史又須注重人的關係。我所講的文物專史，有一部分與社會狀況制度風俗有關，與個人的關係少。除此部分以外，差不多全與個人有關係。歷史是人造出來的，近代談史諸家，因中國做紀傳的人喜歡表彰死者，惹起反動，以爲社會不是英雄造出來的，歷史應該看輕個人。其實固然有些人是時勢造成的，但也有造時勢的英雄，因爲一個出來，而社會起大變化的，也常有。而且這種人關係歷史很重要，社會所以活動，人生所以有意義，都因此故。人生若全在社會做呆板的機械，還有甚麼意義。政治上軍事上，人的關係尤爲顯著了。其他各種文物，也非無人的關係。如做道術史，羅列各人的學說，固然是必要，然欲描寫中國的道術，必先描寫個人的人格。如朱陸關於太極圖的論辯，固然要敍，但道術史最應敍的，還是此二大師的人格。可由日常生活表示出來。向來講王陽明的人，因其事業多，所以在學術以外，還講事業。若講到陸象山，便把人事方面簡略了。其實陸象山所以能開一派學風，並不單靠幾篇文章，幾封信札，他整個的人格所做的事業，都很有關係。我們描寫他的人格，和羅列他的學說，至少要一樣。對於學術大師如此，對於文學家美術家也要如此。假使主系幾個大文學家，我們不單看他的作品，並注重他的性格，由性格看胸襟及理想，做的史纔有價值。這不特大學者如此，經濟方面，如唐代的劉炎也如此。唐的經濟和財政，在中葉以後，由劉炎一人手定規模，得有很好的結果。他死後幾十年，制度仍然保存。所以做經濟史，做到唐中葉，對於劉炎做人如何，才能如何，性格如何，都得詳細敍述。因爲這影響到當時財政很大。——無論那一方面，關於文物專史，除因社會自然狀態發達以外，有三分之二都因特別人才產生，而社會隨他變化。所以做文物專史，不可把人的關係忽略了。對於有重要關係的人。須用列傳體。敍述其人的生平於史中。但也不似廿四史的列傳以多爲貴。要極有關係的人。纔替他做傳。而且目的不在表彰其人。乃因這種文物因他可以表現得眞相出來。

(五)文物專史要非常的多用圖表。圖表無論何種專史都須要。尤其是做文物專史要用最大精力。圖或古有。或新製。或照片。搜羅愈富愈好。表在主系想分拆實際情形時。最須應用。閏系方面有許多可以簡單敍述的東西。而又不可省略。可以做成表格。看去既不討厭。查考時又很清楚。做表的好處。可以把許多不容易擺在正文內的資料保存下來。不過要費番思想。纔可以組織成功。很不容易。做一表比做一文還要困難而費工夫。應該忍此勞苦。給讀者以方便。正文有的以表說明。正文無的以表補充。

以上所講。不過擇比較重要的簡單說明一下。實則不應如此陋略。我因時間關係。沒得充分預備。也未講完。不算是正式的講演。不過是零碎的感想而已。我希望對於同學有若干啓發。可以引起研究的興趣和方向。那麼我預備雖不充分。對同學也不致完全沒有益處。未講完的。下學年或許有機會還可續講。本學年就此結束。

飲冰室叢書

中國歷史研究法

1912

作　　者／梁啓超 著
主　　編／劉郁君
美術編輯／鍾　玟

出 版 者／中華書局
發 行 人／張敏君
副總經理／陳又齊
行銷經理／王新君
地　　址／11494 台北市內湖區舊宗路二段181巷8號5樓
客服專線／02-8797-8396　　　傳　真／02-8797-8909
網　　址／www.chunghwabook.com.tw
匯款帳號／華南商業銀行　西湖分行
179-10-002693-1　中華書局股份有限公司

法律顧問／安侯法律事務所
製版印刷／維中科技有限公司　海瑞印刷品有限公司
出版日期／2018年11月台二版
版本備註／據1956年5月台一版復刻重製
定　　價／NTD 350

國家圖書館出版品預行編目（CIP）資料

中國歷史研究法 / 梁啟超著. -- 台二版.
--臺北市 : 中華書局, 2018.11
面 ;　公分. -- (飲冰室叢書)
ISBN 978-957-8595-09-5(平裝)

1.史學方法 2.中國史

611　　107016331

NO.L0011
ISBN 978-957-8595-09-5（平裝）

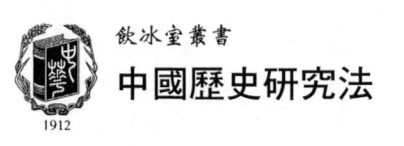